景德镇文化研究

第四辑

明清时期景德镇外销瓷研究

景德镇陶瓷文化旅游集团 编

中国文史出版社
CHINA CULTURAL AND HISTORICAL PRESS

图书在版编目（CIP）数据

景德镇文化研究．第四辑，明清时期景德镇外销瓷研究 / 景德镇陶瓷文化旅游集团编．—北京：中国文史出版社，2019.12

ISBN 978-7-5205-1859-8

Ⅰ．①景… Ⅱ．①景… Ⅲ．①文化史—景德镇—文集 Ⅳ．① K295.63-53

中国版本图书馆 CIP 数据核字（2019）第 290538 号

策划编辑：王文运
责任编辑：王文运　赵姣娇

出版发行：**中国文史出版社**
社　　址：北京市海淀区西八里庄路 69 号　邮编：100142
电　　话：010-81136606　81136602　81136603（发行部）
传　　真：010-81136655
印　　装：北京地大彩印有限公司
经　　销：全国新华书店
开　　本：787×1092　　1/16
印　　张：19.25
字　　数：321 千字
版　　次：2021 年 1 月北京第 1 版
印　　次：2021 年 1 月第 1 次印刷
定　　价：118.00 元

编委会

序言

黄康明

明清时期是景德镇窑业发展的巅峰，同时也是瓷器外销步入全球化的重要阶段。明朝初年，景德镇窑业从元代的繁荣步入战后的恢复，并创立官窑，制瓷水平虽有较高的发展，但是，民窑则陷入低迷甚至停顿，加之洪武锁海令之限制，瓷器仅出现于近邻藩国极少数的朝贡贸易之中，元代民窑外销的兴旺景象至此戛然而止。故宋元以来瓷器贸易的核心地区——东南亚一带几乎没有发现洪武、永乐、宣德民窑的遗物。永乐宣德之际朝廷七下西洋，景德镇一直忙于为之准备数量浩大、制作精美的官作赏赉瓷，数十年间实际上并没有促进景德镇民窑的发展。

明代景德镇民窑的真正发展起步于正统景泰，原先归官方控制的优秀工匠因为御器厂的停滞而回归民间，民窑瓷器迎来第一次发展高潮，得益于此，瓷器外销以半公开的走私贸易形式进行，因此无论是琉球半岛还是东南亚的沉船才开始出现明代景德镇正统以后的外销瓷。成化、弘治二朝景德镇民窑沿袭发展，满足国内需求为主，外销继续以隐蔽的走私形式开展，维持有限的规模。

真正带来外销格局大变动则是大航海时代葡萄牙商人的到来。1513 年葡萄牙商人第一次踏上广东的上川岛，于此建立来华第一个走私贸易据点，是在澳门开埠以前出口欧洲瓷器最早的驿站，如今海滩依旧散落着丰富的瓷片，诉说着当年贸易的盛况，由此证明中葡在明代正德年间已在上川岛建立稳定的贸易关系，这对研究明代中期建立的中西海上陶瓷之路的早期历史具有重要价值。

葡萄牙商人的到来，使得景德镇瓷器的外销区域范围不断突破，不再限于东南亚地区和印度洋海域，并且随之扩大至非洲好望角，直达欧洲，同时也开始了景德镇瓷器专门定制的先例，如今散落在世界各地经由葡萄牙商人贸易送达欧洲的定制瓷，往往带有特殊的家族、社团的徽标，从而引发了18世纪欧洲中国热徽章瓷定制的潮流，是为中西文化交流最典型的例证。

因此，16世纪全球经贸演进史实，表明当时景德镇深度参与经济全球化的历史发展进程，景德镇瓷器是经济全球化的第一项商品，为世界各地民众提供可贵的物质文化和精神文化，意义非凡。

隆庆时期解除海禁，景德镇迎来重开的外销市场，特别荷兰东印度公司加入来华贸易之列并且后来居上，极大促进景德镇外销瓷器的发展，外销数量空前巨大，其中以“克拉克”瓷为基本的庞大订单体系，一直延续至明末。景德镇民窑的烧造技术因此获得快速的提升，青花颜料和瓷土加工的品质已经超越嘉靖万历时期官窑的水平。

一水之隔的东洋之国日本，在天启崇祯之际三十年之间，定制了一批和风浓郁的瓷器，成为中日文化交融的见证和典范，也深刻影响了往后日本三百年制瓷业之发展。

明清鼎革之际，外销暂停，直至康熙前期收复台湾之后，广州作为唯一的通商口岸重新开放，也成了康熙后期由西洋传入的洋彩颜料体系的第一个对接地。洋彩的输入极大地改变了景德镇陶瓷装饰的面貌，成为中国陶瓷史最重要的历史事件之一，其既铸就了18世纪清宫彩瓷的辉煌，也诞生了以地名命名的新瓷器品类——“广彩”，从而书写了中国陶瓷史上的新篇章。

广彩瓷器传世数量庞大，属于景德镇与广州分工合作，参与瓷器销售全球化的见证，其起源和早期状况的研究一直属于学术界近年来的核心问题，厘清其源流与发展脉络至为关键。

景德镇瓷器在明清阶段的外销历程当中，充分体现中西文化相互交融的特色，西方接纳和喜欢中国图案与纹饰，景德镇也依据西方的订单，将其历史文化与宗教信仰反映在瓷器装饰之中，西洋化的图案和造型比比皆是，形成了独特的时代风格。

本辑以“明清外销瓷”为主题，汇集10位学者12篇研究文章，反映出景德镇明清时期外销瓷的基本脉络、发展状况和历史贡献，具有重要的学术研究价值。同时，衷心希望以此为契机，推动《景德镇文化研究》的内容改革，整理出版系列主题专辑，为坚定文化自信，更好地服务景德镇千年瓷都文化的发展需求发挥积极作用。

目 录

Contents

明代前期琉球王国的陶瓷贸易

彭盈真①

肇因于保存良好之14—16世纪海外遗迹的不足，明代前期的中国陶瓷如何营销海外，一直是贸易陶瓷史研究致力填补的“空白”之一。② 位于中国东南方的琉球群岛，提供解决此议题的材料。该区域出土14—16世纪中国陶瓷的遗迹数量超过400处，大型遗迹如今归仁城、胜连城等出土的中国陶瓷数量在一万片左右。③ 除了出土物之外，琉球亦有丰富的文字记录供史家重建其陶瓷贸易。由于琉球属于明代朝贡体系的一分子，其在中国的活动常收录于以《明实录》为首

① 彭盈真，美国大学（American University）艺术系助理教授，台湾大学艺术史研究所硕士、美国加州大学洛杉矶分校艺术史博士。

② 学界前此对“空白期”的系统性关注，参见《台湾大学美术史研究集刊》第7期的《15世纪陶瓷》专刊。该专刊是由美国Field Museum主办的研讨会Asian Ceramics：Resolving the Enigmas of the 15th Century的论文集，当中囊括中国明代景德镇、贸易陶瓷与越南、泰国等地15世纪陶瓷工业的论文。与贸易陶瓷相关的论文参见*Chui-mei* Ho and Malcolm M. Smith，“Gaps in Ceramic Production/ Distribution and the Rise of Multinational Traders in 15th-Century Asia”. In *Taida Journal of Art History*, No. 7（1999）：1-28；Asako Morimoto，“A New Approach to Enigmas from Medieval Hakata：Trade Ceramics as Seen from Archaeological Data”. In *Taida Journal of Art History*, No. 7（1999）：89-114. 近年来东南亚打捞的15—17世纪沉船亦渐受重视，尤以Roxanna Brown最积极运用这批资料，不过其研究集中在泰国陶瓷的发展。参见Roxanna M. Brown，The Ming Gap and Shipwreck Ceramics in Southeast Asia：Towards a Chronology of Thai Trade Ware（Bangkok：Siam Society，2009）.

③［日］金武正纪：《舶载陶磁器からみた琉球の海外贸易—中国陶磁器を中心として—》，《第四回琉中历史关系学术会议——琉中历史关系论文集》，那霸市：琉中历史关系国际学术会议实行委员会1992年版，第339-363页。

的文献中，[①] 明清派遣琉球的使者亦不乏介绍琉球风土与历史之著作。[②] 另一方面，收录明永乐二十二年（1424）至清同治六年（1867）的琉球外交文书《历代宝案》则反映以该国为中心的贸易状况。[③] 如此交叉参照下，15 世纪琉球作为中国陶瓷营销海外之推手的重要地位，即跃然于纸面之上。

中琉关系的研究，首先由日本引领，近年来更多学者亦加入此阵容。自从琉球于 1872 年被纳入日本领土后，日本学者即开始研究琉球史。第二次世界大战时，出现一批专攻日本对外关系史的学者，虽然其研究的出发点是配合日本南进殖民政策，但他们研究明清朝贡贸易体系中的朝贡者之视角，至今仍是此领域的经典。[④] 近年日本研究格局更广，将之放到整个东亚，甚至全球化体系之中。[⑤] 台湾学者承袭日本的研究方向，并试图把台湾放入此海洋贸易网络中；大陆学界则更关心琉球与福建的深厚渊源，探讨双方人口、技术与制度的流动。[⑥] 至于琉球出土陶瓷，自 1970 年代就受到日本学界关注，尤其是佐久间重男、龟井明德等人将这些出土物作为贸易商品来研究，使琉球在明前期陶瓷贸易的重要角色更

① 中央研究院历史语言研究所:《明实录：附校勘记》，台北市：中央研究院 1962 年版，第 66 页。和田久德曾摘录当中与琉球相关的条目，参见和田久德编:《明實録の冲縄史料（一）～（二）》，那霸市：冲绳县立图书馆 1972 年版。

② 例如明代使节陈侃（1489—1538）、萧崇业（？—1588）、夏子阳（1552—1610）等，皆曾撰写《使琉球录》。台湾银行经济研究室编:《使琉球录三种》,《台湾文献丛刊》第 104 册，台北市：中华书局 1970 年版。

③ (清) 蔡铎（日文名志多伯天将，1645—1725）等修:《历代宝案》，台北市：台湾大学影印本 1972 年版。

④ 桑原骘藏:《东西交通史论丛》，东京：弘文堂书房 1933 年版；小叶田淳:《中世南岛通交贸易史の研究》，东京：日本评论社 1939 年版；藤田丰八:《东西交涉史の研究》，东京：冈书院 1933 年版。

⑤ 参见 Takeshi Hamashita, *China, East Asia and the Global Economy: Regional and Historical Perspectives* , London, New York: Routledge, 2008.

⑥ 自从 1986 年起由琉球与台北（近年亦加入中方）轮流主办的“中琉历史关系国际学术会议”，向来是中文学界的重要发表平台，至今已出版同名论文集十二册。

加清晰。[①] 但这些研究成果多倚重文献而未充分与实物相结合，且囿于考古材料的限制无法比对确切产地。本文在学界固有的基础上，首先简介年代下限为天顺三年（1458）的首里城京之内遗迹出土物，并认定部分青瓷可能来自近年发掘的龙泉窑枫洞岩窑址或周边区域。其次借由结合史料与出土物，本文将检视部分朝贡贸易体之下陶瓷贸易的途径与内容。

京之内遗迹出土中国陶瓷——繁盛陶瓷贸易的遗痕

琉球群岛即现今的日本冲绳县，位于环太平洋西侧，在日本九州之南、台湾以北，圈围出东西约 1000 公里、南北约 400 公里的广大海域。15 世纪以前的琉球处于众首领各据山头的局面，最重要的势力为山北、中山与山南王国。15 世纪 20 年代中山王国统一冲绳本岛，从此成为琉球王国。无论是琉球地方政权或统一后的琉球王国，皆深谙与中国亲善的重要性。1368 年明太祖（1368—1398 在位）创大明，鉴于东南沿海张士诚（1321—1367）、方国珍（1319—1374）等势力退居海上，实施严厉的海禁，并开始采行朝贡贸易制度——唯有接受招抚册封的国家才能以朝贡名义和中国贸易——企图改由朝廷统摄以往民间经营的海外贸易。[②] 琉球介于中国与日本间，且盛产明王朝需要的硫黄和马匹等军用品，很快成为其急欲笼络的附庸。洪武三年（1370）派遣日本的招抚使杨载（约活动于 14 世纪下半叶）取道琉球回国，洪武五年（1372）又被派往招抚琉球，成功说服中山国

---

① 日本学界调查琉球出土的陶瓷，可溯源至 20 世纪初，20 世纪 70 年代，三上次男、佐久间重男等学者组成调查团，前往西表岛、宫古岛、石垣岛等离岛进行调查，随后发表的论文可说是开启此领域研究的重要论述。三上次男:《冲縄出土の中世中国陶磁器について一中世冲縄と中国陶磁贸易の接点を求めて一》,《琉大史学》, 收入《三上次男著作集 1 陶磁贸易研究　上　东アジア、东南アジア篇》, 东京：中央公论美术出版社 1987 年版，第 220-224 页。与本文关注的陶瓷流通之研究，参见佐久间重男:《明代の琉球と中国との関系—交易路を中心として》,《明代史研究》1975 年第 3 期，第 1-21 页；国吉菜津子:《琉球における陶磁贸易の一考察》,《南岛史学》1991 年第 38 期，第 1-38 页；亀井明德：《琉球陶磁贸易の构造的理解》,《专修人文论集》1997 年第 60 期，第 41-66 页。

② 学界对明代朝贡贸易研究行之有年。明朝与琉球朝贡关系的研究，则以小叶田淳、曹永和最经典，另外梅木哲人则从琉球在中国的驿站之变迁切入，探讨明琉关系。曹永和:《明洪武朝的中琉关系》,《中国海洋史论集》，台北市：联经出版社 2000 年版，第 191-232 页；梅木哲人:《福州柔远駅と琉球中国関系》,《中国・福建省琉球列岛交涉史の研究》，东京：第一书房 1994 年版，第 95-180 页。

王到南京朝贡。[①]善意的互动促成明朝于洪武七年（1374）十二月赏赐中山王，并向其买马：

（乙卯）命刑部侍郎李浩及通事梁子名使琉球国，赐其王察度文绮二十匹、陶器一千事、铁釜十口。仍令浩以文绮百匹、纱、罗各五十匹，陶器六万九千五百事，铁釜九百九十口，就其国市马。[②]

值得注意的是，陶瓷器首次被明朝廷当作赏赐品和以物易物的商品，成为开启其“陶瓷外交”的先声。之后各国使节收到的赏赐物清单中，也常有陶瓷器。[③]虽然明朝自永乐年间后就不再向琉球采购马匹，但采取一贯的宽容政策，使琉球透过朝贡贸易持续获取大量中国陶瓷，不但供应内需，亦作为其对东南亚诸国贸易的重要商品。

14 世纪中至 15 世纪中约百年的时间，可说是琉球陶瓷贸易的全盛期，出土的中国陶瓷以青瓷居多。首都首里城位于今日的那霸市，是琉球最具规模的遗迹之一，目前主要部位已大致整备完毕，包括位于其西南角的京之内地区。该区编号 SK01 的土圹自从 1994 年发掘后，就成为学界关注的焦点，因为这是少数可以明确推断年代下限的遗迹。[④]从出土量最多的青瓷回纹碗之样式及大部分出土物有二次受热痕观之，SK01 土圹可能即为历经景泰四年（1453）王叔布里与皇子志鲁争位之乱，且于天顺三年（1459）王府火灾中被烧毁的仓库，故可以 1459

---

① 曹永和：《明洪武朝的中琉关系》，第 211–218 页。

② 中央研究院历史语言研究所校印：《明实录：附校勘记　太祖实录》，第 95 卷，第 1645 页。

③ 洪武年间的赏赐带有贸易性质，因为皆是明朝使者携带各种礼物与大量陶瓷到东南亚国家如真腊、暹罗等。例如洪武十六年就派遣使者到真腊、占城与暹罗颁赐未来朝贡贸易用的勘合文册，以及各种礼物，包括给予三国各 19000 件的陶瓷。但自永乐以后，仅于外国使臣晋见时颁赠陶瓷器。这些事例参见彭盈真：《琉球出土中国陶瓷——15 世纪陶瓷消费地之个案研究》，台北市：台湾大学艺术史研究所 2005 年硕士论文，第 109–110 页。

④ 在此之前，1930 年代伊东忠太曾对京之内西北侧下东、西部进行发掘，但挖掘成果毁于第二次世界大战。目前冲绳县立埋藏文化财中心继续发掘京之内 SK01 土圹之下的地层，并于 2009 年出版报告书。伊东忠太、镰仓芳太郎：《南海古陶磁》，东京，宝云社 1937 年版，第 46–47 页；冲绳县教育委员会编：《首里城迹 —京の内迹発掘调查报告书（II）》，冲绳县：冲绳县立埋藏文化财中心，2009。

年为整体编年下限。① 报告书指出这 3 米见方的仓库内出土了 1162 件陶瓷，当中 609 件为龙泉系青瓷，另外尚有约 110 件青花瓷，及少量的元样式青花与蓝釉、红釉器，是缺乏纪年物的 15 世纪陶瓷之重要研究资料，龟井明德已利用大量传世品论析。②

SK01 的青瓷以碗、盘为主，值得注意的是，以日本为主的东亚遗迹出土之 15 世纪中国陶瓷多为中小型器，但京之内却出土不少大型器，如大盘、罐、凤尾瓶、双耳瓶、器座等。小型青瓷碗盘种类亦多样，以盘为例，直径 20 厘米以下的小型盘包括折沿、唇口、撇口、直口、棱花口与八角等盘型。棱花口盘不但与正统九年（1444）江西魏源夫妇墓出土物相当近似，也可与 1998—1999 年于西沙群岛打捞的银屿一号之青瓷盘比较（图 1A、图 1B）。③ 八角形盘的口径约 10 厘米，外底有垫烧痕，外壁无纹、内壁刻画回纹与其他辅助纹饰且内底有印花纹，是相当罕见的器型。除了土耳其炮门宫（Topkapi Saray Museum）收藏的大型八角盘外，台北故宫博物院也有收藏相同器型者，但定年晚至 16 世纪，且尺寸亦较大，口径达 34 厘米（图 2A、图 2B）。

近年发掘的浙江省龙泉大窑枫洞岩窑址发现许多与京之内出土青瓷相近者，提供了产地的线索。④ 除了小型器外，口径约 30 厘米的大盘、大罐（两件带盖）、凤尾瓶，和可能与花瓶成套的器座残件，⑤ 亦可与该窑址发掘物相对应。例如浮

① 冲绳县教育厅文化课编：《冲绳县那霸市首里城迹京の内迹の発掘报告书概要》，《首里城迹一京の内迹発掘报告书（Ⅰ）》，冲绳县：冲绳县立埋藏文化财中心 1997 年版，第 255 页。报告者亦引用同年三月琉球向明朝报告火灾一事，作为定年的依据："（甲申）新王尚泰久遣史李敬奏疏曰：'本国王府失火，延烧仓库铜钱货物。欲将搭载苏木等货，照永乐、宣德间例，给赐铜钱……'" 参见中央研究院历史语言研究所校印：《明实录：附校勘记　英宗实录》，第 301 卷，第 6383–6384 页。

② 龟井明德：《首里城京の内出土陶磁器—15 世纪前半代の标识资料》，《首里城京の内展》，冲绳县：冲绳县立埋藏文化财中心，2001 年版，第 81–94 页；龟井明德编：《明代前半期陶磁器の研究—首里城京の内 SK01 出土品》，东京：专修大学 2002 年版。参见彭盈真：《万国津梁之基——浅谈日本冲绳出土之龙泉青瓷》，《故宫文物月刊》2009 年第 2 期，总第 301 期，第 41–43 页。

③ 江西省博物馆：《江西玉山、临川和永修县明墓》，《考古》1973 年第 5 期，第 286–289 页；林国聪：《我国水下考古中所见的龙泉青瓷》，《中国古陶瓷研究》2008 年第 14 期，第 45 页。感谢关家干博士提供此沉船资料。

④ 该窑址主要活动于明清时期，同时出土明初官窑样式青瓷与民间用器。参见浙江省文物考古研究所、北京大学考古文博学院、龙泉青瓷博物馆编：《龙泉大窑枫洞岩窑址出土瓷器》，北京：文物出版社 2009 年版。

⑤ 关于日本出土龙泉青瓷的概要论述，参见森达也：《日本出土的龙泉窑青瓷》，《故宫文物月刊》2009 年第 2 期，总第 301 期，第 20–27 页。

图 1A　龙泉窑青瓷花口盘　15 世纪上半叶　口径 14.9 cm　冲绳县立埋藏文化中心藏

图 1B　龙泉窑青瓷花口盘　1444 年　口径 12.7 cm　江西省魏源夫妇墓出土

（图片来源：《龙泉窑青瓷》，第 272 页）

图 2A　龙泉窑青瓷八角盘　15 世纪上半叶　口径 14 cm　冲绳县立埋藏文化财中心藏

图 2B　龙泉窑青瓷八角盘　15 世纪上半叶　口径 34.1 cm　台北故宫博物院藏

雕牡丹莲瓣纹大罐釉色虽较浅，但尺寸和阳文装饰特征都与窑址出土物雷同（图 3A、图 3B）；划花锦纹折沿盘的尺寸、器型和装饰组合也与窑址出土品相近（图 4A、图 4B）。至于高达 62.7 厘米的凤尾瓶，可以英国大卫德基金会藏的景泰四年（1453）铭凤尾瓶为基准确认为同时期作品。此外台北故宫博物院藏品也可供比较：京之内出土品除了颈部较粗、下腹部较丰满、底部有突棱等明代特征外，体量、比例与纹饰都与被定为元代烧造的台北故宫藏品非常接近（图 5A、图

图 3A　龙泉窑青瓷牡丹莲瓣纹大罐　15 世纪上半叶　口径 20.7 cm　高 22.2 cm　冲绳县立埋藏文化财中心藏

图 3B　龙泉窑青瓷牡丹莲瓣纹大罐　15 世纪上半叶　口径 21 cm　高 20.6 cm　浙江省龙泉大窑枫洞岩窑出土

（图片来源:《龙泉大窑枫洞岩窑址出土瓷器》，第 158 页）

图 4A　龙泉窑青瓷划花锦纹折沿盘　15 世纪上半叶　口径 33.8 cm　冲绳县立埋藏文化财中心藏

图 4B　龙泉窑青瓷划花锦纹折沿盘　15 世纪上半叶　口径 30.8 cm　浙江省龙泉大窑枫洞岩窑出土

（图片来源:《龙泉大窑枫洞岩窑址出土瓷器》，第 222 页）

图 5A　龙泉窑青瓷凤耳瓶　15 世纪上半叶　高 62.7 cm　冲绳县立埋藏文化财中心藏

图 5B　龙泉窑青瓷凤耳瓶　14 世纪中叶　高 68.4 cm　台北故宫博物院藏

（图片来源:《故宫文物月刊》，311 号，第 8 页）

5B）。不过京之内出土品的肩颈部有缩釉痕且中腹部的接痕明显，质量较粗糙。

图 6　龙泉窑系青瓷回纹莲瓣纹碗　14 世纪下半叶至 15 世纪上半叶　口径 16cm　冲绳县立埋藏文化财中心藏

必须指出的是，这些青瓷并非全来自龙泉窑，有部分属于包括浙江、福建各窑场的广义龙泉窑系产品。例如一群青瓷碗皆施罩灰绿色透明釉、釉面有大开片、胎体粒子细而有杂质，外壁口缘装饰划花回纹、器壁为划花莲瓣纹，内壁亦有划花纹，内底皆印相同花纹（图 6）。[①] 它们显然来自同一窑场，但囿于现阶段明代东南沿海青瓷窑的资料不足，只能用排除法确知其产地非龙泉窑，而无法得知确切窑址。

① 冲绳县教育委员会:《首里城迹—京の内迹発掘报告书（Ⅰ）》，第 80 页。

至于百余件的明青花器则多碗盘，另有瓶类破片，均具备15世纪上半叶之空白期特点。[①] 例如一件小罐肩饰双层莲瓣纹，器身为疏朗的缠枝牡丹纹，足部则是简化的变形莲瓣纹，和正统七年（1442）的江苏省江宁弘觉寺出土坛城附带的四件盖罐相当接近（图7A、图7B）。[②] 占少数的大型器则皆是立件，包括带盖梅瓶、盖罐，以及一件样式罕见的双耳大花瓶。京之内梅瓶高35.2厘米，造型丰满稳定，还有永宣时期的特征，但是其肩、足部之变形莲瓣纹宽窄相间，更接近芝加哥艺术馆藏的正统二年（1437）墨书铭罐（图8A、图8B）。梅瓶和盖罐的缠枝牡丹纹亦类似香港艺术馆藏的天顺五年（1461）铭青花贴花蟠龙纹瓶（图9A、图9B），唯后者的牡丹叶纹较小而繁密。高达41厘米的双耳花瓶亦属罕见，目前中国尚未出

图7A　景德镇青花瓜棱形小罐　15世纪上半叶　高10.2cm　冲绳县立埋藏文化财中心藏

图7B　景德镇青花瓜棱形盖罐　1442年　江苏省江宁弘觉寺出土
（图片来源:《空白期青花瓷》，第16页）

① 关于15世纪空白期青花瓷风格特征的论述，参见谢明良:《十五世纪的中国陶瓷及其有关问题》,《中国陶瓷史论集》，台北市：允晨文化2007年版，第224-227页。本文原刊载于《台大艺术史研究集刊》，1999年第7期，第29-58页。

② 蔡述传:《南京牛首山弘觉寺塔内发现文物》,《文物参考资料》1956年第11期，第73页。

图 8A 景德镇青花缠枝牡丹纹梅瓶 15 世纪上半叶 高 35.2cm 冲绳县立埋藏文化财中心藏

图 8B 景德镇青花缠枝花纹罐 1437 年 芝加哥艺术馆藏

图 9A 景德镇青花缠枝牡丹纹盖罐 15 世纪上半叶 高 37.3cm 冲绳县立埋藏文化财中心藏

图 9B 景德镇青花贴花蟠龙文瓶 1461 年 香港艺术馆藏

土完全相同的器型。[1] 其瓶身两侧贴附巨大的兽面环饰，器身则装饰松梅图案（图 10）。[2]

图 10　景德镇青花松梅纹双耳花瓶　15 世纪上半叶　高 41.4cm　冲绳县立埋藏文化财中心藏

京之内遗迹的特殊出土物，除了大型龙泉窑青瓷和青花，还有两件元样式青花器、两件特殊的蓝釉和红釉器。首先，青花龙纹高足杯和青花八宝纹大盒子等两件元样式青花器都罕见于中国以外的遗迹。高足杯有竹节状空心足，内壁印花，底心画一射干，外壁则由三爪龙纹盘绕（图 11A）。值得注意的是，这些高足杯的龙纹虽属至正类型，但内底的射干等附属纹饰，却较为简易。南京汪兴祖墓（1379）出土的青花高足杯内底简易的菊花纹画法与之颇为类似，因此京之内出土物或有可能为洪武年间制品，甚至更晚（图 11B）。[3] 青花八宝纹大盒子则是目前海内外仅见的孤例，其盖面虽残破，但原应有人物主纹，盖缘饰以八宝纹与缠枝花纹，盒身则是一圈缠枝花纹与变形莲瓣纹（图 12）。盒子内部另有一六隔浅盘。此类大型瓷器盒子有口径约 19 厘米之白瓷制品，但青花盒子则多为小型品。[4] 由于盖面相当残破，仅存的六片破片亦不相连，故现在黏合的位置可能非原貌，难以推测原来的故事人物主题。不过仍可确定至少有两位人物，且左方持扇者，从腰带下的垂饰看来，或为一女子，故此人物主题，应不是亀井氏推测的周亚夫故事。[5]

① 青花戟耳瓶在正统至天顺年间墓葬出土不少且多成对伴葬，但体量较小，不及京之内出土品。例如江西德兴市之正统十二年张叔嵬墓、江西景德镇之景泰四年严升墓，以及江西景德镇之景泰七年舒母袁龙贞墓。参见裴光辉：《空白期青花瓷》，福州市：福建美术出版社 2002 年版，第 63 页；景德镇陶瓷馆、欧阳世彬、黄云鹏：《介绍两座明景泰墓出土的青花、釉里红瓷器》，《文物》1981 年第 2 期，第 46–50 页。另《空白期青花瓷》收录一件器型和京之内出土品相当，标为正统年间的花瓶，但高仅 19 厘米，且未标记出处。参见裴光辉：《空白期青花瓷》，图 62。笔者感谢林业强馆长提供裴氏的出版物。

② 器面尚有第三种植物纹饰，但难以辨识，无法断定是否为竹纹。

③ 南京市博物馆：《南京明汪兴祖墓》，《考古》1962 年第 4 期，第 23、31–33 页。

④ 亀井明德：《首里城京の内出土陶磁器—15 世纪前半代の标识资料》，第 84 页。

⑤ 亀井明德：《首里城京の内出土陶磁器—15 世纪前半代の标识资料》，第 86 页。

图 11A　景德镇元样式青花龙纹高足杯　14 世纪末至 15 世纪初　口径 14.2cm　高 11.8cm　冲绳县立埋藏文化财中心藏

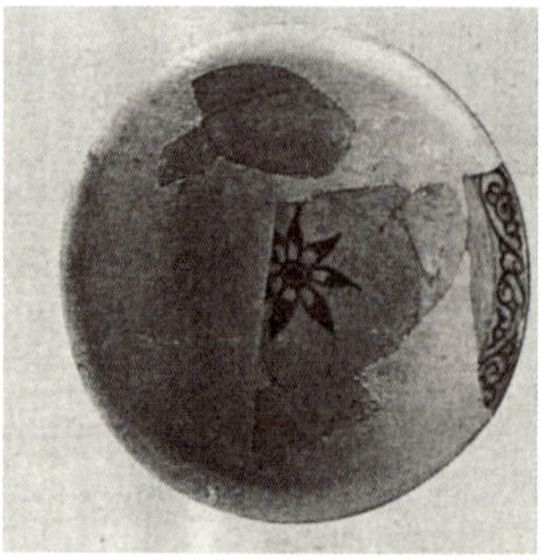

图 11B　景德镇青花高足杯　1379 年　江苏南京汪兴祖墓出土

图 12　景德镇元样式青花人物纹盖盒　14 世纪末至 15 世纪初　口径 30.4cm　高 18.3cm　冲绳县立埋藏文化财中心藏

此外，京之内出土的红釉与蓝釉描金执壶也属罕见。前者出土状况较好，细颈弧腹，器身扁平如扁壶，流为细长圆管状。器身有一圈鸡心形轮廓，器腹下半部隐约可见倒莲瓣纹（图 13）。[①]后者从破片状态可推测其尺寸与造型和红釉执壶相同，原本在壶颈、腹之间以及壶身鸡心形装饰内部都有描金图案，但已无法辨识。颈、腹间破片受损较轻，仍可看到局部菊花、卷草纹（图 14）。[②]此类执壶不但少有传世器，中国境内墓葬或海外遗迹也罕有类似出土品，只有景德镇珠山明官窑遗迹出土少量破片，故学界对其年代存有不同见解。[③]虽有学者提出明代

① 冲绳县教育委员会编:《首里城迹—京の内迹発掘报告书（Ⅰ）》，第 192 页。但必须指出此壶之流的末端为复原，造型可能和传世品有所出入。

② 冲绳县教育委员会编:《首里城迹—京の内迹発掘报告书（Ⅰ）》，第 193 页。但必须指出此壶之流的末端为复原，造型可能和传世品有所出入。

③ 报告书提到北京故宫收藏两件明代红釉执壶，但是嘉靖款的红釉梨形水注，和出土物不同。又，报告者原认定执壶是元代所烧，后又改定为元末明初。冲绳县教育委员会编:《首里城迹—京の内迹発掘报告书（Ⅰ）》，第 190 页；金城龟信:《首里城“京の内”迹仓库迹出土の陶磁器について》,《东洋陶磁》2004 年第 31 期，第 5–22 页。

图 13 景德镇红釉执壶 15 世纪上半叶 高 25.7cm 冲绳县立埋藏文化财中心藏

图 14 景德镇蓝釉执壶破片 15 世纪上半叶 冲绳县立埋藏文化财中心藏

前期的可能性，但亦无法提出实证。[①] 年代下限为 1451 年的湖北钟祥梁庄王与王妃合葬墓出土一对相当近似的金执壶，或可作为推定红釉执壶年代的有力证据。[②] 该墓出土的带盖金执壶无论是器高或形制皆与京之内出土物相当，器腹亦有一鸡心形突起（图 15），其中一件器底外壁中间刻一纵行楷体铭文 30 字："银作局洪熙元年正月内成造捌成五色金贰拾参两盖嘴攀索全外焊一分"，故知其制作年代为洪熙元年（1425）。[③] 由此推测，京之内的红釉、蓝釉执壶，极可能是同时期之作。

图 15 洪熙元年铭金执壶 1425 湖北省钟祥市梁庄王墓出土

① 龟井明德：《首里城京の内出土陶磁器—15 世纪前半代の标识资料》，第 93 页。

② 此资料承蒙台湾大学艺术史研究所谢明良教授提示，深表谢忱。

③ 朱红、李玲：《明梁庄王墓出土的金壶和花丝金镶宝腰带》，《江汉考古》2003 年第 4 期，封面封底说明；湖北省博物馆编：《梁庄王墓：郑和时代的瑰宝》，北京：文物出版社 2007 年版，第 30–31 页。

琉球获得中国陶瓷的途径

如前所述，琉球虽孤悬于东海上，却能利用居于中、日、南洋间的绝佳地理位置与明初政权对军用品的需求，成为15世纪朝贡贸易的最大获利者。明朝廷对琉球非常宽厚，不但拨赐闽人、下赐海船，还提供其远航技术。① 终有明一代，琉球朝贡总次数达171次，远超过以89次居次的安南，故可透过稳定的朝贡贸易取得中国商品，并行销他处。② 琉球取得、转售的主要商品无疑包含大量中国陶瓷，且透过多种途径，除了正规的朝贡贸易之外，还有赏赉与走私等。由于篇幅限制，本文仅讨论前两种体制内的管道。③

朝贡贸易包含几个供琉球购买陶瓷的环节，以停留市舶司时和往返于市舶司与京师的路途上为主，在京师短暂停留之时亦有机会收买。琉球使节一趟朝贡之旅在中国停留长达三至四个月，故明代中前期一年可达二至三贡时，中国东南沿岸可说是整年都有琉球使节团的踪影。④ 然而明代前期安置琉球使节团的驿站设在泉州，不便取得高质量的商品如龙泉青瓷，故使节团不时积极地制造各种接近产地的机会，最著名的莫过于永乐二年（1404）五月的事例：

> （甲辰）礼部尚书李至刚等奏，琉球国山南王遣使贡方物，就令赉白金诣处州市磁器，法当逮问。上曰远方之人，知求利而已，安知禁令。朝廷于

① 虽然其他国家也曾得到赏赐，但单在洪武至永乐年间，赐给琉球的海船数量就高达三十艘，非其他朝贡国可比拟。冈本弘道：《明朝における朝贡国琉球の位置付けとその变化—14、15世纪を中心に—》，《东洋史研究》1999年第4期，总第57期，第13页。

② 关于《明实录》中琉球历年进贡时间与方物的摘录与研究，参见徐玉虎：《明朝与琉球关系之研究》，《明代琉球王国对外关系之研究》，台北市：学生书局1982年版，第1–44页。

③ 这些途径是日本学界多年研究的成果。佐久间重男最早标示出陶瓷在琉球朝贡贸易中之各流通管道，提供其后学者们继续申论的基础；国吉菜津子主张中国陶瓷输出琉球最主要的管道在市舶司贸易，亀井明德则更深入地探讨琉球人进行陶瓷贸易的方式，并认为沿途贸易与走私也是主要的流通管道之一。参见佐久间重男：《明代の琉球と中国との関系—交易路を中心として》，第1–21页；国吉菜津子：《琉球における陶磁贸易の一考察》，第5–11页；亀井明德：《琉球陶磁贸易の构造的理解》，第55–61页。

④ 小叶田淳：《中世南岛通交贸易史の研究》，东京：日本评论社1939年版，第251–252页。

远人当怀之，此不足罪。[①]

琉球除了甘冒风险亲赴窑场，更不断制造各种机会接近龙泉窑区，这点可由其贡船三不五时泊港瑞安，造成既成事实，促使宣宗于宣德七年四月同意在该地为其设置驿站可知：

> （甲寅）浙江温州府知府何文渊奏，瑞安县耆民言，洪武永乐年间琉球入贡，舟泊宁波，故宁波有市舶提举司、安远驿以贮方物□谷、使者。比来番使泊船瑞安，苟图便利，因无驿舍于民家，所贡方物无收贮之所，及运赴京道经冯公等岭，崎岖艰险，乞自今番船来者令仍泊宁波为便。行在礼部言，永乐间琉球船至或泊福建或宁波或瑞安，今其国贡使之舟凡三，二泊福建，一泊瑞安，询之因风势使然，非有意也。[②]

瑞安原本并非明朝廷准许外国船只停靠的港口，故无容纳贡使与贡物的设施，前往京师的交通也不便利。原本琉球贡船因风向不得不停靠于瑞安，其后却成为惯例，这是十分值得注意的现象，应当由陶瓷贸易的角度加以理解。南宋以来龙泉窑青瓷有三条最主要的外销路线，其中一条是从窑区以竹筏从瓯江支流秦溪经过大溪，到龙泉郊外入瓯江可达丽水，再改以大船顺江而下至永嘉，在附近的温州出海至宁波、杭州等地。[③]瑞安位于温州东南方，无疑是就近购买来自丽水的龙泉大窑优良青瓷之绝佳地点。这或许是琉球贡船执着于停靠在瑞安港之最终目的。这类违规状况在明中期改将琉球使节团安置于福州后得到明显改善，因为明代龙泉窑区在邻近福建东北之庆元附近开了许多新窑，其青瓷输出管道应是利用附近的水系船运至福建建宁府。[④]此处既为贡使往来京师的要冲，也是闽北各地将物资运往福州的重要过站，因此无论是在建宁就地选购陶瓷，或是待其运至福州再行挑选，对于留守在福州市舶司的琉球使节而言都相当方便。

---

① 中央研究院历史语言研究所:《明实录附录　明太宗宝训》，台北市：中央研究院 1967 年版，第 5 卷，第 391 页。

② 中央研究院历史语言研究所校印:《明实录：附校勘记　宣宗实录》，第 89 卷，第 2052 页。

③ 李知宴:《竜泉窑の発展と输出》,《贸易陶磁研究》1982 年第 2 期，第 34 页。

④ 亀井明徳:《琉球陶磁贸易の构造的理解》，第 48 页。

赏赉瓷器仅占琉球取得中国陶瓷的小部分，但它们作为特殊的宫廷赏赐品，又有文献记录，自然成为学者关注的对象，而京之内遗迹确实可能有透过此管道旅行到琉球的出土品，例如罕见的元样式青花和红釉与蓝釉执壶。那么占出土品绝大多数的青瓷中，是否有官方赏赐物呢？京之内考古报告书作者从琉球国王于 1459 年致明朝廷的文书内容认为，既然当中提及“……宜将估计钞贯，照旧六分京库折支阔生绢疋，其四分移文福建布政司收贮丝纱罗绢布等物，依时直关给……”，或许精美的大型青瓷器也是来自京师仓库的赏赐品。[①] 此说是否可从实物考证加以肯定？就器型而言，这种大型器不限于宫廷使用，民间也可流通，大卫德基金会的 1454 年铭青瓷凤尾瓶上标示之寺庙祈愿铭文，即为一例。琉球曾于永乐十六年（1418）八月致赠青瓷花瓶给朝鲜国王，或许就是类似器物。[②] 可见大型器虽运送不便，但琉球仍可获得一定数量，并非只能仰赖明朝廷的赏赐。此外，京之内凤尾瓶的质量也与今日认定的宫廷用器有落差。

自从洪武二十六年（1393）明定处州龙泉窑与饶州景德镇窑烧制官用陶瓷器后，龙泉窑烧造官方用器的活动至少持续到天顺年间后。[③] 近年来对明初龙泉窑的研究显示，当时两地官窑皆遵循官方统一颁行的“官样”制作陶瓷。[④] 京之内也出土类似的例子：一类青瓷回纹缠枝莲花纹碗的装饰母题，和宣德朝的同类青花碗非常近似，但纹饰稍有简化、碗体微变形（图 16A、图 16B）。[⑤] 此共通点是否表示这类出土品乃宫廷赏赐物？此假说却无法说明为什么它们的质量较次等。它们是官方烧造还是委托地方窑场烧造的作品？或者是民窑自行借用官样烧造的商品？或许未来厘清明代早期龙泉官窑与民窑的纹饰与烧造技法之互通情况后，这个问题才能得到解答。

---

① 冲绳县教育委员会编:《首里城迹—京の内迹発掘报告书（Ⅰ）》，第 255-256 页。

② 朝鲜国史编纂委员会编:《朝鲜王朝实录　世宗实录》，首尔：朝鲜国史编纂委员会 1955—1963 年版，第 1 卷，第 262 页。

③ 蔡玫芬:《碧绿——明代龙泉窑青瓷》,《故宫文物月刊》2009 年第 2 期，总第 301 期，第 11-12 页。该条文参见李东阳（1447—1516）等奉敕撰:《大明会典》，台北市：华文书局 1964 年版，第 194 卷，第 1-2 页。

④ 蔡玫芬:《碧绿——明代龙泉窑青瓷》，台北市：台北故宫 2009 年版。叶英挺、华雨农:《发现：大明处州龙泉官窑》，杭州：西泠印社 2005 年版。

⑤ 龟井明德:《首里城京の内出土陶磁器—15 世纪前半代の标识资料》，第 88 页。

图 16A　龙泉窑青瓷回纹带缠枝莲花纹碗　15 世纪上半叶　口径 26.8—30.6cm　冲绳县立埋藏文化财中心藏

图 16B　景德镇窑青花缠枝宝相花纹碗　1426—1435 年　台北故宫博物院藏

（图片来源：《首里城京の内展》，第 87 页）

结语：琉球与 15 世纪的东亚陶瓷贸易网络

琉球王国的崛起肇因于明初的特殊历史情境，由于明朝廷阻断了以往中国东南沿海民间蓬勃的海外贸易，使琉球得以借优越的地理位置和明朝礼遇成为中国商品外销的补给线。京之内出土的中国陶瓷不但印证此史实，亦有助于我们了解 15 世纪中国陶瓷外销的规模与种类。龙泉青瓷依然是外销主力，且种类多样；有些京之内出土青瓷与浙江龙泉大窑枫洞岩窑址出土品相当接近，可能来自此窑区。数量庞大的中国陶瓷，除了向违禁走私的中国商人采购之外，还有贡使透过每年二至三次的稳定朝贡贸易，在市舶司、窑址附近、京师或往返京师的旅途中买办。朝廷赏赐亦是一条管道，但可能限于比较罕见的种类如京之内的红釉、蓝釉执壶与元样式青花。

琉球为何致力于取得远超过本国所需的大量中国陶瓷？我们从《历代宝案》可知，龙泉系青瓷是琉球进行转口贸易的重要商品。该文书集详细记录琉球仿效明朝，把中国陶瓷当作致赠其他国家的礼物和商品，和东南亚各国交好 。其格式同质性高，从永乐至成化年的记录显示，琉球每次固定致赠“大青盘二十个、小青盘四百个、小青碗二千个”给东南亚诸国。[①]《明实录》亦印证此现象，例如正统六年（1441）闰十一月福建监察御史上奏曰，琉球使者装载瓷器等物前往爪哇

---

① 亀井明德已将列入陶瓷的文书制成表格，参见亀井明德：《琉球陶磁贸易の构造的理解》，第 52-53 页。金泽阳推断其指涉的“大青盘”，或许是直径约 40 厘米的作品。金沢阳：《“歴代宝案”と明代贸易陶磁の実像—明代竜泉青磁“大青盘”考》，《出光美术馆研究纪要》2007 年第 13 期，第 33-45 页。

买卖，遇难漂流至东影山，冒充为进贡船只却被查获的记录：

（己丑）按福建监察御史郑颙等奏，琉球国通事沈志良、使者阿普斯古，驾船载瓷器等物往爪哇国买胡椒、苏木等物，至东影山遭风桅折，进港修理，妄称进贡……上曰远人宜加抚绥，况遇险失所，尤可矜怜。其悉以原收器物给之，听自备物料修船，完日催促起程，回还本国。①

琉球除了把中国商品运销东南亚，亦把各地物产带回本国，京之内出土的15世纪泰国大型黑釉四系罐与越南青花器可为物证（图17、图18）。换言之，明代的海禁与朝贡体系固然阻碍了自由流通的亚洲国际贸易，却促使琉球王国填补空隙，成为连接东亚与东南亚海域的结点。因此琉球出土的中国陶瓷除了增补15世纪龙泉系青瓷与景德镇青花瓷的资料，以利研究15世纪中国陶瓷之生产与外销，更具有复原当时东亚物质文化网络的积极意义。此议题非本文篇幅所能探究，但未来对15世纪琉球自身之贸易网络的深入研究，必有助于理解其他环太

图17 泰国 Sri Satchanalai 窑黑褐釉四系罐 15世纪上半叶 高62cm 冲绳县立埋藏文化财中心藏

图18 越南青花八棱玉壶春瓶 15世纪中叶 高29.8cm 冲绳县立埋藏文化财中心藏

① 中央研究院历史语言研究所校印：《明实录：附校勘记 英宗实录》，第86卷，第1729–1730页。

平洋岛屿文明如台湾等地出土陶瓷的脉络，进而复原东亚物质文化圈之样貌。[①]

本文参考文献

一、文献

1.（明）李东阳等:《大明会典》，台北市：华文书局 1964 年版。

2.（清）蔡铎等修:《历代宝案》，台北市：台湾大学影印本 1972 年版。

3. 中央研究院历史语言研究所:《明实录：附校勘记》，台北市：中央研究院 1962—1966 年版。

4. 中央研究院历史语言研究所《明实录附录　明太宗宝训》，台北市：中央研究院 1967 年版。

5. 和田久德:《明實実録の冲縄史料（一）～（二）》，那霸市：冲绳县立图书馆 1972 年版。

6. 朝鲜国史编纂委员会编:《朝鲜王朝实录》，首尔：朝鲜国史编纂委员会 1955—1963 年版。

7. 台湾银行经济研究室编:《使琉球录三种》，《台湾文献丛刊》第 104 册，台北市：中华书局 1970 年版。

二、考古报告

1. 江西省博物馆:《江西玉山、临川和永修县明墓》，《考古》1973 年第 5 期，第 286–289 页。

2. 朱红、李玲:《明梁庄王墓出土的金壶和花丝金镶宝腰带》，《江汉考古》2003 年第 4 期。

3. 冲绳县教育委员会:《首里城迹—京の内迹発掘报告书（Ⅰ）》，冲绳县：冲绳县立埋藏文化财中心 1997 年版。

① 台湾学界近年来持续关注此议题，且已经有相当的研究成果，参见谢明良:《台湾宜兰淇武兰遗址出土的十六至十七世纪外国陶瓷》，《美术史研究集刊》2011 年第 30 期，第 83–143 页；卢泰康:《十七世纪台湾外来陶瓷研究——透过陶瓷探索明末清初的台湾》，台南市：国立成功大学历史研究所 2005 年博士论文；王淑津:《记台湾北海岸埤岛桥与大坌坑遗址的龙泉青瓷新资料》，《故宫文物月刊》2009 年第 2 期，总第 301 期，第 28–35 页。

4. 冲绳县教育委员会:《首里城迹—京の内迹発掘调查报告书(Ⅱ)》，冲绳县：冲绳县立埋藏文化财中心 2009 年版。

5. 南京市博物馆:《南京明汪兴祖墓》,《考古》1962 年第 4 期，第 23、31–33 页。

6. 浙江省文物考古研究所、北京大学考古文博学院、龙泉青瓷博物馆编:《龙泉大窑枫洞岩窑址出土瓷器》，北京：文物出版社 2009 年版。

7. 景德镇陶瓷馆、欧阳世彬、黄云鹏:《介绍两座明景泰墓出土的青花、釉里红瓷器》,《文物》1981 年第 2 期，第 46–50 页。

8. 蔡述传:《南京牛首山弘觉寺塔内发现文物》,《文物参考资料》1956 年第 11 期，第 73 页。

三、中、日文论文

1. 三上次男:《冲縄出土の中世中国陶磁器について一中世冲縄と中国陶磁贸易の接点を求めて一》,《琉大史学》，收入《三上次男著作集 1 陶磁贸易研究上　东アジア、东南アジア篇》，东京：中央公论美术出版社 1987 年版，第 220–224 页。

2. 王淑津:《记台湾北海岸埤岛桥与大坌坑遗址的龙泉青瓷新资料》,《故宫文物月刊》2009 年第 2 期，总第 301 期，第 28–35 页。

3. 伊东忠太、镰仓芳太郎:《南海古陶磁》，东京：宝云社 1937 年版。

4. 佐久间重男:《明代の琉球と中国との関系—交易路を中心として》,《明代史研究》1975 年第 3 期，第 1–21 页。

5. 李知宴:《竜泉窑の発展と输出》,《贸易陶磁研究》1982 年第 2 期，第 27–36 页。

6. 金沢阳:《“歴代宝案”と明代贸易陶磁の実像一明代竜泉青磁“大青盘”考》,《出光美术馆研究纪要》2007 年第 13 期，第 33–45 页。

7. 金武正纪:《舶载陶磁器からみた琉球の海外贸易——中国陶磁器を中心として一》,《第四回琉中历史关系学术会议——琉中历史关系论文集》，那霸：琉中历史关系国际学术会议实行委员会 1992 年版，第 339–363 页。

8. 金城龟信:《首里城“京の内”迹仓库迹出土の陶磁器について》,《东洋陶磁》2004 年第 31 期，第 5–22 页。

9. 林国聪:《我国水下考古中所见的龙泉青瓷》,《中国古陶瓷研究》2008年第14期，第37–47页。

10. 国吉菜津子:《琉球における陶磁贸易の一考察》,《南岛史学》1991年第38期，第1–38页。

11. 冈本弘道:《明朝における朝贡国琉球の位置付けとその变化—14、15世纪を中心に—》,《东洋史研究》1999年第4期，总第57期，第1–33页。

12. 徐玉虎:《明朝与琉球关系之研究》,《明代琉球王国对外关系之研究》，台北：学生书局1982年版，第1–44页。

13. 曹永和:《明洪武朝的中琉关系》,《中国海洋史论集》，台北：联经出版社2000年版，第191–232页。

14. 梅木哲人:《福州柔远駅と琉球中国関系》，收入《中国・福建省琉球列岛交涉史の研究》，东京：第一书房1994年版，第95–180页。

15. 鸟居龙藏:《有史以前の日本》，东京：几部甲阳堂1925年版。

16. 森达也:《日本出土的龙泉窑青瓷》,《故宫文物月刊》2009年第2期，总第301期，第20–27页。

17. 彭盈真:《琉球出土中国陶瓷——15世纪陶瓷消费地之个案研究》，台北市：台湾大学艺术史研究所2005年硕士论文。

18. 彭盈真:《万国津梁之基——浅谈日本冲绳出土之龙泉青瓷》,《故宫文物月刊》2009年第301期，第36–45页。

19. 蔡玫芬:《碧绿——明代龙泉窑青瓷》,《故宫文物月刊》2009年第2期，总第301期，第1–19页。

20. 裴光辉:《空白期青花瓷》，福州市：福建美术出版社2002年版。

21. 龟井明德:《冲縄出土の中国陶磁（上）、（下）》，冲绳县：冲绳县立博物馆1982年第3期。

22. 龟井明德:《琉球陶磁贸易の构造的理解》,《专修人文论集》1997年第60期，第41–66页。

23. 龟井明德:《首里城京の内出土陶磁器—15世纪前半代の标识资料》，收入《首里城京の内展》，冲绳县：冲绳县立埋藏文化财中心2001年版，第81–94页。

24. 龟井明德:《明代前半期陶磁器の研究—首里城京の内 SK01 出土品》，东京：专修大学 2002 年版。

25. 卢泰康:《十七世纪台湾外来陶瓷研究——透过陶瓷探索明末清初的台湾》，台南市：国立成功大学历史研究所 2005 年博士论文。

26. 谢明良:《台湾宜兰淇武兰遗址出土的十六至十七世纪外国陶瓷》，《美术史研究集刊》2011 年第 30 期，第 83–143 页。

四、英文论文

1. Ho，Chuimei and Malcolm M. Smith. "Gaps in Ceramic Production/Distribution and the Rise of Multinational Traders in 15th–Century Asia." In *Taida Journal of Art History*, Vol. 1999. 7. pp. 1–28.

2. Morimoto，Asako. "A New Approach to Enigmas from Medieval Hakata：Trade Ceramics as Seen from Archaeological Data." In *Taida Journal of Art History*，Vol. 1999. 7. pp. 89–114.

五、中、日文专书

1. 小叶田淳:《中世南岛通交贸易史の研究》，东京：日本评论社 1939 年版。

2. 冲绳县立埋藏文化财中心:《首里城京の内展 ：贸易陶磁からみた大交易时代 ：特别企画展》，冲绳县：冲绳县立埋藏文化财中心 2001 年版。

3. 桑原骘藏:《东西交通史论丛》，东京：弘文堂书房 1933 年版。

4. 高良仓吉:《新版琉球の时代—大なる歴史像を求めて—》，那霸市：ひるぎ社 1989 年版。

5. 高良仓吉、田明真知:《図说琉球王国》，东京：河出书房新社 1999 年版。

6. 湖北省博物馆:《梁庄王墓：郑和时代的瑰宝》，北京：文物出版社 2007 年版。

7. 蔡玫芬:《碧绿——明代龙泉窑青瓷》，台北市：故宫博物院 2009 年版。

8. 叶英挺、华雨农:《发现：大明处州龙泉官窑》，杭州：西泠印社 2005 年版。

9. 谢明良:《十五世纪的中国陶瓷及其有关问题》，《中国陶瓷史论集》，台北市：允晨文化 2007 年版。

10. 滨下武志:《朝贡システムと近代アジア》，东京：岩波书店 1997 年版。

11. 藤田丰八:《东西交涉史の研究》，东京：荻原星文馆 1943 年版。

六、英文专著

1. Brown，Roxanna M. *The Ming Gap and Shipwreck Ceramics in Southeast Asia*：*Towards a Chronology of Thai Trade Ware*，Bangkok：Siam Society. 2009.

2. Hamashita Takeshi *China*，*East Asia and the Global Economy*：*Regional and Historical Perspectives*，London，New York：Routledge. 2008.

沉船所见景德镇明代民窑青花瓷*

陈　冲①

一、引　言

自20世纪50年代起，陆续有沉船瓷器被发现和打捞，大量沉睡于海底的明代青花瓷得以浮出海面。沉船瓷器数量众多，器类丰富，保存完整，同船器物时代集中，年代较为明确，是青花瓷编年研究的重要资料。同时，沉船瓷器也为研究明代外销瓷提供了重要实证，并将直接推动有关中西海上贸易史的研究。

由于沉船多由国外私人组织打捞，较少经过科学的发掘，有些更是着眼于商业目的，因此材料发表零散且不规范，散见于各种船货图册、馆藏图录和拍卖目录等。目前国内学术界对沉船瓷器资料的掌握尚不系统，研究也不够深入，多为概述或翻译类文章。国外学者的研究成果则较为突出，既有基于沉船撰写的报告或文章，也有在此基础上开展关于“空白期”“转变期”青花瓷或所谓“克拉克瓷”的专题研究。这些学术成果有力地推动了对沉船瓷器的认识。但也存在一些不足，尤其是对青花瓷的年代判定不够准确，影响了相关问题的深入探讨。本文将在全面搜集沉船资料的基础上，结合窑址、居址、窖藏、墓葬等类遗迹考古资料及纪年瓷器，对沉船所见明代民窑青花瓷进行编年研究。

---

* 本文为教育部人文社会科学研究2013年度青年基金项目“沉船所见景德镇明代青花瓷的考古学研究”成果，项目批准号13YJC780001。

① 陈冲，北京大学中国考古学研究中心，北京大学考古文博学院博士。

二、瓷器编年

本文共收集23例出有青花瓷的沉船资料，依据瓷器组合面貌异同分为6组，并分别进行年代讨论。

第一组：明代早中期（约15世纪中期）

本组包括菲律宾潘达南（Pandanan）（图1）①、越南会安（Hoi An）②、马来西亚皇家南海（Royal Nanhai）号（图2）③和泰国西昌岛3号（Ko Si Chang Ⅲ）沉船④。所出青花瓷数量较少，器类以碗、盘为主，另有碟、杯与小罐。碗多为侈口弧腹，另有少量侈口垂腹。内底纹饰可见双圈月梅、兰草、月华、折枝花及"福"字，内壁多无纹饰，仅潘达南沉船所出残片内壁绘缠枝西番莲，会安沉船所出侈口垂腹碗内壁绘梅、兰、松、竹，间隔以朵花。内口沿多施以弦纹、回纹及十字菱格纹，外口沿则多绘一周弦纹。外壁纹饰多见缠枝西番莲、山石、卷云、海浪、松竹梅、莲荷、人物骑马或抚琴等，纹饰多施于上腹部，下腹部多饰以弦纹。盘可见敞口弧腹、侈口弧腹与菱花口弧腹三种，其中菱花口盘有内壁模

---

① Eusebio Z. Dizon. Anatomy of a Shipwreck: Archaeology of the 15th-Century Pandanan Shipwreck , Christophe Loviny. The Pearl Road: Tales of Treasure Ships in the Philippines. Makati City, 1996:62-94. Kazuhiko Tanaka & Eusebio Z. Dizon, Shipwreck Site and Earthenware Vessels in the Philippines: Earthenware Vessels of the Pandanan Shipwreck Site, Mark Staniforth. ed. Asia-Pacific Regional Conference on Underwater Cultural Heritage Proceedings, Manila, 2011.

② John Guy. Vietnamese Ceramics from the Hoi An Excavation: The Chu Lao Cham Ship Cargo. Orientations, Sept 2000:125-128. Menson Bound. Aspects of the Hoi An Wreck: Dishes, Bottles, Statuettes and Chronology. Taoci, 2001:95-104. Bui Minh Tri, Tong Trung Tin, Nguyen Quang Liem, Philippe Colomban. The Cù Lao Chàm (Hôi An) shipwreck. Taoci, 2001:105-110. Nguyễn, Đình Chiến&Phạm&Quốc Quân. Ceramics on Five Shipwrecks off the coast of Vietnam, National Museum of Vietnamese History, 2008.

③ Brown, Roxanna and Sten Sjostran. Martime Archaeology and Shipwreck Ceramics in Malaysia. Kulala Lumpur: Department of Museums and Antiquities, 2002:51-53.

④ Green, Jeremy, Rosemary Harper and Vidya Intakosi. The Ko Si Chang Three Shipwreck Excavation 1986. Australian Institute for Maritime Archaeology Special Publication, 1987(4):39-79.

图 1　潘达南沉船出水青花瓷

制竖棱者。内底纹饰可见麒麟与凤凰，内壁四组折枝葡萄、花果、西番莲，外壁绘缠枝西番莲。碟可见侈口弧腹与侈口折腰两种，侈口弧腹碟常见内底双圈“麒麟望月”，此外还有双圈月华纹。侈口弧腹碟也有内壁模制竖棱者。折腰碟多见内底双圈折枝西番莲纹。本组器物外底均无款识。

与本组青花瓷相类的纪年材料多见于正统至天顺前后[①]，可作进一步比对的材

① 欧阳世彬、黄云鹏:《介绍两座明景泰墓出土的青花、釉里红瓷器》,《文物》1981 年第 2 期，第 46-50 页。内底月华纹净水碗（景泰四年墓，1453）；卷云兰草纹碗、卷云山石纹碗、缠枝西番莲纹折腰碟（景泰七年墓，1456）。广东省博物馆、东莞市博物馆:《广东东莞明罗亨信家族墓清理简报》,《文物》1991 年第 11 期，第 43-50 页。云气纹碗、缠枝西番莲盖罐（天顺三年墓，1459）。四川省文管会、绵阳市文化局、平武县文保所:《四川平武明王玺家族墓》,《文物》1989 年第 7 期，第 1-42 页。缠枝莲纹碗、云气纹炉（天顺八年墓，1464）。古湘、陈柏泉:《介绍几件元、明青花瓷器》,《文物》1973 年第 12 期，第 64-66 页，第 54 页。缠枝莲纹盖罐（正统二年墓，1437）。

图 2　皇家南海号沉船出水青花瓷

图 3 利纳沉船出水青花瓷

图 4　利纳沉船出水青花瓷

料还见于约属明代早中期的江西丽阳瓷器山窑址①、成都下东大街遗址②及浙江安吉明墓③，日本出土"染付碗B群"亦多类此④。相似器物包括内底为月梅、兰草、折枝花及"福"字侈口弧腹碗，麒麟纹侈口弧腹盘以及内底折枝西番莲纹侈口折腰碟等。此外，根据对同出的越南及泰国陶瓷器的研究，国外学者多认为本组沉船的年代为15世纪中期或中晚期⑤。据此，将本组青花瓷的年代推定为正统至天顺时期，或可早至宣德。

第二组：明代中期早段（约15世纪晚期）

本组包括菲律宾利纳（Lena Shoal）（图3、图4）⑥、圣克鲁兹（Santa Cruz）（图5）⑦、文莱（图6）沉船⑧和泰国苏梅岛（Ko Samui）沉船⑨。所出青花瓷数量多，器类丰富，以碗、盘、碟为大宗，此外还包括杯、执壶、军持、瓶、罐与盒

① 故宫博物院、江西省文物考古研究所、景德镇市陶瓷考古研究所：《江西景德镇丽阳瓷器山明代窑址发掘简报》，《文物》2007年第3期，第17–33页。

② 成都文物考古研究所：《成都市下东大街遗址考古发掘报告》，《成都考古发现》(2007)，北京：科学出版社2009年版，第452–539页。

③ 张秋华：《安吉县章村桃李山明墓出土瓷器》，《东方博物》(第50辑)，杭州：浙江大学出版社2014年版，第27–31页。

④ 小野正敏：《15、16世纪の染付碗、皿の分類とその年代》，《贸易陶瓷研究》1982年第2期，第71–87页。作者将青花碗B群的年代推定为14世纪晚期至15世纪，青花碗C群、D群、青花盘B1群、C群的年代推定为15世纪后期至16世纪晚期。与本组相类的包括月华、月梅、"福"字、云气纹碗。

⑤ Allison I. Diem. The Significance of Pandanan Shipwreck Ceramics as Evidence of Fifteenth Century Trading Relations within Southeast Asia, Bulletin of the Oriental Ceramic Society of Hong Kong. 1998–2001(12):28–36. Mukai, K., Classification and Dating of Black Glazed Four Eared Jars of Thailand. Trade Ceramic Studies, 2003(23): 90–115.

⑥ Frank Goddio. The Wreck on the Lena Shoal. Franck Goddio, Monique Crick, Peter Lan, Stacey Pierson and Rosemary Scott. Lost at Sea: The Strange Route of the Lena Shoal Junk. London: Periplus, 2002:1–42.

⑦ Allison I. Diem. New Wreck Site. The Oriental Ceramic Society of the Philippines Bulletin Sept, 2001:3–4. Eusebio Z. Dizon. Investigations of the Sta. Cruz Shipwreck. Southeast Asian Archaeology International News-letter, 2002(13):2.

⑧ Michèle Pirazzoli-t' Serstevens. The Brunei Shipwreck: A Witness to the International Trade in the China Sea around 1500. The Silk Road, 2011(9):5–17. Michel L' Hour. La Mémoire engloutie de Brunei. Textuel, 2001.

⑨ Roxanna Maude Brown. The Ming Gap and Shipwreck Ceramics in Southeast Asia: Towards a Chronology of Thai Trade Ware. Thailand: Bangkok Printing co.Ltd., 2009:64,150.

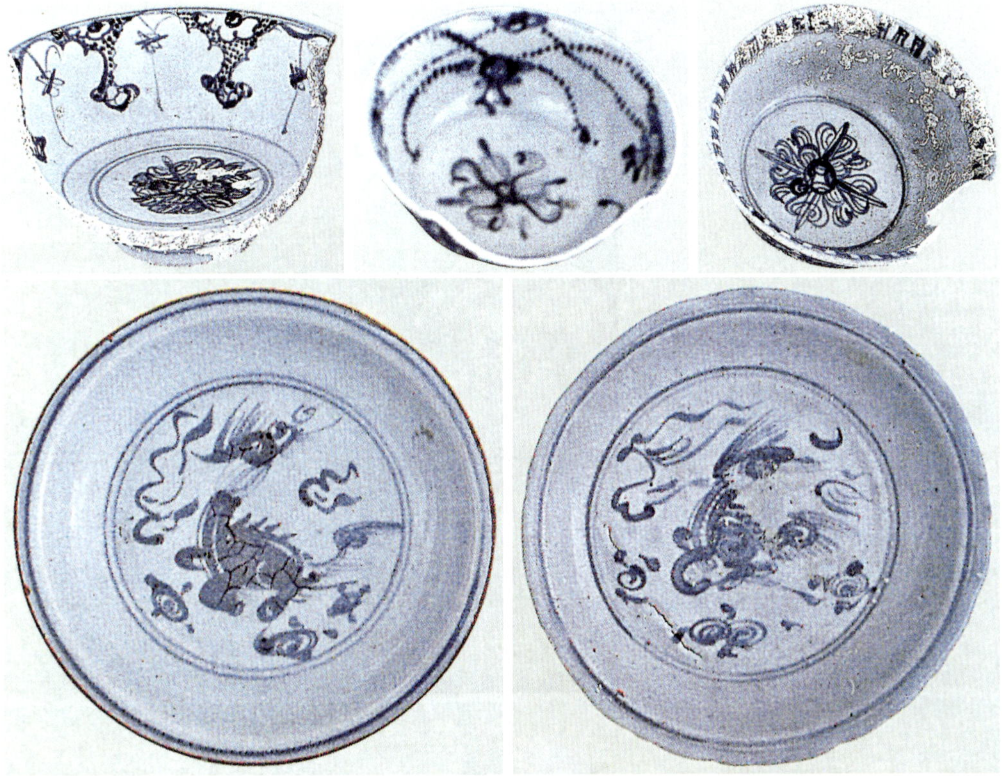

图 5 圣克鲁兹沉船出水青花瓷

等。碗以侈口弧腹与敞口弧腹最为多见，另有少量侈口垂腹，同一形制又可见口径尺寸不同的两组。内底心纹饰以双圈内莲瓣云气、海水海螺、结带宝杵最为常见，此外还有灵芝、束莲、卷草、花瓣、云肩、梵文和“福”字等。内壁多绘制纹饰，可见缠枝牡丹、束莲、串珠、云肩和梵文。内、外口沿饰有十字菱格、平行线相交、缠枝花卉、海浪、梵文、卷草和回纹，以十字菱格纹最为常见。外壁纹饰可见缠枝或折枝花卉、束莲、卷草、夔龙、龟背锦、云气和间以“壬”字云的飞马，近足部则以宽幅莲瓣最为常见，此外还有与飞马和束莲相配的海浪、小幅莲瓣或菊瓣纹。碗内装饰，可见以内底心和满地装两类。外壁则以纹饰是否及至下腹部亦可分为两类，其中以及至下腹部者居多，此类碗的胎釉质量好，纹饰绘制工整，圈足绘一或两周弦纹，足内施釉。不及下腹者仅见于内底心“福”字、外壁缠枝西番莲和内底心花瓣、外壁云气纹碗。此类碗的数量少，胎质较粗，青花色泽灰暗，纹饰潦草，圈足不绘制弦纹，足内不施釉。

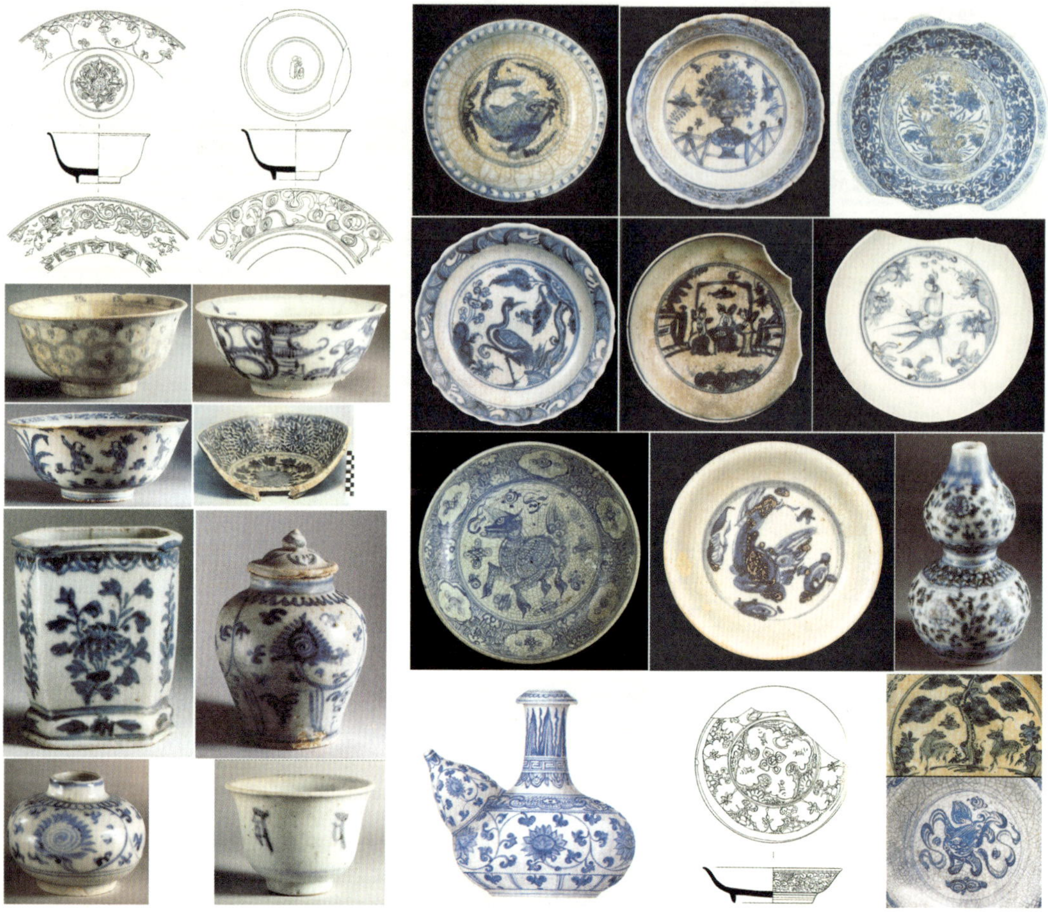

图 6　文莱沉船出水青花瓷

盘可见折沿、侈口与敞口三类，以敞口盘为大宗，折沿盘中少量为菱花口。内底心纹饰可见卷草、花果、月梅、束莲、折枝花卉、缠枝花卉、花石海水、池塘小景、麒麟望月、海浪神兽（马、鹿、龙、象等）、松石长颈鹿、凤凰花卉、花石动物、庭院瓶花、庭院仕女、仙姑、海螺、云肩、梵文、宝杵等。内壁纹饰有束莲、缠枝花卉、灵芝、壬字云、缠枝莲梵文、Y 字形锦地开光和云肩等。外壁纹饰可见缠枝、束莲或者山石海浪。口沿可见回纹、十字菱格或平行线相交纹，多以弦纹作为装饰，外壁近足部可见卷草或云纹。个别盘外底绘有纹饰。内壁的纹饰布局可见三类：一为以内底大圆为中心，腹壁绘以折枝或缠枝花卉，以内壁束莲纹最为多见，可见于敞口与折沿盘上；一为以内底小圆为中心，腹壁以

Y 字形纹饰为地，开光装饰，均见于敞口盘；一为内壁满饰缠枝花卉，仅见于敞口盘，数量较少。

碟可见敞口、侈口与折沿三类，足部可见圈足与卧足两种。以施酱釉口的“麒麟望月”碟最为多见。碟的纹饰题材与布局方式相类于盘，但胎釉质量与纹饰技法则稍差。

与本组相类的纪年材料多见于成化晚期至弘治时期①，可作进一步比对的材料还见于属明代中期的成都下东大街遗址②、南京染料坊水井③、香港竹蒿湾遗址④以及日本新卷本村窖藏⑤等，日本出土“染付碗 B 群”“染付皿 B1 群”多类于此⑥。

---

① 北京大学考古文博学院、江西省文物考古研究所、景德镇市陶瓷考古研究所：《江西景德镇观音阁明代窑址发掘简报》，《文物》2009 年第 12 期，第 56 页。外壁浪头纹碗，外底双方框“壬子年造”（弘治五年，1492）。曲永健：《北京出土瓷片断代与鉴赏》，北京：文物出版社 2011 年版，第 166–189 页。内结带宝杵纹盘，外底双方框“甲辰年造”（成化二十年，1484），图 324；外壁浪头纹碗，外底双方框“壬子年造”，图 423；内结带宝杵纹碗，外底双方框“壬子年造”（弘治五年，1492），图 425；内结带宝杵，外底双方框“甲寅年造”（弘治七年，1494），图 427；内高士独坐碗，外底双方框“丙辰年造”（弘治九年，1496），图 429。中国陶瓷编辑委员会：《中国陶瓷·景德镇民间青花瓷》，上海：上海人民美术出版社 1994 年版。内海螺外莲荷纹敛口碗（弘治四年墓，1491），图版 65；外松鹿鹤碗（弘治九年，1496），图版 67。中山大学华南文化遗产保护研究与教学中心：《丹江口七里沟墓群 2008 年发掘报告》，《湖北南水北调工程考古报告集》，北京：科学出版社 2013 年版，第 170–207 页。侈口垂腹碗，M12，出土钱币最晚为“弘治通宝”，图版一七，3、4。成都文物考古研究所、温江区文物保护管理所：《成都市温江区万春镇明墓发掘简报》，《成都考古发现》（2005），北京：科学出版社 2007 年版，第 429–439 页。内狮子绣球，外缠枝西番莲纹侈口弧腹盘（弘治五年墓，1492）。

② 成都文物考古研究所：《成都市下东大街遗址考古发掘报告》，《成都考古发现》（2007），北京：科学出版社 2009 年版，第 452–539 页。与本组相类器物如海螺碗、海浪碗、“麒麟望月”碟均出自东大街遗址 T1、T3、T4 和 T5 的四层，地层关系明确。其中包括内底束莲纹碗，外底方款“壬子年造”。

③ 南京市博物馆、南京市秦淮区文化局：《南京颜料坊工地发现的明代古井》，《南京文物考古新发现》（第三辑），北京：文物出版社 2014 年版，第 174–186 页。

④ Peter Y. K. Lam. Late 15 to Early 16 Century Blue and White Porcelain from Penny’s Bay, Hong Kong. Journal of the Hong Kong Archaeological Society, XII (1986–1988):146–161. Peter Y. K. Lam. Ceramic Finds of the Ming Period from Penny’s Bay—An Addendum . Journal of the Hong Kong Archaeological Society, XIII(1989–1992):79–90.

⑤ 小野正敏：《山梨县东八代郡——宫町新卷本村出土的陶瓷器》，《贸易陶瓷研究》1981 年第 1 期，第 47–55 页。窖藏出土与本组相类的云气碗、“福”字碗和宝杵纹碟。

⑥ 小野正敏：《15、16 世纪の染付碗、皿の分類とその年代》，《贸易陶瓷研究》1982 年第 2 期。与本组相类器物可见内底宝杵、外壁龟背锦纹碗。

另外，本组伴出龙泉窑明代中期“顾氏”款器物[①]。据此，将本组青花瓷年代推定为成化至弘治时期[②]。

第三组：明代中期晚段（约 16 世纪早期）

本组包括西沙盘石屿 1 号沉船（图 7）[③]和福建平潭牛屎礁沉船遗址（图 8）[④]。所出青花瓷以碗、盘为主。碗多见侈口弧腹和敞口弧腹，新出现敞口浅腹碗。内底纹饰多见双圈四出花叶、莲荷水草、海水海螺、莱菔乳虎、高士独坐、仙人乘槎、结带宝杵等，内壁纹饰趋于简化或不见，内口沿多见弦纹、十字菱格纹，外壁常见缠枝花卉、莲荷纹、焦叶纹，龟背锦纹减少并趋于简化。盘可见侈口与敞口。内底心纹饰可见缠枝花卉、人物水景，内壁缠枝花卉或光素无纹，少数在底心及内壁满饰山石及山石花卉，或满饰 Y 字形锦地，留白开光。口沿多见弦纹，外壁则多见缠枝花卉纹。碟多为敞口弧腹卧足，底心纹饰多见寿字寿星纹。

本组器物在造型、纹饰与技法上多延续上一组风格，唯纹饰绘制简化、潦草。与本组相类的纪年材料见于正德和嘉靖初期[⑤]。可作进一步比对的材料还见于

① “顾氏”为明顾仕成窑场产品，一般认为顾仕成为明代正统到成化时期的龙泉地区比较大且较出名的窑主。秦大树、施文博：《龙泉窑记载与明初生产状况的若干问题》，《龙泉大窑枫洞岩窑址出土瓷器》，北京：文物出版社 2009 年版，第 28–36 页。

② 圣克鲁兹号及泰国苏梅岛沉船出水青花瓷发表材料较少，其中内底绘结带宝杵纹侈口垂腹碗，属于本组常见器型，但制作草率，纹饰绘制趋于潦草，年代稍晚，或可至下一组的正德早期。

③ 国家博物馆水下考古研究中心 2010、2011 年调查资料，由孟原召先生提供，谨致谢忱。

④ 福建沿海水下考古调查队：《福建沿海水下考古调查》，《文物》2014 年第 2 期，第 29–40 页。

⑤ 中国陶瓷编辑委员会：《中国陶瓷・景德镇民间青花瓷》，上海：上海人民美术出版社 1994 年版，图 85。缠枝西番莲纹罐（正德十二年纪年墓，1517）。湖北省文物考古研究所：《张懋夫妇合葬墓》，北京：科学出版社 2007 年版。外壁海浪敞口弧腹碗（正德十五年墓，1520），图版 28–1。荆州博物馆：《荆州明代萧姓家族墓》，《荆楚文物》（第 2 辑），北京：科学出版社 2015 年版，第 276–290 页。内底花叶外壁莱菔纹、内底花叶外壁缠枝菊纹侈口垂腹碗（正德十六年墓，1521），图版 2。湖北省文物事业管理局，湖北省三峡工程移民局：《秭归庙坪》，北京：科学出版社 2002 年版。外壁海浪纹敞口碗（嘉靖四年墓，1525），图版 83–3。

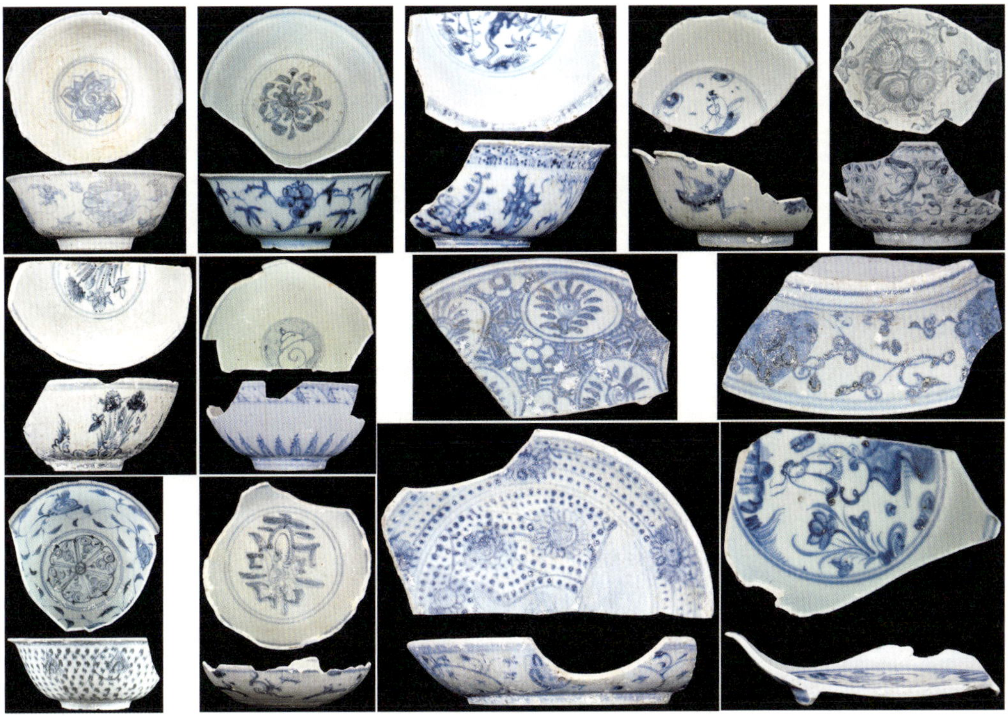

图 7　盘石屿 1 号沉船遗址出水青花瓷

图 8　牛屎礁沉船遗址出水青花瓷

景德镇旸府山窑址[①]、北京毛家湾瓷器坑[②]等。据此，将本组青花瓷年代推定为正德至嘉靖早期[③]。

第四组：明代中晚期早段（16 世纪中期）

本组包括马来西亚宣德号沉船（图 9）[④]、莫桑比克塞巴斯蒂安堡沉船（Fort San Sebastian）（图 10）[⑤]、南非圣本托号（São Bento）（图 11）[⑥]、圣若昂号（São João）（图 12）[⑦]。所出青花瓷仍以碗、盘、碟为主，同时出现深腹大碗等新器型以及大量的杯，此外还包括执壶、小罐、军持、烛台与盒等。碗以敞口弧腹最为多见，另有侈口弧腹。敞口弧腹碗内底心微凸，形制相同尺寸有别。内底单圈或双圈内可见折枝花、折枝花果、海螺、朵花、仙鹤、飞马、仕女等，内壁带纹饰者极少，可见绘一周昆虫纹饰者。外壁纹饰可见三出云纹间隔以团花、花草蝴蝶、枝头小鸟、老人牵牛、儿童牧牛、古塔、八卦等，近足部有绘制菊瓣和变体

① 陈冲、刘未：《景德镇旸府山明代窑址瓷器之考察》，《水下考古学研究》（第二卷），北京：科学出版社 2016 年版，第 119–137 页。

② 北京市文物研究所：《毛家湾明代瓷器坑考古发掘报告》，北京：科学出版社 2007 年版。北京市文物研究所：《北京毛家湾出土瓷器》，北京：科学出版社 2008 年版。

③ 盘石屿 1 号沉船出水内底云气、莲瓣，内壁云肩、缠枝花卉纹侈口垂腹碗，以及 Y 字形锦地开光敞口弧腹盘，制作精细，器型特征具有成化至弘治时期的产品风格特点，当属本组较早时期的产品。

④ Sten Sjostrand. The Xuande Ceramics. Oriental Art, 1997(43/2, summer):7–14. Roxanna Maude Brown. Xuande–Marked Trade Wares and the Ming Gap. Oriental Art, 1997(43/2, summer):2–6. Roxanna Brown & Sten Sjostrand. Maritime Archaeology and Shipwreck Ceramics in Malaysia. Kula Lumpur: Department of Museums and Antiquities, 2002.

⑤ Mensun Bound. Exploring the Fort San Sebastian Wreck off Mozambique. The Explorers Journal, Summer, 2004:34–41.

⑥ (1) C. Auret, T. Maggs. The Great Ship Sao Bento: Remains from a Mid–16th Portuguese Wreck on the Pondoland Coast. Annals Natal Museum, 1982 (25/1):1–39. (2) Laura Valerie Esterhuizen. Chinese Ming Blue and White Porcelain Recovered from 16th and 17th century Portuguese Shipwrecks in the South African Coast. Taoci Revue Annuelle de la Societe Francaise d' Etude de la Ceramique Orientale,2000(1):93–99. (3) Laura Valerie Esterhuizen. History Written in Porcelain Sherds: Two Portuguese Shipwrecks off the South African Coast São João, 1552 and the São Bento, 1554. Taoci Revue Annuelle de la Societe Francaise d' Etude de la Ceramique Orientale, 2001(2):111–116.

⑦ T. Maggs. The Great Galleon Sao Joao: Remains from a mid–16th Century Wreck on the Natal South Coast. Annals Natal Museum, 1984(26/1):173–186.

图 9　宣德号沉船出水青花瓷

图 10　塞巴斯蒂安堡沉船出水青花瓷

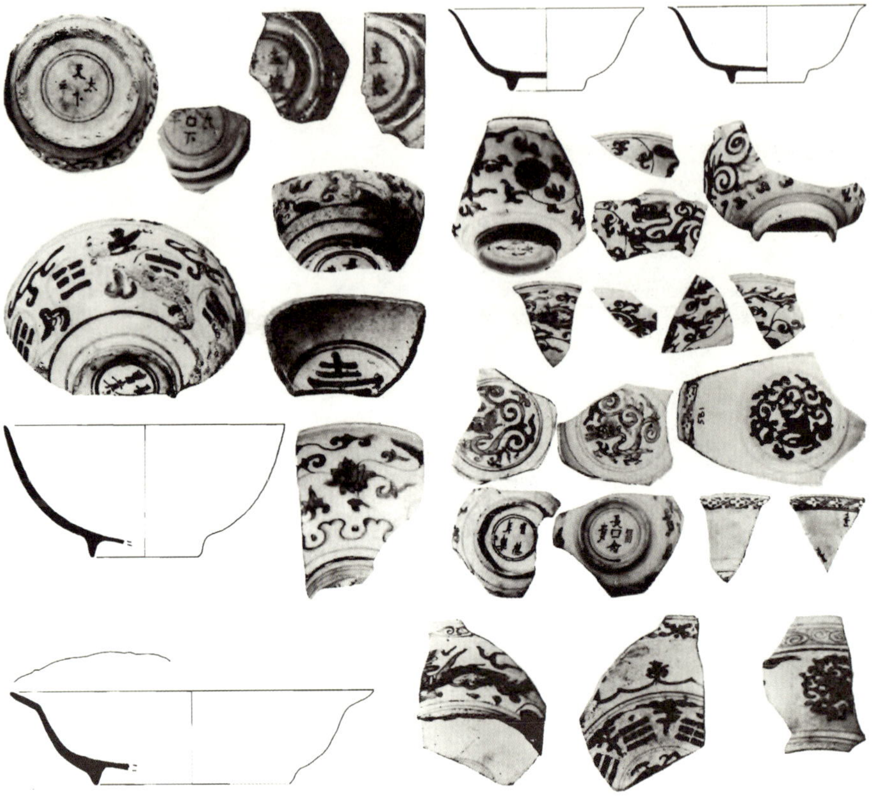

图 11　圣本托号沉船出水青花瓷

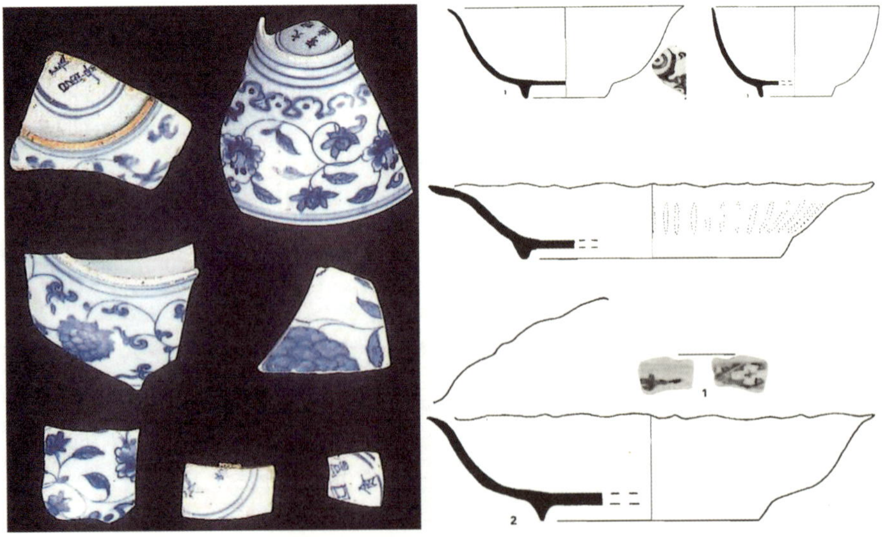

图 12　圣若昂号沉船出水青花瓷

如意云纹者。口沿边饰有弦纹、朵花、十字菱格、龙纹。圈足多绘制纹饰，如弦纹、卷草等。另外，还有外壁无纹饰者，内口沿绘宽幅间隔以四出云纹的仙鹤边饰，内底心绘仙鹤纹等题材。外底可见双圈“大明年造”“宣德年造”“宣德年制”“长命富贵”“天下太平”“大明宣德年造”及“大明宣德年制”款，钱文“天下太平”款，也有少数不带圈栏的“富贵佳器”款。

盘可见折沿、敞口与侈口三种，每种又有花口与圆口两种形制。折沿圆口盘，内底单圈或一周如意云纹内绘团花花鸟、龙纹，内壁无纹，内口沿绘制间隔以折枝寿桃的杂宝纹。折沿花口盘，内底双圈狮子绣球、祥云八卦，内壁缠枝宝相，内口沿卷草、十字菱格。或内底单圈，内绘团花，内壁无纹饰，内口沿绘制间隔以折枝寿桃的杂宝纹，外口沿及腹壁均绘圆点及花叶，外底钱纹款。另有大量内壁模制竖棱者，内底纹饰可见狮子绣球、龙、凤、麒麟、杂宝和云肩等，内口沿卷云，外口沿折枝花草，外壁间隔以三出云纹的团花。敞口圆口盘，内底心如意，外面绕以凤凰，辅以三出云纹和海浪，外壁团花，间隔以三出云纹，内口沿边饰模糊不清，外底双圈“大明年造”。同一形制还有内底狮子绣球、内壁满饰缠枝牡丹纹以及内底心花石、庭院，外壁缠枝花卉纹者。敞口花口盘，腹壁模制，内底心花蝶，内壁开光，内绘折枝、杂宝，仅见于塞巴斯蒂安堡沉船，尺寸有别。侈口圆口盘，内底心麒麟、山石凤凰、狮子绣球、留白的牡丹花卉，外壁缠枝花卉。此外还有侈口花口盘。

碟可见折沿、敞口与侈口三类。折沿圆口，内底心一周凸起，内绘月华锦，凸棱外绕以缠枝花卉。折沿花口，腹壁模制竖棱，口沿海浪、卷草、云气、十字菱格，内底折枝花。内壁无纹饰，外底双圈钱文“长命富贵”。敞口圈足碟，内底螃蟹，外面绕以纹饰。敞口卧足碟，内底心人物、花卉，外壁无纹饰或饰蕉叶纹。另有侈口花口碟残片，以及内底凤凰穿花，外底双圈“宣德年造”，内、外壁海水龙纹碟残底。此外，本组出现大量的杯，以及少量折沿深腹大碗和侈口弧腹卧足钵，均见于塞巴斯蒂安堡沉船，未见于前组。杯，侈口弧腹，外壁绘枝头小鸟。敞口弧腹，外壁为飞马纹。折沿深腹大碗，内底心留白绘制龙纹，腹壁连接处绕以双圈弦纹，内壁绘制两组梅树，间隔以蜂蝶，内口沿绘十字菱格纹，外口沿绘圆点及草叶，外壁绘团花，外底方款。侈口弧腹卧足钵，内底双圈云纹飞鹤，内壁无纹饰，外壁海浪游鱼，外底钱文“长命富贵”款。

据报道，塞巴斯蒂安堡沉船出有嘉靖三十二年（1553）款青花瓷盘①，另据文献记载，圣若昂号（São João）沉没于嘉靖三十一年（1552），圣本托号于嘉靖三十三年（1554）二月驶离印度，四月沉没②。其他与本组相类的纪年材料多见于嘉靖中晚期③，个别有晚至万历初年者④。可作进一步比对的材料还有广东台山上川岛花碗坪遗址⑤出土瓷器，花碗坪遗址被认为是正德九年（1514）至嘉靖三十六年（1557）葡萄牙进行走私贸易的据点。据此，本组青花瓷的年代为嘉靖中晚期，或可延续至万历初期。

---

① Mensun Bound. "Exploring the Fort San Sebastian Wreck off Mozambique" . The Explorers Journal, Summer, 2004:34–41.

② Theal, G. M. 1898–1903. Records of South– eastern Africa. Facsimile Reprint. Cape Town: Struik, 1964.

③ 全国基本建设工程中出土文物展览会工作委员会:《全国基本建设工程中出土文物展览图录》，北京：中国古典艺术出版社 1955 年版，图版 255，狮子绣球纹侈口垂腹碗、玉壶春瓶（嘉靖二十七年，1548）。北京大学考古文博学院，江西省文物考古研究所，景德镇市陶瓷考古研究所:《江西景德镇观音阁明代窑址发掘简报》,《文物》2009 年第 12 期，第 48 页，内底狮子绣球纹盘，外底双圈"癸丑年制"款（嘉靖三十二年，1553），图 31、32。曲永健:《北京出土瓷片断代与鉴赏》，北京：文物出版社 2011 年版，内底"麒麟望月"纹碗，外底双圈"甲辰年制"（嘉靖二十三年，1544），图 596；外壁海马纹净水碗（嘉靖三十六年，1557），图 599；内底"麒麟望月"纹碗，外底双方框"辛酉年制"款（嘉靖四十一年，1562），图 600。江西省博物馆、香港中文大学文物馆:《江西元明青花瓷》，2002 年版，外壁庭院人物纹敞口弧腹碗，外底双圈"庚申年制"（嘉靖三十九年，1560）。书中误定为万历四十八年 / 泰昌元年，1620，图 112。Duncan Macintosh，Chinese Blue & White Porcelain，2nd Edition. Hong Kong: Book Marketing Ltd. 1986:60. 外壁凤凰花卉纹敞口弧腹碗，外底双圈"癸丑年制"（嘉靖三十二年，1553）。湖北省文物事业管理局、湖北省三峡工程移民局:《秭归庙坪》，北京：科学出版社 2002 年版，第 272–277 页，外壁花叶、莱菔纹侈口垂腹碗（嘉靖四十五年墓，1566），图 238–240。南阳市文物考古研究所:《南阳市明代墓葬发掘简报》,《中原文物》2015 年第 2 期，第 4–13 页，折枝花卉纹罐（嘉靖二十九年，1550）、缠枝牡丹纹罐（嘉靖三十年，1551）、婴戏纹罐（嘉靖三十年，1551）、缠枝莲纹罐（嘉靖三十四年，1555）。Barbara Harrisson. Later Ceramics in South–East Asia sixteenth to Twentieth Centuries. Kuala Lumpur, Oxford University Press , 1995:35. 外壁莲荷白鹭纹敞口弧腹碗，外底无圈栏"嘉靖丙寅年制"（嘉靖四十五年，1566）。

④ 成都市文物考古研究所:《成都"新北小区四期"明代太监墓群发掘简报》,《成都考古发现》（2006），北京：科学出版社 2008 年版，第 334–351 页，内底山水人物，外壁婴戏纹碗，外底单圈"万福攸同"款（万历二年纪年墓，1574），图版 18，图 3、4。

⑤ 黄薇:《上川岛明代外销瓷器调查与初步研究》，北京大学 2006 年硕士论文。黄薇、黄清华:《广东台山上川岛花碗坪遗址出土瓷器及相关问题》,《文物》2005 年第 7 期，第 78–88 页。黄薇、黄清华:《上川岛与 16 世纪中葡早期贸易》。香港城市大学中国文化中心、陶瓷下西洋研究小组:《陶瓷下西洋：早期中葡贸易中的外销瓷》，香港：香港城市大学出版社 2010 年版，第 60–87 页。

第五组：明代中晚期晚段（16 世纪晚期）

本组包括广东南澳 I 号（图 13、14）[①] 和印度尼西亚万历号沉船 [②]，所出青花瓷可见碗、盘、碟、杯、盒、壶、罐、瓶。碗可见敞口弧腹和小盘口弧腹两种形制，两种形制均包含尺寸。底心纹饰可见双圈缠枝花卉、折枝花果、龙凤、飞鹤、螭龙、鹭鸶、海水鱼纹、海水海螺、“高官厚禄”、“平步青云”、卍字云、“寿”字等，内口沿十字菱格、弦纹、折枝花卉，外壁可见间隔以三出云纹的团花、飞龙、凤凰、螭龙、人物、八卦等，外底少见双圈“万福攸同”“大明年造”，多见单圈“万福攸同”，无圈栏的“大明年造”“大明嘉靖年制”“富贵佳器”以及窗格款等款识。较为独特的装饰是内底留白朵花，内壁满饰圆圈纹，另有外口沿绘宽幅边饰者。小盘口弧腹碗，内底双圈月下老人读书，内口沿十字菱格纹，外壁亭阁人物，外底双圈“万福攸同”款。另有少量碗盖，以两组间隔以灵芝的螭龙纹或四组魁星纹为饰。

盘可见敞口、侈口与折沿三类。敞口弧腹盘，内底双圈海水鱼纹、“喜禄封侯”、丹凤朝阳，内壁无纹，或绘折枝花间隔以蜂蝶，口沿弦纹、十字菱格纹，外壁缠枝花卉，外底方款“富贵佳器”“余造佳器”“精制”。侈口弧腹盘，内底双圈树石栏杆、海水鱼纹，内壁无纹饰，口沿弦纹，外壁缠枝花卉，外底无款。折沿弧腹盘，内底双圈缠枝花卉、丹凤朝阳，内壁无纹饰，内口沿绘间隔以折枝桃的杂宝、鹭鸶与折枝花卉，外口沿绘拉长的花叶，外壁绘两组或三组折枝花，间隔以小花叶，外底无款、无圈栏的“富贵佳器”或方框“富贵佳器”款。

杯可见敞口与侈口两种形制。敞口弧腹杯，内底单圈折枝花卉，外壁无纹饰，外底窗格款。侈口弧腹杯，内底单圈折枝花卉、老人独坐、圆点，外壁缠枝花卉或两组兰草、人物、枝头小鸟，外底无圈栏的“福”“玉”字款。碟，侈口

① 广东省文物考古研究所：《南澳 I 号明代沉船 2007 年调查与试掘》，《文物》2011 年第 5 期，第 25–47 页。广东省文物考古研究所、国家水下文化遗产保护中心、广东省博物馆：《广东汕头市“南澳 I 号”明代沉船》，《考古》2011 年第 7 期，第 39–46 页。宋中雷、黎飞艳：《南澳 I 号明代沉船 2010 年出水陶瓷器》，《文物》2012 年第 3 期，第 60–78 页。广东省文物考古研究所、广东省博物馆、国家文物局水下文化遗产保护中心：《孤帆遗珍：南澳 I 号出水精品文物图录》，北京：科学出版社 2014 年版。

② Carol Tedesco.Wrecks, Wanli Treasure.X-ray Mag, Global Edition, 2011(45):13–16. 印度尼西亚万历号于 2009 年由葡萄牙打捞公司（AWW）联合印尼政府打捞，并建设有沉船打捞网站，陆续发布打捞成果，现已不能访问。

图 13　南澳 I 号沉船出水青花瓷

图 14 南澳 I 号沉船出水青花瓷

弧腹，内壁石榴枝头小鸟、双圈麒麟、“高官厚禄”，内口沿十字菱格，外壁无纹饰，外底亦多见单方框“福”字款。盒，均为圆形，有腹壁模制竖棱者。器身多以兔纹、鹭鸶、海水鱼纹、螭龙、海马、折枝花卉、四出云纹、“寿山福海”、杂宝、卍字云、莲托寿字等作为纹饰，外底无款或单方框“福”字款及兔纹款。

与本组相类的纪年材料多见于隆庆至万历早中期①，可作进一步比对的材料见于景德镇观音阁窑址万历早中期产品②。此外，据推测形成于万历七年（1579）及万历二十三年（1595）的美国加利福尼亚州德雷克湾遗址③，也有相似的青花瓷残

① 曲永健:《北京出土瓷片断代与鉴赏》，北京：文物出版社 2011 年版，外底无圈栏“丙寅年三月造”（嘉靖四十五年，1566），图 602；上海博物馆藏外底双圈“大明隆庆年造”敞口浅腹碗，外壁两组凤凰穿花，图 648；内底高官厚禄纹碗，外底双圈“隆庆年造”，图 652；外底无圈栏“隆庆年制”，内底团螭龙纹碗，图 654；外底无圈栏“癸酉年制”（万历元年，1573），图 744。Julia K. Murray, A Decade of Discovery: Selected Acquisitions, 1970–1980，Washington, DC: The Freer Gallery of Art, 1979:35. 内底单圈吹箫人物，外壁“喜禄封侯”，外底“丙子年制 / 造”款（万历四年，1576）。嘉兴博物馆:《明器载道：嘉兴博物馆馆藏文物 · 明墓古器》，北京：中华书局 2016 年版，第 140、161 页，缠枝莲纹侈口垂腹碗、螭龙纹双耳瓶（万历二十七年，1599）。

② 北京大学考古文博学院，江西省文物考古研究所、景德镇市陶瓷考古研究所:《江西景德镇观音阁明代窑址发掘简报》,《文物》2009 年第 12 期，第 39–58 页，AbII 型、DbI 型与 Fb 型青花碗。

③ Clarence Shangraw, Edward P. von der Porten. The Drake and Cermeno Expeditions’ Chinese Porcelains at Drakes Bay, California, 1579 and 1595, Santa Rosa, Palo Alto, California: Santa Rosa Junior College and Navigators Guild, 1981.

片发现。据此，将本组青花瓷年代推定为隆庆至万历早中期。

第六组：明代末期（17世纪前期）

本组包括菲律宾圣迭戈号（San Diego）（图15）[①]、越南平顺（Binh Thuan）沉船[②]、几内亚湾毛里求斯号（Mauritius）[③]、圣赫勒拿岛（St. Helena）白狮号（Witte Leeuw）（图16）[④]、毛里求斯班达号（Banda）[⑤]、马来群岛万历号（图17）[⑥]和南中国海哈彻号（Hatcher）（图18）[⑦]。所出青花瓷以所谓“克拉克”类型数量最多、器类最为丰富，此外还包括传统类型以及所谓“转变期”（过渡期）类型瓷器。

“克拉克”类型以盘为主，还包括深腹大碗、盖碗、杯、长颈瓶、方瓶、军持、象形军持等。盘有延续上一组风格的折沿、内壁无纹饰盘，内壁折沿处多绘以池塘水景，内底纹饰与内壁绘制开光者盘相类，此类型盘只见于圣迭戈号与白狮号沉船。本组所见典型的“克拉克”类型盘，内、外壁开光的绘制与布局方式多样，有不带轮廓或带轮廓的长条形宽、窄相间开光，椭圆形开光及桃形开光。内底绕以织锦纹，或以织锦纹为地，底心纹饰可见山石动物、山石昆虫、山石鹿

---

① Wilfredo P. Ronquillo et. Al. Saga of the San Diego. Manila: Concerned Citizens for the National Museum, Inc., 1993. Franck Goddio. San Diego: An Account of Adventure, Deceit and Intrigue. National Geographic, July, 1994:35-37. Franck Goddio.Treasures of the San Diego. Paris, 1996. 卜迪桑·奥利兰尼达：《菲律宾沉船发现的明代青花瓷》。江西省博物馆、香港中文大学文物馆：《江西元明青花瓷》，2002年版，第211-223页。

② The Binh Thuan Shipwreck (Melbourne, March 2004) Christie’s Catalogue, March 2004. Michael Flecker. Binh Thuan: Treasure of the Shipwreck. Heritage Asia. June-August 2004:6-11.

③ M. L’Hour, L. Long, E. Rieth. The Wreck of an ‘Experimental’ Ship of the ‘Oost- Indische Companie’: The Mauritius (1609). The International Journal of Nautical Archaeology and Underwater Exploration, 1990(Vol.19, No.1):63-73.

④ C. L. van der pijl-Ketel, ed., The Ceramic Load of the ‘Witte Leeuw’ (1613). Amsterdam: Rijksmuseum, 1982.

⑤ J. Dumas. Fortune de mer à l’ĭle Maurice. Paris, 1981.

⑥ Sten Sjostrand, Sharipah Lok Lok bt. Syed Idrus. The Wanli Shipwreck and its Ceramic Cargo. Department of Museums Malaysia, 2007.

⑦ Colin Sheaf, Richard Kilburn. The Hatcher Porcelain Cargoes: The Complete Record, Phaidon-Christies, Oxford, 1988. Jeremy Green, Rosemary Harper. The Maritime Archaeology of Shipwrecks and Ceramics in Southeast Asia. Australian Institute for Maritime Archaeology Special Publication, 1987(4):1-37.

图 15　圣迭戈号沉船出水青花瓷

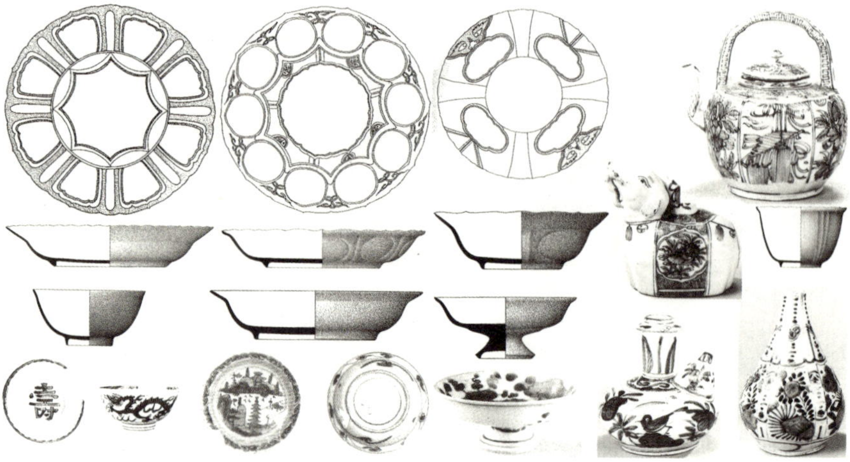

图 16　白狮号沉船出水青花瓷

图 17　万历号沉船出水青花瓷

图 18　哈彻号沉船出水青花瓷

景、盆花篮花、折枝花卉、各色杂宝、博古器物、寿桃仙鹤、凤凰穿花、麒麟飞龙等，以山石昆虫、山石鹿景、各色杂宝及博古器物较为多见，此外还有少量乘云人物、山水风景等题材。其他“克拉克”类型器物也多以开光为主要布局方式，辅以织锦纹、串珠、流苏等。

传统类型以碗最为多见，还包括杯、罐、执壶、盒、高足碟等。碗可见侈口弧腹、侈口垂腹、敞口弧腹及敞口浅弧腹，内底平坦或下凹，除窄圈足外，还出现宽圈足和玉璧足，部分碗类圈足内出现跳刀痕，在万历号沉船中还出现较大尺寸的敞口弧腹碗。内底纹饰多见团花、葡萄、白鹭、双圈或单圈变体“福”“善”“寿”“玉”或“大明宣德年制”等，口沿多绘变体海浪、花叶或弦纹，外壁可见缠枝牡丹、缠枝牵牛花、池塘莲荷、狮子绣球、龙纹、仙桃以及赤壁赋等，圈足多绘制弦纹。杯可见侈口斜腹、侈口弧腹和敞口弧腹三种形制，以侈口斜腹、下腹壁饰菊瓣纹者最为常见。碗和杯常见款识有双圈“大明成化年制”“大明成化年造”“大明嘉靖年制”“成化年制”“丹桂”，双圈多绘制不规则。单圈“大明成化年造”“成化年造”“莲亿”“玉器”“清雅”“雅”，单圈多靠近圈足。方格款“雅”“福”，无圈栏的“德化”和“玉”等款识。

“转变期”类型的瓷器在绘画技法、纹饰题材、器物形制、用料质量以及制作技术等方面均较特别，万历号沉船出水少量具有此类风格的大罐等器物，而在哈彻号沉船中则发现数量众多，包括盘、罐、瓶、执壶、杯和笔筒等。

据文献记载，圣迭戈号沉没于万历二十八年（1600），另据荷兰东印度公司档案记载，毛里求斯号、白狮号、班达号可能分别沉没于万历三十七年（1609）、万历四十一年（1613）和万历四十三年（1615），哈彻号则发现带有“癸丑”纪年的罐，结合档案记录，推测沉船年代在崇祯十六年（1643）至隆武二年（1646）之间。与本组相类的纪年材料见于一系列万历晚期出土“克拉克瓷”盘的纪年墓①，本组传统类型青花瓷碗与江苏无锡崇祯二年（1629）华师伊墓所出者相同②，相类的纪年材料还见于万历晚期至崇祯时期③。可与本组作进一步比对的材料还见于景德镇观音阁窑址万历晚期至崇祯时期的产品④。此外，各地发现明末窖藏⑤均普遍出土有与本组相似的器物。据此，将本组青花瓷年代推定为万历晚期至崇祯时期。

---

① 姚澄清、孙敬民、姚连红:《试谈广昌纪年墓出土青花瓷盘》,《江西文物》1990 年第 2 期，第 86–89 页。江西省文物工作队:《江西南城明益宣王朱翊鈏夫妇合葬墓》,《文物》1982 年第 8 期，第 16–28 页。

② 张柏:《中国出土瓷器全集 7》，北京：科学出版社 2008 年版，图版 213–218 页。

③ 故宫博物院、江西省文物考古研究所、景德镇市陶瓷考古研究所:《江西景德镇丽阳碓臼山明代纪年墓》,《文物》2007 年第 3 期，第 44–47 页，高官厚禄纹敞口弧腹碗（万历三十五年，1607）。中国陶瓷编辑委员会:《中国陶瓷・景德镇民间青花瓷》，上海：上海人民美术出版社 1994 年版，龙纹净水碗（万历四十六年，1618）。杨晓东:《东莞市博物馆出土文物》，北京：文物出版社 2014 年版，第 149–150 页，花鸟纹盖罐、人物纹六棱盖罐（崇祯八年，1635）。张柏:《中国出土瓷器全集 11》，北京：科学出版社 2008 年版，图版 190–191，折枝花卉纹、菊石纹侈口垂腹碗（崇祯十年，1637）。

④ Ac 型、Dc 型青花碗。

⑤ 此时期窖藏发现较多，略举几例。郑州博物馆:《郑州古荥发现一批窖藏青花瓷器》,《中原文物》1983 年第 3 期，第 112–114 页、第 109 页。合肥市文管处:《合肥发现明代瓷窖藏和唐代邢窑瓷》,《文物》1978 年第 8 期，第 51–53 页。黄桂珍:《明代秦王府瓷藏珍：西安解放路出土的明代青花窖藏》,《收藏界》2004 年第 6 期，第 13–17 页。黄晓枫:《成都东二巷明代瓷器窖藏出土瓷器》,《陶瓷考古通讯》2014 年第 1 期，第 53–58 页。

三、余 论

（一）以往对景德镇民窑青花瓷的年代判定，多将外壁云气纹侈口弧腹碗、外壁缠枝莲纹侈口折腰碟等认定为洪武、永乐时期①，而通过本文分析，沉船所见同类器物的年代则为正统、景泰、天顺时期，最早不过宣德，居址、墓葬考古材料与之大体相同。如此，景德镇民窑青花瓷的最早出现时间应作重新考虑。

（二）学界或将广义上“克拉克瓷”的出现时间追溯至嘉靖晚期②，而关于狭义上开光型“克拉克瓷”的起始年代则存有争议。就沉船材料而言，万历早期的南澳I号尚无所见，仍以可能属于1579年及1595年船货的美国加州西海岸遗址为最早，或许将开光型“克拉克瓷”的出现推定为1580年代左右为宜③。

（三）通过沉船所出青花瓷细致编年，可以发现同一时期存在精粗产品共存现象，并且存在同类特征（如器型、纹饰、款识）跨期延续但工艺退化的特点。如明代中期早段少数碗类外壁纹饰不及下腹、内底“福”字、外壁缠枝西番莲或云气纹，其纹饰内容与布局均为明代早中期同类产品的延续，唯制作粗糙、绘制草率。无独有偶，明代中期流行的海螺、海马、海浪等纹饰，亦可延续使用至中晚期，并且在形制、釉色、青料、装烧等方面均以该时期粗制产品的面貌出现，类似现象同样表现在明代中晚期的款识变化方面，这也是将南澳I号年代限定在万历早期而非嘉靖晚期的基本依据。

---

① 黄云鹏：《明代民间青花瓷的断代》，《景德镇陶瓷》1986年第3期，第28–45页。南京博物院、香港中文大学文物馆：《朱明遗萃：南京明故宫出土陶瓷》，香港，1996年版。

② Maura Rinaldi. Kraak Porcelain: A Moment in the History of Trade. London: Bamboo Pub, 1989.

③ 辽阳博物馆藏“万历癸未年置黔府应用”（1583）龙纹侈口盘是目前所见应用开光装饰的最早纪年例证。

中葡早期陶瓷贸易形态初探

黄清华 ①

15 世纪末至 16 世纪初随着新航路的开辟，葡萄牙成为第一个来华贸易的西方国家，从此开启了东西方海上交流的序幕。然而明代中国一度奉行海禁政策，这与葡萄牙人来华渴望自由通商的愿望是相背的。史籍显示，在 1557 年澳门正式开埠之前，葡萄牙人曾在中国海域有过多处临时的走私贸易据点，如伶仃岛、浪白澳、上川岛、双屿岛等，中葡早期关系便是在这些不同贸易地点的转换之间展开。那么，初期来华的葡萄牙人是通过怎样的形式实现来华贸易的？其贸易形态究竟如何？这种交流的程度和广度又是怎样？东西方文献史料对此仅有零星的记载，故以往的研究均未有过深入的探讨。数年前，笔者开始考察上述诸处贸易地点的当今留存实况，以图追寻当年的贸易信息。

2002 年 7 月我们在广东省台山市偶然听说该市上川岛海滩有古瓷片的消息，随即前往调查，果然发现有明代外销瓷遗存（图 1）。在第一次调查后，我们立即向台山市博物馆作了汇报，并在《中国文物报》刊文报道这一发现②，此后又进行过多次考古调查，于 2007 年第五期《文物》杂志正式刊文对

图 1　上川岛海滩明代外销瓷

① 黄清华，景德镇唐英学社创办人，英国东方陶瓷学会会员。

② 蔡和添、叶玉芳、黄清华：《广东上川岛发现明代外销瓷遗址》，《中国文物报》2004 年 2 月 25 日，总第 1193 期，第 2 版。

该遗址做了初步研究。我们认为上川岛是澳门正式开埠前中葡早期贸易的重要据点，该岛花碗坪遗址所出瓷器为中葡早期贸易遗存。借由上川岛的考古调查所获新资料并结合文献，本文试将考察上川岛与16世纪中葡早期贸易之关系。

一、上川岛及其出土特殊品类瓷器

上川岛地处今广东省台山市西南部（东经112°46′，北纬21°41′），是广东珠江口西侧最大的海岛，由13个岛屿组成，总面积156.7平方公里，其中主岛面积为137.3平方公里。其西北部与广海镇隔海相望，西部隔海与下川岛相对，距离香港、澳门分别为87海里和58海里，距大陆广海镇山咀码头为9.8海里。上川岛是珠江口外的一道重要屏障，其地理位置为古代东西洋航海路线之要冲，是古代番舶往来中国南海海域的必经要地。明代郭棐《广东通志》载："上川山之左曰大金门海（本注：在海晏都流接铜鼓海），右曰小金门海（本注：诸夷入贡，遇逆风则从此进），其西南曰寨门海（本注：乃番舶往来之冲）。"①《两种海道真经》是我国16—17世纪的重要针法，其中记载经过上川岛附近的航海路线有九条之多②。《莫雷拉航海书》及《航行志》中记载的经过上川岛的西方航海路线也达六条之多③。

花碗坪遗址位于今日上川岛三洲港的大洲湾内，圣·方济各·沙勿略④墓园的下方。三洲港位于上川岛西北部（图2）。此地面朝大陆，背临高山，势如合抱之羽翼，海水平静深阔，是一处天然良港。万历《粤大记·广东沿海图》记此

① 明·郭棐：《广东通志》卷十四，广州府，山川条，齐鲁书社《四库全书存目丛书》收日本内阁文库藏明万历二十年影印本，史部，第197册，第356页。

② 向达校注：《两种海道真经》，中华书局2000年版，第53页、第167页、第169–170页、第171页、第184–186页、第190–191页。

③《莫雷拉航海书》，第204–206页；《航行志》（Regimento da Navegacam），里斯本1624年版，第38–41页。见金国平编译：《西方澳门史料选萃（15—16世纪）》，广东人民出版社2005年版，第71页、第285–286页、第289–291页。

④ 圣·方济各·沙勿略（St. Francisco Xavier）（1506—1552），西班牙籍葡萄牙天主教神父，为耶稣会的第一届会员。1541年，沙勿略受葡萄牙国王若奥三世的派遣，以"教宗"特使的身份到东方传教，成为耶稣会东方传教第一人。

图 2　上川岛圣方济各墓园与海滩

图 3　上川岛花碗坪遗址地层

地为“三洲澳”，附注“可舶飓风”[①]。时至今日，三洲港依然是全岛最主要的港口和交通枢纽，也是原上川镇镇政府所在地。

花碗坪遗址的文化堆积层从三洲港圣·方济各·沙勿略墓园下方码头南侧海滩开始断断续续出现，一直延伸到浪湾村外海滩的北侧，南北绵延 500 米左右（图 3）。遗址的文化堆积层明显地暴露在海岸斜坡的断面上，如同一个狭长的纽带一样嵌在土层中。从现有的调查情况看，该遗址出土瓷器种类主要包括红绿彩瓷、青花红绿彩瓷和青花瓷三类。其中，青花瓷约占 60%（图 4、图 5），彩瓷约占 40%（图 6、图 7）。出土瓷片有明确的纪年款识“正德年造”“大明嘉靖年

① 明·郭棐:《粤大记》卷三十二，广东沿海图，《日本藏中国罕见地方志丛刊》收日本内阁文库藏明万历间刻本，书目文献出版社 1996 年版，第 538 页。

图 4　上川岛花碗坪遗址出土青花残片

图 5　上川岛花碗坪遗址出土青花残片

图 6　上川岛花碗坪遗址出土红绿彩人物残片

图 7　上川岛花碗坪遗址出土青花红绿彩残片

造”和“大明嘉靖年制”（图 8），年代清晰，其上限为 1514 年（正德九年），下限为 1557 年（嘉靖三十六年）。上川岛花碗坪遗址出土的大量瓷器残片说明瓷器在中葡贸易中占有举足轻重的地位[①]，印证了文献史料对葡萄牙人喜爱中国瓷器的记录。因为瓷器在古代很长的一段历史时间里是中国人的专利，故当时的西方人以极为崇敬和惊叹的口吻一再地称赞中国瓷器的美丽。例如皮莱资《东方简志》（1515 年左右）提到：

中国的大宗货物是素丝及各色丝绸。……输入葡萄牙的物品有：铜手镯、

① 文德泉神甫：《中葡贸易中的瓷器》，《东西文化交流——东西文化交流国际学术研讨会论文选》（第七集），澳门基金会 1994 年版，第 207–215 页。

图 8　上川岛花碗坪遗址出土明代正德、嘉靖款识

黄金、白银。锦缎不多见，纱繁多。瓷器无须赘述。[①]

一份写于 1534 年的葡萄牙囚犯信札中说：

中国幅员辽阔，其货物分布于各省。……广人富于他省人，战争爆发前（指 1522 年西草湾之战）运至广东的商品在局势明了前应当妥善保管。内地货物堆积如山，用之不绝，因此葡萄牙人可以如愿以偿，我指的是丝绸和瓷器。[②]

一位无名氏于 1521 年前后整理出的手稿中热情洋溢地赞扬了他在中国的所见所闻，其中有：

① 《皮莱资〈东方简志〉及〈弗朗西斯科 · 罗德里格斯书〉》，第 359–370 页。见金国平编译：《西方澳门史料选萃（15—16 世纪）》，广东人民出版社 2005 年版，第 25 页。

② ［葡］罗瑞洛（Rui Manuel Loureiro）：《广州葡囚来信》（Cartas dos cativeos de Cantão：Cristóvão Vieira e Vasco Calvo），澳门文化学会 1992 年版，第 40–59 页。见金国平编译：《西方澳门史料选萃（15—16 世纪）》，广东人民出版社 2005 年版，第 98 页。

> 华人在百工技艺上聪慧超常，各行各业人才济济，各类产品，如我们所见的从那里运销来的瓷器、箱子、篮子及其他精细物品，无不质量上乘。①

从上川岛花碗坪遗址出土的众多青花和红绿彩瓷器可以判断，中葡在上川岛曾经进行过大批量的瓷器买卖活动，瓷器是当时中葡贸易的大宗。而如果我们将上川岛出土瓷器和其他瓷器做对比，就会看到这批瓷器中有一些特殊的现象：

首先，上川岛出土彩瓷的人物画法奇特（图 9），鼻部高隆尖出，五官比例失衡，下巴处撇出一笔作为胡须，表现手法夸张。这种“深目高鼻”的人物形象与中国传统人物画法（以八仙人物最为典型）风格迥异②，而在此后的景德镇瓷器中亦从未见过。

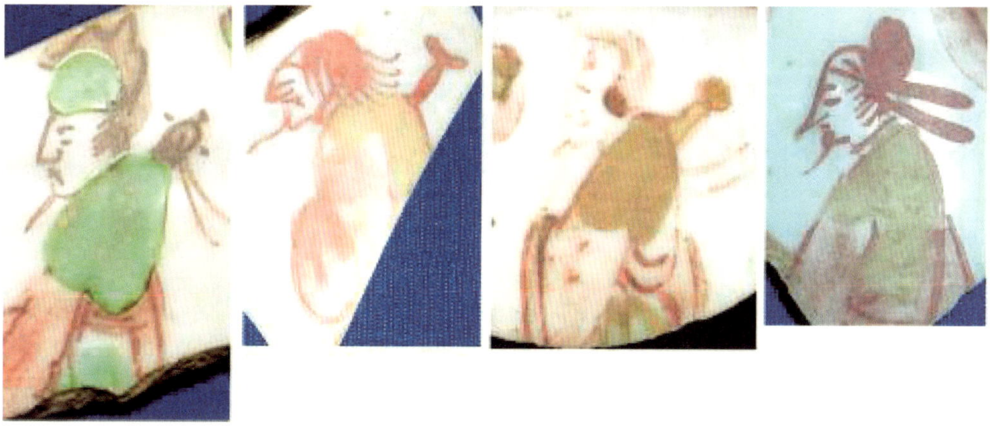

图 9　上川岛花碗坪遗址出土八仙人物形象

其二，这批彩瓷的底款除了此期常见的“长命富贵”“大明年造”等以外，还有诸如“北”“东”“玉”“河”“安泉”等绝无仅有的款识。（图 10）

最为独特的是，上川岛还出土有一种特殊的青花十字架形底款青花盘（图 11）。十字架的形状多种多样，不同的形状往往代表不同的教义、派别，上川岛

① [葡] 费尔南·洛佩斯·德·卡斯塔内达（Fernão Lopes de Castanheda）：《葡萄牙发现和征服印度史》第 2 卷。见金国平编译：《西方澳门史料选萃（15—16 世纪）》，广东人民出版社 2005 年版，第 161 页。

② 周丽丽：《瓷器八仙图研究》，《上海博物馆集刊》第 5 期，第 150–165 页。

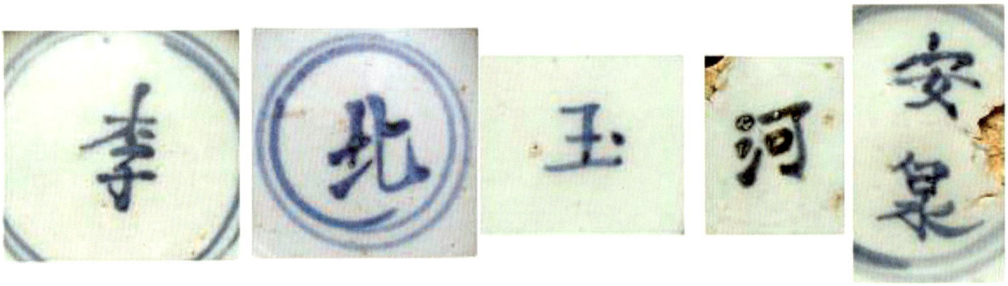

图 10　上川岛花碗坪遗址出土特殊款识举例

图 11　上川岛花碗坪遗址出土青花十字架形底款及其正面

青花瓷片上的十字架的四角突出，成折角状完全对称形。这种形式的十字架最初是基督教“圣殿骑士”（*Knights Templar*）[①]的标记（图 12），后为葡萄牙“基督圣教”（*Order of Christ*）[②]所继承。“基督圣教”成立于 1318 年，是在“圣殿骑士”被摧毁后在葡萄牙成立的基督教会组织。该组织的创立得到葡萄牙国王丹尼斯一世（Denis I，1279—1325）的强力支持，并获得罗马教皇约翰二十二世（Pope John XXII，1316—1334 年在位）的认可，继承了“圣殿骑士”的精神和所

① “圣殿骑士”（Knights Templa，1096—1314 年）的严格名称应是“基督穷骑士会社”（Poor Fellow-Soldiers of Christ and of the Temple of Solomon，*Latin*：*Pauperes commilitones Christi Templique Solomonici*），但是它流行的名字是“所罗门圣殿骑士”或“圣殿骑士”。圣殿骑士是一个鲜明的军事组织，其公开目标是保护自第一次十字军东征后到巴勒斯坦的朝圣者。它得到了教皇的认可，并于 1128 年的特洛伊会议上被赋予了修士教规。“圣殿骑士”后为法王腓力四世（1268—1314）所摧毁。

② “基督圣教”（*Order of Christ*，葡文 *Ordem dos Cavaleiros de Nosso Senhor Jesus Cristo*），也称“耶稣基督武士”或“基督骑士教”（*Christ's Knights Orderr*）。

图 12　16 世纪的葡萄牙帆船

图 13　葡萄牙曼努埃尔一世（1495—1521）的钱币托斯陶（Tastao）

有财产。从此，这种十字架成了葡萄牙的独特标志[①]。在地理大发现时代的葡萄牙帆船上都带有这种标志性的十字架[②]，同一时期的葡萄牙钱币也印有这种十字架的形象[③]（图 13）。迄今为止，我们一共在上川岛花碗坪遗址发现了三枚这样的十字架形底款。将这种十字架形底款与出土的"正德年造"款青花瓷片相比较（图 14），二者在纹饰、青花、胎质方面完全一致，证明这类青花十字架形底款瓷器应是明代正德时期的产品。从中西方文献记载可知，葡萄牙人最早来华的时间是明代正德九年即公元 1514 年，由上川岛出土的这种具有葡萄牙明显标志的十字架底款则说明，早在明代正德年间（1514—1521）也就是葡萄牙人来华之初就已经开始通过上川岛订造具有葡萄牙特色的中国景德镇瓷器。

明代正德时期的葡萄牙订造瓷在传世品中仅见于葡萄牙里斯本梅德罗斯及阿

① 这种形状的十字架也是今天葡萄牙国立航空公司（Portuguese Air Force or FAP）的标志，同时还是葡属马德拉群岛（Madeira）的国旗图案。

② 图采自［英］埃瓦尔德·琼杰著，刘森译、万永彬校译:《世界铸币百科全书》，中国金融出版社 1999 年版，第 365 页。

③ 此类帆船以及帆船上的十字架在 16 世纪葡萄牙或西班牙所绘地图中十分常见。本图采自西班牙 Domingos Teixeiras 于 1573 年所绘世界航海图之细部，见 National Museum of Philippines "Treasures of the SANDIEGO", New York，1997，pp.32-33.

图 14 上川岛花碗坪遗址出土青花“正德年造”款识及其正面

尔梅达基金会（图 15）和美国大都会美术馆收藏的两把青花执壶（图 16），执壶的两面画的是浑天仪和葡萄牙国王曼努埃尔一世（1495—1521）的徽章。上川岛的青花十字架形底款青花订造盘则未见于传世品，它在上川岛的出土不仅增添了一门特殊类型的葡萄牙订造瓷，更为探讨中葡早期贸易形态提供了新的线索。

众所周知，瓷器的订造需要一定的周期，且一定要有稳定的贸易路线做保障，没有持续和稳定的贸易路线做保障则无从谈及订造。葡萄牙十字架形底款订造瓷从另一个角度证实早在明代正德年间中葡就已经在上川岛建立了稳定的贸易关系，由此也进一步肯定了上川岛在中葡早期贸易史上非同一般的贸易地位。在葡文文献中，上川岛被称作“Sanchoão”“Sãochoão”，并且一度被称为“Ailha da Veniaga”（贸易岛）[①]。相比于中国文献，上川岛的贸易地位在西方文献中有更多的记录和强调。诸如：

图 15 正德青花执壶 现藏葡萄牙里斯本梅德罗斯及阿尔梅达基金会（Fundacão Medeiros e Almeida）

① 《莫雷拉航海书》，第 116–118 页。见金国平编译：《西方澳门史料选萃（15—16 世纪）》，广东人民出版社 2005 年版，第 71 页。

1. 在澳门城兴建之前，上川岛是中国人和葡萄牙人的贸易地点。①

2. 以前我们在上川诸岛居留，后前往浪白岛居留。上川诸岛距亚马港 11 或 12 里格，位于亚马港村所在的这一岬角的西面。②

3. 可以确知的是，始于 1557 年之后。是年，广东的官员将这澳门给了葡萄牙人居住。他们先是在上川，然后在浪白澳。从这些岛屿，他们同华人和日本人做了几年生意。③

二、中葡在上川岛的贸易形态推测

从上川岛花碗坪遗址出土的大量瓷片（尤其是订造瓷）遗存可以肯定，至少在明代正德年间中葡在上川岛有过一段繁荣的贸易史，更由于订造瓷在该岛的发现我们可以对中葡早期的贸易形态做深入的考察。首先，中国瓷器是由何人通过怎样的途径运往上川岛的呢?

对于上川岛花碗坪一带的中葡贸易情况，耶稣会第一位来华传教士圣·方济各·沙勿略有过记载。圣·方济各·沙勿略于 1552 年 8 月登陆上川岛，并于同年 12 月在该岛逝世。在此期间，他写了一系列的信札，其中有：

多亏我主的慈悲、怜悯，迪奥戈·佩雷拉（Diogo Pereira）的大船及所有乘客安全无恙地来到了上川港。在此我们遇到了许多其他商人的船只。上川港距广州 30 里格。许多商人从广州城赶来此地与葡萄牙人交易。葡萄牙人不断与他们打交道，看看是否有人愿意带我去广州城。……大船离开上川港前往满剌加时，但愿我主上帝保佑将带去我们如何在广州受到接待的消

① 《利马窦中国札记》第二卷，中华书局 1983 年版，第 128 页。

② 《中国诸岛简讯》（Breve Informacão saber algumas cousa das Ilhas da China），马德里国家图书馆和大英博物馆各有一份抄本。本文译自列昂·波尔东（Léon Bourdon）:《一份关于 16 世纪末的广州湾的未刊报告》,《经济与财政》, 1950 年，第 155-162 页。见金国平编译:《西方澳门史料选萃（15—16 世纪）》, 广东人民出版社 2005 年版，第 75 页。

③ 阿儒达宫图书馆:《耶稣会会士在亚洲》, Cod.49-IV-66, fl.46. 见金国平编译:《西方澳门史料选萃（15—16 世纪）》, 广东人民出版社 2005 年版，第 235 页。

息，因为从广州不断有船至此港。①

方济各神甫当年之所以选择在上川岛三洲港登陆并一直在该地逗留的原因就在于当地是葡萄牙人和广州商人交易最频繁的地方，“许多商人从广州城赶来此地与葡萄牙人交易”②，在那里他方便等待有愿意带他进入广州的商船。方济各神甫的信札所提供的是当时的实况记录，其可靠性毋庸置疑。从中我们可以判断：上川岛三洲港内花碗坪一带是中葡走私贸易的据点，贸易双方分别是中国广州商人和葡萄牙商人。众所周知，明代海禁至隆庆年间（1567—1572）才正式解除。那么发生在明代正德、嘉靖年间的上川岛中葡走私贸易是否处于完全私密的状态呢？《东方简志》（1515 年左右）记载：

南头老爷见到中国式帆船前来，马上向广州报告中国式帆船进入各岛的情况。广州派来估价员对货物估价、课税，以实物抽分。当地详指每物所值，只要你说出需要什么货物，他们便会带来。③

可见，正德年间葡萄牙人在广东海面贸易时，均需计货抽分，交纳“常规的船税”。也就是说，中葡在上川岛的走私贸易是在广东地方政府的许可下以半公开的形式进行的④。事实上，广东市舶司每年从番舶贸易抽分中得到很多好处，所以当嘉靖初年海禁全面收缩后，会发生嘉靖八年林富上疏一事，疏中极言番舶之利，称“广东旧称富庶，良以此耳”。1522 年以后，明政府一直公开以法令的形式禁止与葡萄牙人（当时称“佛郎机”人）做生意，但葡萄牙人仍然能够公开纳税，原因就在于广东地方政府的默许。由此可见，中葡在上川岛能够保持持续而

① 方济各·沙勿略致满剌加弗朗西斯科·佩雷斯（Francisco Perez）神甫，1552 年 10 月 22 日于上川，《方济各·沙勿略通讯簿》，第 2 卷，第 491-497 页。见金国平编译：《西方澳门史料选萃（15—16 世纪）》，广东人民出版社 2005 年版，第 62-63 页。

② 方济各·沙勿略致满剌加弗朗西斯科·佩雷斯（Francisco perez）神甫，1552 年 10 月 22 日于上川，《方济各·沙勿略通讯簿》，第 2 卷，第 491-497 页。见金国平编译：《西方澳门史料选萃（15—16 世纪）》，广东人民出版社 2005 年版，第 62-63 页。

③《皮莱资〈东方简志〉及〈弗朗西斯科·罗德里格斯书〉》，第 359-370 页。见金国平编译：《西方澳门史料选萃（15—16 世纪）》，广东人民出版社 2005 年版，第 23-24 页。

④ 汤开建：《委黎多〈报效始末疏〉笺正》，广东人民出版社 2004 年版，第 37-40 页。

稳定的贸易路线与广东地方政府的默许有着密切的关系。

令人不禁好奇的是，初期来华的葡萄牙人是通过怎样的途径将订造的信息从广东上川岛传送到景德镇这个偏远的山区小城的呢？正德年间葡萄牙人在华贸易的环境相对比较宽松。史载当时“番舶不绝于海澳，蛮夷杂沓于州城”①，广州是明代中国最主要的贸易港口，葡萄牙人在广州可以“如愿以偿地购买到丝绸和瓷器”②。继1514年中葡首次接触后，葡萄牙国向中国派遣了第一个以托梅·皮莱资（Tome Pires）为代表的来华使团，于1517年8月15日抵达广州，然而此时的明王朝对接触欧洲第一个来华使团毫无思想准备。几经辗转，葡使在华一直等待到1520年1月23日才乘船离开广州北上觐见中国皇帝。从1517年8月15日到1520年1月23日葡使在中国广东逗留的两年多时间里，他们都做了些什么呢？除了《明史》记载他们贿赂“镇守中贵”，得以入京外③，中西文献对他们的在华活动皆无任何记述④，故笔者以为这为葡萄牙订造中国瓷器提供了时间的可能。另外，史籍记载当时葡萄牙使团第一次来华时带了五名翻译⑤，其中之一是通事火者亚三，系江西浮梁人⑥。景德镇历来归浮梁县管辖，当年来自瓷器故乡的火者亚三是否充当了订造瓷器的中介角色现在已经不得而知，不过可以肯定的是当时中葡之间在信息沟通和交流上已经不成问题，在此情况下葡萄牙人可以通过中介有效地向景德镇传达订造瓷器的信息。例如，用青花绘画代表葡萄牙标志的十字架形底款、葡萄牙国王的徽章和浑天仪等。葡萄牙人将这些具有典型民族特征的纹样

---

①《明武宗实录》卷一百九十四，台北中央研究院史语所校勘，1962年影印本。

② 罗瑞洛（Rui Manuel Loureiro）：《广州葡囚来信》（Cartas dos cativeos de Cantão：Cristóvão Vieira e Vasco Calvo（1524—？）），写于1534年，澳门文化学会1992年版，第40-59页。见金国平编译：《西方澳门史料选萃（15—16世纪）》，广东人民出版社2005年版，第98页。

③（清）张廷玉等：《明史》卷三二五《佛郎机传》，文渊阁四库全书本。

④［葡］亚马多·高德胜（Armando Cortesão）：《欧洲第一个赴华使节》，澳门文化学会1990年版。

⑤ 罗瑞洛（Rui Manuel Loureiro）：《广州葡囚来信》（Cartas dos cativeos de Cantão：Cristóvão Vieira e Vasco Calvo（1524？）），写于1534年，澳门文化学会1992年版，第40-59页。见金国平编译：《西方澳门史料选萃（15—16世纪）》，广东人民出版社2005年版，第90页。

⑥（明）顾应祥：《静虚斋惜阴录》卷一二《杂论》三记“正德间，予任广东按察司佥事，时巡海副使汪鋐进表赴京，予带管海道。蓦有番舶三只至省城下，城中尽惊。……其通事乃江西浮梁人也，禀称此乃佛郎机国遣使进贡，其使臣名加必丹，不曾相见。”另据《明史·佛郎机传》记载“武宗南巡，其使火者亚三因江彬侍帝左右。帝时学其语以为戏。……明年，武总崩，亚三下吏。自言本华人，为番人所使，乃伏法。绝其朝贡。”

定制在中国瓷器上，充分表明了他们对中国瓷器这种代表当时世界先进文化和科技的产品情有独钟。

三、上川岛与葡萄牙转手贸易

上川岛瓷器的销售目的地在哪里呢？传世品中所能见到的能够与之完全对应的实物多见于今土耳其托普卡普皇宫（图16—图21），在马六甲沉船中也有发现（图22、图23[①]），在葡萄牙本国却并不多见。出现这种情况，笔者以为其原因在于1514—1557年间葡萄牙人所从事的多为转手贸易。

1510年葡萄牙人占领了印度西海岸的果阿。次年，葡萄牙人攻占了马来半岛的马六甲（明朝称满剌加），从而控制了这个东西方航海的咽喉。在1514—1557年以及未来很长一段时间里，马六甲一直是葡萄牙人在远东最大的贸易中转站。东南亚一带市场也是十分广阔，葡萄牙人通过收购该地区为中国所需的物产（大宗货物是胡椒）贩卖至中国获利，再买入中国瓷器、丝绸等运回马六甲。葡萄牙是欧洲最先兴起的海外扩张国家，海外贸易是他们的主要财源。因此，对于货物的销售地，他们关注更多的是：货物在哪里销售获得的利润最多？如何尽可能缩短资本增值的周期？当时从中国把货物直接运回欧洲，不仅路途遥远，周期长，而且风险很大，赚取利润却不比在东南亚这一带多[②]，正如张天泽先生所总结：

> 从中葡贸易八年间（1514—1522）中国的进出口商品……尽管找不到任何有关记载，我们仍可有把握地说，葡萄牙人从中国出口的商品中，只有不大的一部分是运回到他们的祖国去消费的，因为他们完全可以在印度市场上把这些商品卖掉，有利可图。如果中葡两国之间的贸易关系能够继续发展的

① 周世荣、魏止戈：《海外珍瓷与海底瓷都》，湖南美术出版社1996年版。

② 意大利人 Andrea Corsali 在1515年11月6日写给 Duke Giuliano de Medici 的信中说："去年一些葡萄牙人航行去中国，他们未被允许登岸，因为中国人说让外国人进入他们的居住地是违反他们的风俗的。但是他们还是卖掉了他们的货物，获利颇丰。他们说带香料去中国卖和带到葡萄牙去卖一样有很多利润可赚，因为这是个寒冷的国家。"见张天泽著，姚南、钱江译：《中葡早期通商史》，中华书局1988年版，第38-39页。原文选自 Ramusio。

图 16　葡萄牙订造中国青花壶　明正德　现藏美国大都会美术馆

图 17　左：上川岛花碗坪遗址出土青花铭文残片；右：法国集美博物馆收藏 1552 年葡萄牙订造瓷铭文为“ISTO MANDOU FAZER JORGE ALVRZ NA ERA DE 1552 REINA”

图 18　上川岛花碗坪遗址出土青花八卦仙鹤纹盘残片

图 19　土耳其托普卡普皇宫收藏青花八卦仙鹤纹盘

图 20　上川岛花碗坪遗址出土青花双狮滚绣球纹盘

图 21　土耳其托普卡普皇宫收藏青花双狮滚绣球纹盘

图 22　上川岛花碗坪遗址出土青花凤纹盘

图 23　土耳其托普卡普皇宫收藏青花凤纹盘

话，中葡的贸易量无疑会有所增加。然而似乎可以肯定的是，即使是那样，中葡贸易也要经过许多年才能上升到重要地位。其主要原因在于，葡萄牙人只要经营中国与南亚之间的贸易，便可赚取厚利。南亚的物产在中国的销售价比在当地市场上的售价高出好几倍，反过来也一样。[①]

中国商人从广州将瓷器运至上川岛，葡萄牙人在上川岛收货并等待季风，再将瓷器运至马六甲这一贸易中转站。16 世纪（尤其是早中期）的奥斯曼帝国正处于黄金时代，大量的中国瓷器经马六甲由葡萄牙人转售至富庶的奥斯曼帝国，成为今天托普卡普皇宫的重要典藏。16 世纪的葡萄牙人所进行的是利润丰厚的转手贸易，直接沟通了东西方的交流。

花碗坪遗址正是当年中葡在上川岛走私贸易的重要据点。我们推测，当中国商人将瓷器从广州运到上川岛与驻扎在这里的葡萄牙商人进行交易时，他们交易的地点一定是在岛上，而不是在船上，否则不会在海岸边形成这样的文化堆积。按常理推想：瓷器是易碎品，在运输、搬运过程中出现一定的破损是必然的。瓷器随海运到达“花碗坪”解封、卸货、验货时，破损的瓷器一定会被随地扔掉，因为损坏的瓷器不可能再被当作商品带回去出售，否则只会增加回程负担；另外一种情况是，葡商住在上川岛三洲港花碗坪一带就地收货，将买下的瓷器堆放在

① 张天泽著，姚楠、钱江译:《中葡早期通商史》，中华书局 1988 年版，第 67 页。

一起，等待收购更多货物或者等待季风一起运回马六甲等地，这样他们在岛上就会逗留相当长时间。这期间一些瓷器可能会在多种条件下遭损坏。起运之前，葡萄牙人须再搬运一趟，这过程中葡商会把损坏的瓷器拣出来扔掉。当时瓷器交易数量一定相当大，破损也多，日积月累，在这个海岸斜坡上便形成了一层独特的文化堆积。世事变迁，当年的贸易场景已不可能再见。正是由于瓷器易碎却不易腐烂的特性，无意中给我们留下了宝贵的历史见证，成为当时中葡早期贸易实况最直接、最原始的证据。

由于转手贸易的关系，葡萄牙人每年都会在中国的海岛居留一段时间，等待季风的来回。有意思的是，当年的葡萄牙人在上川岛是怎样居住的？西方文献史料对此有一定的描述：

一份写于1534年的葡萄牙在中国的囚徒信札中说道：

> 他们（中国人）不许货物在人口众多的地方交易，目的是不让外人有所染指，下令在水土甚恶、荒无人烟的地方进行，因为他们十分珍惜自己的土地。除非使用武力，他们决不会让寸土予世上任何人。而如果在贸易岛上建房，需秘密地兴建牢固的建筑。那里会有石灰、石头、泥水匠、瓦及必需物品与工匠。就是获得许可也不是件容易的事情，何况私下呢？在该岛上，为了盖草屋，还未结束，就有一半人丧了命。……那个地方水土甚恶，岚蒸气瘴。若不安排好事情的话，我不知是否得以维持。[①]

《利马窦中国札记》谓：

> 上川岛是一个离中国海岸约30里格的荒芜岛屿。当时它是葡萄牙人和中国人贸易点的所在，只有一片用树枝和茅草胡乱搭成的茅屋。[②]

---

① [葡]罗瑞洛（Rui Manuel Loureiro）:《广州葡囚来信》（Cartas dos cativeos de Cantão：Cristóvão Vieira e Vasco Calvo（1524？）），写于1534年，澳门文化学会1992年版，第40-59页。见金国平编译:《西方澳门史料选萃（15—16世纪）》，广东人民出版社2005年版，第103页。

② 何高济译:《利马窦中国札记》第二卷，中华书局1983年版，第128页。

另据萨来瓦（Joaquim Saraiva）主教的一份1553—1578年的编年体手稿透露：

> 1553年一直至是年，葡萄牙人与华人在Sanchuan（上川）岛上进行贸易，大量船只从马剌加来此港①。条件是，贸易完毕，返回马剌加或前往日本。华人从未允许葡萄牙人上岸起造屋居，只允许他们搭造些类似圣·方济各·沙勿略神甫在内与世长辞的那种棚寮。②

文献显示，出于海禁的顾忌，16世纪早期的番舶贸易被规定在远离中国大陆“水土甚恶、荒无人烟的地方进行”。葡萄牙人在中国境内禁止起居造屋，只允许居住在由树枝、茅草搭起的茅草棚内，而“在该岛上，为了盖草屋，还未结束，就有一半人丧了命”，可见早期来华的淘金者所从事的是艰辛且高风险的贸易活动。在工业革命以前，航海所用帆船仍以机械为主要动力，长途贩运在很大程度上更是有赖于季风③。“当季候风尾声之际，所有的交易停止下来，账目结清，港口空荡荡的，岛上杳无人迹，直至商人们再次返回。”④葡萄牙人在上川岛的贸易活动如候鸟一般迁徙，居住的是随时搭建的茅草棚。

问题是，文献的描述是否真的可靠呢？我们在上川岛花碗坪遗址中却看到另一个现象：在该遗址的中心区域里，文化层中红绿彩瓷片的上层约3—4厘米处整齐地分布有一层红色瓦砾（图24），有些瓦砾甚至和瓷片相混合，故瓦砾的年代当与该遗址的红绿彩瓷器相近。红瓦在广东地区是瓦房存在的标志，今天的上川岛依然多见这种红瓦的瓦房。由此，我们是否可以大胆地猜想当年葡萄牙人在上川岛曾经居住过瓦房而不一定是草棚？只是由于后来贸易地点的转换导致了这些瓦房最后被废弃？或许正是由于当年（特别是发生瓷器订造的明代正德年间）广东地方政府默许番舶贸易的合法性，致使中葡在上川岛的走私贸易变得半合法

① 三洲塘，三洲环或三洲澳。

② 萨来瓦（Joaquim Saraiva）主教：《往昔之声——名城澳门史实汇集》（A Voz do passado A Colecção de Vaios Factos Acontecidos nesta Mui Nobre Cidade de Macao），澳门文化司署1987年据原刊本影印版，转引自金国平：《São João、St. John词源考》，《中葡关系史地考证》，澳门基金会2000年版，第272页。

③《皮莱资〈东方简志〉及〈弗朗西斯科·罗德里格斯书〉》，第359-370页。见金国平编译：《西方澳门史料选萃（15—16世纪）》，广东人民出版社2005年版，第22页。

④［瑞典］龙思泰著，吴义雄等译：《早期澳门史》，东方出版社，第10页。

化，贸易的兴盛使得葡萄牙人在岛上建起了瓦房居住。又或许是当年的上川岛并非如文献所描述的那样荒无人烟，而是已经有居民定居生活了。当然这些都属于推想，进一步的证实有赖于以后的考古发现。

图 24　上川岛花碗坪遗址出土翼龙纹盘外沿残片

四、结　语

16 世纪的葡萄牙人驾驶着帆船随着季风来到上川岛与前来此地的广州商人交货、收货，与此同时“计货抽分”缴纳税金给广东地方政府，在半公开的形式下在该岛进行中葡走私贸易活动，并且甚至有可能在该岛造屋起居，随着季风往来进行转手贸易，直接推动了东西方的交流。瓷器是当时中葡贸易的大宗货品，上川岛花碗坪遗址是我们窥见 16 世纪中葡早期贸易史实的一个窗口。本文从考古结合文献的角度论证了上川岛在中葡早期贸易史上的重要地位，并试图还原当年的贸易形态。这仅仅是我们考察中葡早期贸易关系的一个切入点，更多的发现将寄望于未来的研究。

葡萄牙人东来初期的海上交通与瓷器贸易

王冠宇[①]

15 世纪以降，世界进入地理大发现与新航路涌现的时代。欧洲各国纷纷加入向亚洲和美洲的扩张活动，揭开了东西方的直接对话与碰撞。随之而来，是席卷世界的、以欧洲人为主导的海上贸易。这场变革的风暴，促进了“现代世界体系（The Modern World-System）”[②]的形成，将世界带入早前全球化的历史进程中。这其中，葡萄牙人最先东来。1498 年，达·伽马（Vasco da Gama，1460—1524）率领的葡萄牙船队第一次进入亚洲海域，并由此逐渐东进，武力扩张至印度果阿、东南亚的马六甲、摩鹿加群岛，步步为营，终于在 1514 年到达中国东南沿海，中葡贸易由此展开。

一、葡萄牙人的早期路线与瓷器贸易的发端

1511 年，葡萄牙人占领马六甲之后，积极在东南亚其他地区建立商站，并很快与活跃于此的中国海商取得直接接触，并开始在中国沿海一带的探索。目前可见最早关于中葡贸易的文献记载，是一封 1515 年随航海家拉斐尔·伯莱斯特莱罗（Rafaël Perestrello，文献记载活跃于 1514—1517 年）航行中国的意大利人安德烈·克萨利（Andrea Corsali，1487—？）写给美蒂奇公爵（Duke Giuliano de Medici，1479—1516）的书信，信中记载：

> 中国商人也越过大海湾航行至马六甲，以获取香料，他们从自己的国内

① 王冠宇，香港中文大学文物馆助理研究主任（器物）。

② Immanuel Wallerstein, *The Modern World-System I*（New York：Academic Press，1974），pp. 2–13.

带来了麝香、大黄、珍珠、锡、瓷器、生丝，以及各种纺织品。……去年，我们葡萄牙人中有些乘船往中国。中国人不许他们登陆，因为中国人说，让外国人进入寓所是违背常规的。不过，这些葡萄牙人卖掉了自己的货物，获得厚利。他们说，将香料运到中国去，所获得利润与载往葡萄牙所获的利润同样多，因为中国是一个处于寒带的国家，人们大量使用香料。[①]

这封信与其他葡萄牙史料中零星记载的，葡萄牙人登陆中国塔贸岛（Tamão，广东境内离岛，其具体位置仍有争议）并在此活动的情形亦相吻合。[②]信中指出，葡萄牙人初次接触中国即成功交易。而根据信中所载此时期中国商人的主要货物——麝香、大黄、珍珠、锡以及瓷器、生丝等可以推测，葡萄牙人对中国瓷器的购买，很可能在中葡接触的最初几年便已开始了。

早期书信亦指出中葡最初往来的两个主要地点，即中国沿海离岛（葡萄牙人在这里停泊等待，与沿海私商进行贸易）和已为葡人占据的马六甲（葡萄牙人以此为据点前往中国，亦在此等待中国商贾渡海南下）。葡萄牙商人很快发现，他们以武力开拓并维持的对于东南亚香料货源的控制，刚好迎合了中国对于香料的巨大需求。这使得他们获得与远航回国一样利润的同时，有效避免了跨洋航行中经常性的人员及经济损失。根据当时在远东的葡萄牙人阿尔特·巴博萨（Duarte Barbosa）的计算，葡萄牙人由东南亚运贩香料至中国，利润高达百分之三百。他们更可在交易中获得大量中国物产（包括瓷器）。[③]1515年由印度科钦发回的葡萄牙人信件中写道，“这个国家（指中国）生产各种白色细蚕丝……麝香、各种珍珠及帽子。因此，从中国运到此地（指马六甲），这些货物可获利三十倍”。[④]这

---

①《意大利历史档案》（Archivo Storico Italiano），Henry Yule edit，*Cathay and the way thither*，*being a collection of medieval notices of China* Vol. 1（UK：The Hakluyt Society，1915），p. 180. 中文译文转引自张天泽著，姚楠、钱江译：《中葡早期通商史》，香港：中华书局1988年版，第38–39页。

②《亚洲：第三个十年》（João de Barros，*Decada III da Asia*，Lisbon，1563（1628 edn.），lib.VI，cap.ii，fol.20.）卷六，第二章，第20页。以及Corpo Cronológico，part iii，Maço 5，Doc. No. 87. 转引自J. M. Graga，The ‘Tamão’ of the Portuguese Pioneers，T’ien Has Monthly，Vol. VIII，No. 5，（May 1939），pp. 420–432. 但因档案被虫蛀，部分内容不清。

③“每一百磅（一quintal）胡椒在马六甲值四达卡特（Ducat，银币单位），到中国就可以卖到十五达卡特”，译自Duarte Barbosa，*East Africa and Malabar*（UK：The Hakluyt Society，1866），p. 207.

④《意大利历史档案》（Archivo Storico Italiano），转引自张天泽著，姚楠、钱江译：《中葡早期通商史》，香港：中华书局1988年版，第38–39页。

些记载均印证了早期书信中所描述的，葡萄牙人从事贸易的主要路线：从东南亚采买香料至马六甲，再由马六甲贩运香料至中国沿海出售，交换中国物产后，在马六甲出售于东南亚及印度等地的商人。可知他们主要通过经营在中国及东南亚的转口贸易而获取暴利。

早期中葡往来的转口贸易模式，无疑也是瓷器贸易的重要特点。然而在实物资料方面，由于转口贸易的性质，此时期葡萄牙购买的大量瓷器都通过马六甲营销到东南亚各地及印度洋沿岸，这些瓷器种类丰富，经葡萄牙人售贩者，并无特别的纹样与器型特点，因此无法进一步分辨考证。文献中涉及的贸易据点仍鲜有相关的遗迹遗物被发现。迄今为止，最可能属于此时期经葡萄牙人之手转销的中国瓷器，就是发现于广东台山上川岛的一批明代早中期瓷片，[①] 但由于数据有限，对于中葡贸易发端时期产品的确认，仍有待进一步研究。

1517 年，葡萄牙使团访华，成为中葡官方之间最早的接触。使团由八艘装载东南亚货物的船只组成，以佛郎机贡使为名，请求觐见“中国国王”。[②] 与《广东通志》“正德十二年（1517），（佛郎机人）驾大舶突至广州澳口，铳声如雷，以进贡请封为名”的记载相吻合。[③] 葡萄牙人本不属礼部所列朝贡之国，然地方官员仍准其上岸，并将此事上奏中央。《明实录》正德十三年（1518）条载，“佛郎机国差使臣加必丹末等贡方物请封，并给勘合。广东镇巡等官，以海南诸番无谓佛郎机者，况使者无本国文书，未可信，乃留其使者以请下礼部议处。得旨：令谕还国，其方物给与之。”[④] 可知，此时明廷对葡萄牙人多有疑虑，更无意与他们建立任何外交联系。

然而根据《明史》佛郎机条的记载，被诏令回国的葡萄牙人不但没有离开广东，更在那里从事贸易，且贿赂地方官员，借他们的关系，得到正德皇帝身边宠臣江彬的引荐，于 1520 年武宗南巡到南京的时候，终被接见。其时恰逢武宗个人对葡萄牙有些好奇，更觉得舌人（翻译）火者亚三十分有趣，“时学其语以为

① 黄薇、黄清华：《广东台山上川岛花碗坪遗址出土瓷器及其相关问题》，《文物》2007 年第 5 期，第 78–88 页。

②［葡］洛瑞罗（Rui Manuel Loureiro）著，蔚玲译：《托梅·皮雷斯〈东方概要〉中的东南亚》，《文化杂志》第 49 期（2003 年冬季刊），第 19–36 页。

③（明）黄佐：《广东通志》卷六十六，第 1777 页。

④（明）《武宗实录》卷一百五十八，册六八，第 3021–3022 页。

戏”，令其随侍左右，也安排使团于正德十五年（1520）到达北京，入住同文馆，等待觐见。[①] 然而，次年三月，武宗驾崩，事情发生了戏剧化的转折。[②]

1521 年，被葡萄牙以武力驱逐的满剌加国王苏端妈末遣使到达北京，以大明番国的身份向明廷求援，已经引起当朝臣僚的重视，但由于武宗个人的不作为而不了了之。[③] 次年武宗驾崩，以庶子身份继位的明世宗为振朝纲并树立自己的威信，完全推翻武宗的对葡政策，将葡萄牙人列为马六甲的侵略者。[④] 与此同时，葡萄牙人在东南沿海所做的一些目无法纪的行为亦引起了当地人的不满，官员纷纷上奏弹劾，直接导致葡方有关人物全部被明朝官方处置。[⑤]《明史》载，“明年（1521）武宗崩……绝其朝贡。其年七月，又以接济朝使为辞，携土物求市，守臣请抽分如故事，诏复拒之”。[⑥] 至此，明廷彻底断绝了与葡萄牙的官方往来。[⑦]

对于仍辗转于广东沿海寻求贸易的葡萄牙人，明廷甚至一度派出水军驱逐，双方一度在广东沿海及离岛交锋，便是著名的“西草湾之战”与“屯门之役”，[⑧] 葡文文献亦载，“皇帝死耗达广东，中国舰队进攻，葡人大败而退，损伤颇多”。[⑨] 从此，大部分葡萄牙人离开广东海域，前往福建以及浙江等地的离岛与港口寻求发展。嘉靖八年（1529），时任两广巡抚的林富在奏疏中又再次强调，广东沿海贸易中，“其有朝贡表文出于组训、会典所载众国，密诇得真，许往广州洋澳驻歇。其组训、会典之所不载，如佛郎机者（即葡萄牙人）即驱出境。”[⑩] 奏疏获准，可知此后，不在明廷番国之列的葡萄牙人，在官方得不到贸易的合法地位，更被

---

①（清）张廷玉等：《明史》卷三百二十五，第 8430 页。

②（明）《武宗实录》卷一百九十七，第 3680 页。

③ 冯明之：《满剌加求援事迹考》，《南洋学报》第 16 卷，第 12 辑合刊。

④（清）张廷玉等：《明史》卷三百二十五，第 8433 页。

⑤［葡］洛瑞罗（Rui Manuel Loureiro）：《葡萄牙人寻找中国：从马六甲到澳门（1502—1557）》，《澳门史新编》第一册，澳门：澳门基金会 2008 年版，第 22 页。

⑥（清）张廷玉等：《明史》卷三百二十五，第 8431 页。

⑦ 这些史实在葡萄牙文献中亦有记载，具代表性的如巴洛斯，其译本《亚洲》第三卷书，卷六，收录于［葡］巴洛斯、［西］艾斯加蓝蒂著，何高济译：《十六世纪葡萄牙文学中的中国：中华帝国概述》，北京：中华书局 2013 年版，第 51-52 页。

⑧（清）张廷玉等：《明史》卷三百二十五，第 8431 页。

⑨ Joao de Barros, Do Asia Decada 3，张星烺：《中西交通史料汇编》第一册，北京：中华书局 1977 年版，第 353-357 页。

⑩（明）严从简：《殊域周咨录》卷九，北京：中华书局 1993 年版，第 10 页。

严格禁止前往广州互市贸易。

然而综上可知，由于地方政府的庇护与放任，第一批葡萄牙使团曾受到了短暂的礼遇。在这段明廷对葡萄牙人地位及关系不置可否的时期（1520—1521 年 3 月），有相当数量的葡萄牙人前往广东沿海地区进行贸易。[①] 可以推测，此时期中葡瓷器贸易所展开的深度与广度都得以扩展。

现藏于印度尼西亚雅加达国家博物馆（National Museum of Indonesia，Jakarta）的一件明代中期蒜头瓶，腹部装饰有浑天仪图样（图 1）。[②] 浑天仪图样（葡语称 Empresa，图 2），是葡萄牙亚维士王朝（Avis Dynasty）的国王及王子的御用图样。这一标识的使用因葡萄牙国王约翰一世（João I de Portugal，1357—1433，1385—1433 在位）与兰卡斯特（Lancaster）家族联姻后由英国引进，被视为一种理想化个人的象征。[③] 曼努埃尔一世（Manuel I de Portugal，1469—1521，1495—1521 在位）与约翰三世（João III de Portugal，1502—1557，1521—1557 在位）均沿用这一标识，在 16 世纪葡萄牙的建筑装饰以及印刷品中，浑天仪是王权的代表，亦是两位国王个人的标识，[④] 因此绘制有浑天仪的定制瓷器与葡萄牙国王的密切关联毋庸置疑，更有可能早至国王曼努埃尔一世在位时期。

曼努埃尔一世在王子时期就不断地表达着对神秘东方的好奇与向往。1495 年继位后，他的财富与野心推动着一系列寻找东方的探险活动的展开。1498 年，达伽马率领的航队第一次到达印度卡利卡特，葡萄牙即以此为据点，不断向东扩张，占领马六甲，最终打入东南亚传统贸易网络。这一系列的海上扩张活动，都因国王曼努埃尔一世在经济与军事上的积极支持而顺利展开。[⑤]1508 年 2 月的葡萄牙档案记载了曼努埃尔一世对前往马六甲的葡萄牙船队首领下达的命令，要求

---

① 张天泽著，姚楠、钱江译：《中葡早期通商史》，香港：中华书局 1988 年版，第 38-55 页。

② 收藏于印度尼西亚国家博物馆（National Museum of Indonesia，Jakarta），并见发表于 A. Varela Santos Edit，*Portugal in Porce ain from China*：*500 years of trade*（Portugal：Arte Mágica Ida，2007），pp. 104-105.

③ An ideological representation of a symbol，not rarely including an inscription or motto，which was adopted by those who would chose it as the zenith of their deeds and undertaking. / A reflection of the individual himself. 转引自 Henrique de Avelar，'As Empresas dos Principes da Casa de Avis in Os Descobrimentos Portugueses e a Europa do Renascimento'，*A Dinastia de Avis*，Lisboa：XVII Exposição Europeia de Arte，Ciência e Cultura，1983，pp. 227-245.

④ *Tratado da Esfera de 1516*，p. 19，Public Library of Evora，Portugal.

⑤ 王冠宇：《葡萄牙里斯本桑托斯宫藏中国外销瓷器》，《2012 海上丝绸之路：中国古代瓷器输出及文化影响国际学术研讨会论文集》，杭州：浙江人民美术出版社 2013 年版，第 302-311 页。

图 1　青花蒜头瓶　印尼雅加达国家博物馆（National Museum of Indonesia）藏

图 2　16 世纪葡萄牙出版书籍内页所见浑天仪图样

他们探明有关“秦人”的情况，包括来自何方，路途多远，何时到达马六甲或从事贸易的其他地方，带来哪些货物，他们的船只形状与大小，船队的规模，有无武器，穿着样貌，宗教信仰，风俗习惯等各方面的信息，不胜枚举。① 他对中国瓷器亦充满兴趣，曾在与欧洲其他王室的书信来往中不止一次地表现出对瓷器的喜爱之情。

1517 年向中国派遣使团即是曼努埃尔一世授意，在 1520 年北上面圣之前，使团成员曾获得与中国商人直接贸易的有限空间与短暂自由，他们很可能在此时定制瓷器，并希冀以此作为礼物，取悦曼努埃尔一世。更特别的是，他们此次随行的通事是活跃于马六甲的华裔海商火者亚三，根据接待葡萄牙使团的海道副使

① *Alguns Documentos do Archivo*, Nacional da Torre do Tombo acerca das Navegacoes e Conquistas Porguguezas（Lisbon，1892），pp.194–195.

顾应祥载，“乃江西浮梁人也”。[①] 也就是说，作为葡萄牙使团翻译的火者亚三，其故乡刚好是当时外销瓷器的生产中心景德镇。因此亦有学者认为最早的定制瓷器或是经他之手。[②] 他在东南亚从事怎样的生意，是否跟其家乡所特产的中国瓷器有关，我们不得而知。然而此时期，有大量的沿海及江南商人都投入景德镇瓷器的生产与售贩中，则是明确的历史事实。[③] 活跃在海上贸易中的火者亚三，对于明廷在番国及沿海贸易管理中的惯例可以说十分熟悉，这在实录中所载，他指导葡萄牙人乔装打扮，以信奉伊斯兰教的东南亚国家使团自居，前来中国通贡贸易的做法，可得证明。有学者考证，其名火者亚三也系回回姓名，很有可能也是他假托的。然作为地方官员顾应祥笔记中所载亚三之籍贯，其可信度则极高，因东南沿海商人杂居，各地口音都有，广东尤以浙江、江西、福建及本地商人最多，对时常接触他们的人来说，口音的地域性是极易辨别，难以托伪的。因此，以景德镇为家乡的亚三，作为中介抑或联系人，帮助葡萄牙人完成瓷器的定制可以说是顺理成章。

然而，短暂的交往之后，中葡外交关系破裂，饶州通事火者亚三亦成为这场变故的牺牲品。[④] 葡萄牙人在广东沿海的贸易环境动荡不堪，只好另寻出路。或许，这件专为葡萄牙国王定制的中国瓷器，正是因此而未能回到欧洲大陆，流落于东南亚的贸易网络，最终入藏印度尼西亚国家博物馆。

---

① （明）顾应祥：《静虚斋惜阴录》卷一二，北京图书馆古籍珍本丛刊本卷六十四，北京：书目文献出版社1987年版，第19页。

② 林梅村：《澳门开埠以前葡萄牙人的东方贸易——15—16世纪景德镇青花瓷外销调查之二》，《文物》2011年第12期，第61–71页。

③ 这在各地明清地方志中多有记载，如“詹元甲，（婺源）庆源人……性耽典籍，工诗。家贫，弃儒服贾。尝客皖省，设磁铺。”（光绪《婺源县志》卷四三，人物，义行条）又如“（洪）宗旷……公少业儒，精制义，尤长于赋……侨居景德镇，理陶业。”（《炖煌洪氏通宗谱》卷五八，儒侠永旦洪公传）转引自张海鹏等主编：《明清徽商资料选编》，合肥：黄山书社1985年版，第197、209页。

④ 根据文献的记载，“朝廷准御史邱道隆等奏，即行抚按，令海道官军逐出境，诛其首恶火者亚三等，余党闻风慑遁。”参见（明）应槚、刘尧诲：《苍梧总督军门志》卷二九，台北：台湾学生书局1970年版。

二、葡商在本地网络的航行与瓷器贸易的发展

嘉靖初年两次战役之后，葡萄牙人除部分留在澳门西南的离岛浪白澳之外，其余皆转向闽、浙沿海一带活动。于是漳州月港、泉州浯屿、宁波双屿都成为他们走私贸易的主要地区。①

关于葡萄牙人在福建沿海的贸易活动，史料中缺乏记载，而由于此时葡商的流离辗转，亦无葡萄牙档案对他们的系统记录。但可以确定的是，广州海域的两次海战，造成了海上贸易中心的短暂迁移。这可由嘉靖八年（1529）时任广东巡抚林富的奏疏中得到印证。林富上疏重开海禁，最大目的便是保护广州在海外贸易中的中心港口地位。如其奏疏所言，"（自是）诸番舶尽行阻绝，皆往福建漳州府海面地方，私自行商，于是利归于闽，而广之市井皆萧然也"，② 可知，在两次海战之后，葡萄牙人之外的各国番商，或出于广海禁令严格，而闽海贸易相对畅通的考虑，纷纷向北移舶，前往福建漳州及泉州等地的港口交易，广州港一时萧瑟，地方税收惨淡。林富在奏疏中，亦在对待葡萄牙人问题时显得小心翼翼，他提出，"其他番国可以，葡萄牙人仍禁"。③ 可知，嘉靖八年奏疏获准之后，广州港虽再次放松禁令，接受番商前来贸易，葡萄牙人却仍在禁止之列，继续活跃在福建沿海。

由于对中国沿海地区的认识逐渐深入，此时期葡萄牙人的活动范围更为广泛，根据文献记载及 16 世纪海图的标示，他们活跃的地区包括了今泉州南部沿海以及泉、漳交界上的许多海湾与岛屿，如朱纨《甓余杂集》所提及的大担、小担、古浪、烈屿等岛。④ 但由于被禁止靠近中国沿岸，葡萄牙人在多数情况之下只能在离岛等待乘季风前来的中国私商，从他们手中交易中国商品。这里更聚集

① 俞大猷：《正气堂集》卷七，北京：北京出版社 2000 年版，转引自郑梁生：《严嵩与靖倭之役》，《中日关系史研究论集（七）》，台北：文史哲出版社 1990 年版，第 37–79 页。

②（明）黄佐：《广东通志》卷六十六，第 1783–1784 页。

③（明）黄佐：《广东通志》卷六十六，第 1783–1784 页。

④ 张增信：《十六世纪前期葡萄牙人在中国沿海的贸易据点》，《中国海洋发展史论文集》第二辑，台北：中央研究院中山人文社会科学研究所 1986 年版，第 75–104 页。张氏即是以古文献及古地图为主线，探讨葡萄牙早期的贸易据点。

着大量的东南亚及日本私商海盗，因此葡商中不少恃枪炮而私通海盗，暴力地劫掠一些缺乏武装的小型货船以取得商品，亦有受海盗劫掠之苦者。[①] 因此，在相当长的时期中，葡萄牙人只能“更番往来私舶，杂诸夷中为交易首领”，无法摆脱亦商亦盗的非法身份，混迹于东南亚番国之间，努力维持已建立的转口贸易网络。[②]

然而葡萄牙在中国沿海影响力的不断扩大，很快引起了地方官商及海盗势力的注意，并意图拉拢。根据文献记载，嘉靖十九年（1540），浙江的许氏兄弟开始纠引葡萄牙人前往宁波进行走私贸易。[③] 恰逢此时明廷对于葡萄牙人贸易活动的态度，逐渐进入“迄不许其朝贡，又无力以制之”的尴尬状态，[④] 这里遂成为葡萄牙人在澳门开埠之前贸易活动最为活跃的地区。

在现存的早期葡萄牙定制瓷器中，有两类因其铭文的特殊性，而带有清晰的时间坐标。其一为铭写“EM TEMPO DE PERO DE FARIA DE 541”的 1541 年定制瓷碗一件及耳杯三件。瓷碗内口沿写有葡萄牙文铭文，内底双圈弦纹内绘葡萄牙皇室纹章。[⑤] 三件耳杯亦于内壁口沿处书写葡文铭文，内底双圈弦纹，一杯内底绘仙人纹样（图 3），另两杯内底绘葡萄牙贵族纹章（图 4）。圈足内底均书“大明宣德年制”双圈款。[⑥]

这一系列的瓷碗及耳杯所书写的相同铭文意为“别琭佛哩 541 年”（In time of PERO DE FARIA of 541），而器物的装饰图案及铭文的细节亦为我们提供了考证其定制者身份的重要信息。别琭佛哩（Pero De Faria，生卒不详）曾两任马六

① ［葡］费尔南·门德斯·平托（Fernão Mendes Pinto）著，金国平译注：《远游记》上册，澳门基金会等 1999 年版，第 163–165 页。
张增信：《十六世纪前期葡萄牙人在中国沿海的贸易据点》，《中国海洋发展史论文集》第二辑，台北：中央研究院中山人文社会科学研究所 1986 年版，第 75–104 页。

② 原句为“嘉靖中，党类更番往来，私舶杂诸夷中为交易首领”，出自（明）黄佐：《广东通志》卷六十六，第 1777 页。

③ 见记者如《日本一鉴》/ 郑若曾《筹海图编》卷五，浙江倭变记 / 谢杰《虔台倭纂》卷下等。

④（清）张廷玉等：《明史》卷三百二十五，第 8433 页。

⑤ 收藏于 Tokapi Saray Museum，参见 Regina Krahl and John Ayers，*Chinese Ceramics in the Topkapi Saray Museum，Istanbul：A. Complete Catalogue* vol.2，p. 449.

⑥ 分别藏于 Duca di Martina Museum（Naples，Italy），Museu Regional de Beja（Beja，Portugal），及见于 Bonhams London，UK。

图 3 “别琭佛哩 541 年”铭文青花耳杯 葡萄牙贝雅博物馆（Museu Regional de Beja）藏

图 4 “别琭佛哩 541 年”铭文青花耳杯 意大利那不勒斯玛蒂娜公爵博物馆（Duca di Martina Museum）藏

甲总督（1528 及 1537—1543），[①] 据金国平的考证，明代文献亦有涉及他的记载。[②] 三件耳杯中有两件内底中心都装饰同一纹章，翻查东波塔的贵族纹章谱，可知其是葡萄牙贵族阿布雷乌（Abreu）家族纹章（图 5），[③] 因此可知这些书写相同铭文的瓷碗与耳杯，很可能由阿布雷乌家族成员定制。

图 5 葡萄牙贵族阿布雷乌（Abreu）家族纹章图样

根据葡萄牙学者刘易斯·凯尔（Luis Keil）对阿布雷乌家族的考证可知，这些器物的可能定制者为安东尼奥·阿布雷乌（Antonio de Abreu，生卒不详）或约翰·费尔南德斯·德·阿布雷乌。前者曾任马六甲总督（1511），亦是占领摩鹿加群岛，班达以及东帝汶等地区的军事首领，1541 年任马六甲海峡总督。而后者则曾在印度开

① Le Guide Du Routard, *Do Tejo Aos Mares Da China - Uma Epopeia Portuguesa — Exhibit Of Trade Between Portugal And China*（UK：Hachette，1992），p.82.

② 金国平、吴志良：《流散于葡萄牙的中国明清瓷器》，《故宫博物院院刊》2006 年第 3 期，第 98-112 页。

③ Armas dos Abreu. Chefe, *Livro do Armeiro - Mor de Joao do Cros*（Arquivo Nacional da Torre do Tombo），葡萄牙东波塔国家档案馆在线资源，http：//digitarq.dgarq.gov.pt/details？ id=4162406.

设商贸公司，后追随别球佛哩来到马六甲经商（1537—1543）。[①] 可见，两人在东南亚商贸网络中的影响力都是显赫的，他们自己，抑或一些希望取悦他们的沿海葡萄牙商人进行定制活动亦顺理成章。

而根据定制瓷器的铭文，我们可进一步确定其定制者为追随别球佛哩的商人约翰·费尔南德斯·德·阿布雷乌。观察铭文“别球佛哩 541 年”，可见其格式有非同寻常之处，即使用了别球佛哩的名字以纪年。在中国，只有皇帝的年号才能做纪年之用。这不禁令人联想到，定制者是否见到了带有中国皇帝年号款的瓷器，并向中国商人询问过其中含义，如果是有意为之，这种以名字命名纪年的做法，无疑将别球佛哩提高到类似东南亚藩国统治者的地位。明朱纨《甓余杂集》卷四《三报海洋捷音事》载：

> 许六现监绍兴府，族弟许四各不合，与先获监故林烂四等故违擅造二桅以上违式大船，将带违禁货物下海，前往番国买卖，潜通海贼……各造三桅大船，节年结伙收买丝绵、绸缎、磁器等货，并带军器越往佛郎机、满剌加等国，叛投彼处番王别球佛哩……领彼胡椒、苏木、象牙、香料等物，并大小火铳枪刀等器械。[②]

文中提及的“佛郎机”正是明代文献中对葡萄牙人的统称，而“佛郎机、满剌加等国”无疑泛指葡萄牙控制下的马六甲地区，可以推测，被称为“彼处番王”的别球佛哩，在这里拥有强大的军事及政治影响力。那么，在别球佛哩荫蔽之下从事海商活动的约翰·费尔南德斯·德·阿布雷乌，很有可能便是借此格式来表达自己对于总督之尊敬与臣服，作为保障自己在东南亚地区商业利益的手段之一。而此时活跃于宁波，又与葡萄牙人密切往来的沿海私商，如许氏兄弟等人，则有可能扮演了定制中介的角色。

此外，笔者认为，葡萄牙人此阶段的走私贸易，对于葡萄牙在亚洲贸易网络的拓展，尤其是葡日贸易的发端与兴盛也具有重要意义。宁波曾设专门接待日本

---

① Luis Keil, *Porcelanas Chinesas do Século XVI com Inscrições em Português*（Lisboa：Tip. Bertrand，1942），p. 25.

②（明）朱纨：《甓余杂集》卷四，参见杨继波等主编：《明清时期澳门问题档案文献汇编》卷五，北京：人民出版社 1999 年版，第 271 页。

贡使的市舶司，以其为中心的浙江海域离岛，长期以来均是对日走私贸易的主要据点。许氏兄弟所经营之贸易，亦侧重日本，其主部包括靠航行日本贸易而被日本人尊为“五峰船主”的王直。① 因此，活跃于宁波沿海的葡萄牙人必然得以接触大量的日本走私商人及货船。根据《筹海图编》记载，“嘉靖十九年（1540），贼首李光头、许栋引倭聚双屿港为巢。” ② 朱纨对此进行了更为详尽的说明：“此皆内地叛贼，常年于南风汛发时月，纠引日本诸岛、佛郎机、彭亨、暹罗诸夷前来宁波双屿港内停泊”。③ 可知葡萄牙人的确是夹杂各国番商，尤其是日本诸岛的私商及海盗中从事走私贸易的。

而根据文献的记载，葡萄牙人亦是在此时期“发现”日本，并开始对日贸易的。有学者援引日本文献《采览异言》的记载，“西蕃之来自北国ポルトガル波尔杜瓦尔（Portugal，葡萄牙），始天文十年（1541）辛丑秋七月焉，有海舶一只，直到丰后国神宫浦，其所驾者二百八十人”，④ 认为1541年是葡萄牙船舶前往日本探险及寻求贸易的最早时间。⑤ 亦有学者认为，日葡贸易的正式发端，是在1542年，葡萄牙人漂流至种子岛，并由此到达平户、长崎等港口，从而开始“南蛮贸易”。⑥ 尽管在时间上略有出入，文献对葡萄牙人东来日本的记载无疑均是稍迟于许氏兄弟勾引佛郎机人移泊宁波的时间（1450）。由此可以推测，发现日本之后，借着已经成熟的宁波—日本航线，以及浙江沿海供日货品丰富、日本商人云集、贸易信息发达等优势，葡萄牙的对日贸易得到了长足的发展。直到嘉靖二十八年（1549），时任浙、闽海防军务提督的朱纨以强硬手段肃清闽浙海域，大破许氏兄弟势力及活跃在此的番商海盗，葡萄牙人才被迫再次返回广东外海。

而此后到入踞澳门之前的几年中，葡萄牙人以广州外海的上川岛和浪白澳为中

---

①（明）郑若曾撰，李致忠点校：《筹海图编》卷之八，北京：中华书局2007年版，第570–574页。

②（明）郑若曾撰，李致忠点校：《筹海图编》卷之五，北京：中华书局2007年版，第322页。

③（明）朱纨：《甓余杂集》卷三，《四库全书存目丛书》，集部卷78，台南：庄严文化事业有限公司1997年版，第60–61页。

④ 新井白石原著，山林昌水增訳：《采览异言》，《新井白石全集》卷二，东京：国书刊行会1907年版，第584页。

⑤ 物上敬著：《日本商人传》上卷，东京：佃书房刊1943年版，第2页。

⑥ 如Christopher Howe，*The Origins of Japanese Trade Supremacy*：*Development and Technology in Asia from 1540 to the Pacific War*，Hong Kong：Oxford University Press，1996，p.11.
葡萄牙学者代表如施白帝。[葡]施白帝（Beatriz Basto da Silva）著，小雨译：《澳门编年史》，澳门：澳门基金会1995年版，第9页。

心，继续开展转口贸易。沙勿略神父的信中记载，“杜阿爹·达·伽马（Duarte da Gama）的船于1551年去日本途中经过浪白”。[①] 布瑞格（José Maria Braga）在对书信的研究中指出，其他的数据显示杜阿爹的船于1554年再次经过浪白，并停留至次年五六月间才再出发前往日本；同年冬天，该船满载货物回到浪白。[②] 借由这些零星的记载可以推测，日葡贸易正在逐渐成为葡萄牙人在亚洲经营的另一个重点。

在以往对于浙江舟山群岛一带的田野调查中，并未有关于此时期贸易瓷器的集中发现。[③] 这或与文献记载中朱纨大破宁波一带，因肃清海岸而引致的大规模破坏活动有关。[④] 因此，我们对于此时期经葡萄牙人之手转售到日本的瓷器类型亦不得而知。然而上川岛明代早中期瓷片的集中发现，可为我们了解此时期葡萄牙人航海及贸易的情形提供重要参考。依目前发表所见，上川岛发现以嘉靖时期（1522—1566）器物为大宗，包括青花瓷器、青花红绿彩瓷器，以及红绿彩瓷器（图6）。[⑤] 青花瓷器属元末以来长期外销的瓷器品种，而与其同出的青花红绿彩、红绿彩瓷则显得较为特别。

红绿彩技术自金元时期就已应用于国内市场的瓷器装饰，其中河北磁州窑、河南巩义窑、山西长治窑，以及后起的江西景德镇等窑系产品，都属个中翘楚。[⑥] 到明初，釉上彩在官窑产品装饰中的应用，直接证明了景德镇釉上彩技术的成熟，此时期红绿彩器物已见于菲律宾及日本等地，但极为零星。[⑦] 而根据羊泽林的统计，早于明嘉靖时期的港口及沉船遗址，如被认为属成化至正德时期（1488—1505）的香港竹篙湾港口遗址、出水于菲律宾及文莱等地的弘治时期

① Cartas dos Jesuitas na Asia，Codex 49-IV-49，54.

② José Maria Braga，*The Western Pioneers and Their Discovery of Macao*，Lisbon：Imprensa Nacional，1949，pp. 82-83.

③ 喻婷：《1555年以前中国瓷器外销欧洲考》，北京大学硕士学位论文，2010年，第25-28页。文中记载了2008—2009年间，由北京大学考古文博学院、国家博物馆考古部、宁波市文物考古研究所、舟山市普陀山区史志办公室等单位的专家在舟山一带进行的调查活动。收获极为有限，仅有一片瓷片可以确定属此时期，文章中亦未见配图。

④ 林梅村：《澳门开埠以前葡萄牙人的东方贸易——15—16世纪景德镇青花瓷外销调查之二》，《文物》2011年第12期，第61-71页。

⑤ 黄薇、黄清华：《广东台山上川岛花碗坪遗址出土瓷器及其相关问题》，《文物》2007年第5期，第78-88页。

⑥ 江建新：《中国早期釉上彩之研究（上篇）》，《南方文物》2003年第4期，第83-90页。

⑦ 江建新：《中国早期釉上彩之研究（下篇）》，《南方文物》2004年第2期，第56-64页。

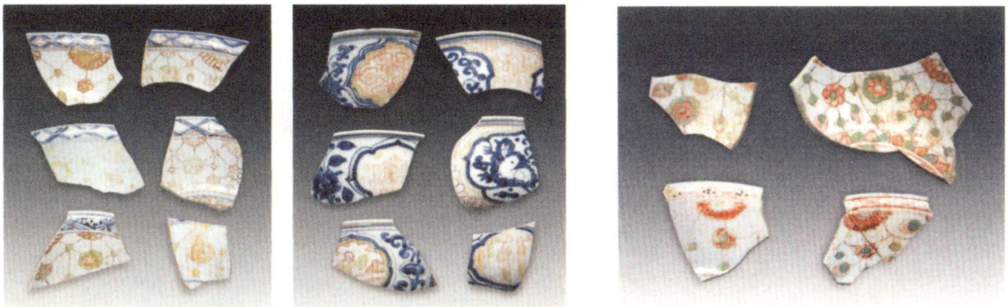

图 6　广东台山上川岛发现的青花红绿彩瓷及红绿彩瓷片

（1465—1487）沉船等亦未见青花红绿彩及红绿彩瓷的发现。[①] 可以推断，在明嘉靖时期之前，青花红绿彩及红绿彩瓷器的最大市场仍属中国国内。因此，笔者认为，上川岛发现的青花红绿彩瓷以及红绿彩瓷器，很可能是嘉靖时期新增的外销品种，而它们在此地的出现，正与葡萄牙人介入中日贸易密切相关。

由 20 世纪 80 年代开始，日本各地遗址中陆续出土了大量明代万历时期（1573—1620）的中国红绿彩瓷器，直接证明了万历时期（1573—1620）这类瓷器曾大量入口，并受到日本市场的普遍欢迎。[②] 根据日本学者松尾信裕的研究，日本发现的红绿彩瓷器，大部分属福建漳州窑系生产，专供外销市场。[③] 可知，在明万历时期（1573—1620），红绿彩瓷器已经成为外销日本的一个主要品种。因此可以断定，日本对于红绿彩瓷器的入口，在年代稍早的嘉靖时期（1522—1566）就已经开始。

与此同时，在 1540 年左右沉没于葡萄牙的沉船宣德号（Xuande Shipwreck），以及 16 世纪中期沉没于非洲沿岸的葡萄牙沉船圣若昂号及圣本图号出水的瓷器货物中，包括中国瓷器、泰国及越南的陶瓷器，其中属中国生产的均为青花瓷

① 羊泽林：《从福建明代沉船出水瓷器探讨景德镇瓷器外销的几个问题》，《香港海事博物馆国际会议：明代海洋贸易、航海术和水下考古研究新进展会议论文集》。

② 有关发现可参见《明末清初福建沿海贸易陶瓷的研究——漳州窑出土陶青花、赤绘瓷与日本出土中国外 SWATO 论文集》1994 年版中的介绍。

③ 关于日本漳州窑系瓷器的发现，参见 松尾信裕：《近世城下町遺跡出土の漳州窯系陶瓷器》，《明末清初福建沿海贸易陶瓷的研究——漳州窑出土陶青花、赤绘瓷与日本出土中国外 SWATO 论文集》1994 年版，第 59-63 页。[日] 野田芳正：《堺環濠都市遺跡出土の漳州窯系陶磁器》，《明末清初福建沿海贸易陶瓷的研究——漳州窑出土陶青花、赤绘瓷与日本出土中国外 SWATO 论文集》1994 年版，第 54-58 页。

器，并不见青花红绿彩或红绿彩瓷器。① 可见，相对于东南亚及东亚地区间转口贸易的热销，在中葡的长途贸易及沿途市场中，青花红绿彩或红绿彩瓷并未得到进一步的推广与欢迎。

因此，笔者认为，作为葡萄牙人据点的上川岛，集中发现青花红绿彩及红绿彩瓷片，进一步证明了葡萄牙在早期走私贸易时期在对日贸易方面的积极经营。这也是澳门开埠（1553）后，澳门—长崎航线贸易得以迅速发展成熟的关键。

三、中葡长途贸易与葡萄牙定制瓷器

中葡贸易初期，对航行作档案记录的做法还未普及，文献中对于中葡长途贸易的记载亦十分罕见，因此，实物资料的发掘与披露，对重塑这段历史十分关键。从现存资料来看，此时期入口欧洲的中国瓷器数量仍是十分有限的，其中可以确定的类型，即是早期葡萄牙定制瓷器。即使分布于各地的博物馆藏，定制瓷器仍可因其纹样装饰中呈现出的葡萄牙家族纹章、宗教符号以及铭文等特别元素，被认定为专为特定的葡萄牙人群所订造的瓷器产品，从而确认其中葡贸易瓷器的性质。

关于葡萄牙人向中国商人定制瓷器的记载，最早出现于1528年，若尔日·卡布拉尔（Jorge Cabral，1500年生，葡萄牙海军军官，活跃于葡萄牙人在亚洲的军事扩张中，1549—1550年间曾出任葡属印度地区总督）由马六甲发回里斯本致国王② 的信中，其内容如下：

① Roxanna M. Brown，“Xuande-marked Trade Wares and the ‘Ming Gap’”，*Oriental Art* vol.43（1999），pp. 2-6.
Tim Maggs，*The Great Galleon São João：Remains From A Mid-Sixteenth Century Wreck On The Natal South Coast*，Annals of the Natal Museum. Vol. 26（1），pp. 173-186.
Elizabeth Burger，Reinvestigating the Wreck of the Sixteenth Century Portuguese Galleon São João：A Historical Archaeological Perspective，MA（Cultural History）Thesis of University of Pretoria（2003）.
Auret，C. And Maggs，T.，*The Great Ship Slo Bento：Remains from a Mid-Sixteenth Century Portuguese Wreck on the Pondoland Coast*，Annals of the Natal Museum，Vol. 25（1），pp.1-39.

② 根据其写信年代，此时期在位的葡萄牙国王为约翰三世（João III，1521—1557）。

我向一个来到此地的中国船长，为殿下定制了几件（瓷器），他把瓷器带来了，可是，不是我想象的那种。当我回去以后，殿下就知道是什么样子了。由此，我知道中国人在满剌加（今马六甲）很守信用，因为如果向他们订货，就会带货回来。①

这封信件透露出以下重要的信息：（1）瓷器的定制者为当时正在东南亚扩展葡萄牙海上帝国的远东军官；（2）这些瓷器为葡萄牙王室订造；（3）定制瓷器的地点位于马六甲，这里在葡萄牙东来的16世纪是东南亚海上贸易的中心，被葡萄牙以武力占据后，成为他们从事亚洲转口贸易的主要据点，中国海商亦活跃于此；（4）在定制过程中，惹尔日·卡布拉尔曾指定了瓷器的某些元素，但收货时却与其设想有所出入。笔者通过对近年来国内外发表的实物资料进行收集整理，发现它们所反映的信息与这一文献记载十分吻合。除此之外，相对于早期历史文献的匮乏，这些实物资料还保留着更多有待发掘的历史信息。除前文论及的曼努埃尔一世定制瓷器，以及别球佛哩541年铭瓷器，还可见三类定制器物，分析如下。

1. 葡萄牙王室定制瓷器

根据上文的论述可知，有文献记载的第一批定制瓷器，其主要受众便是葡萄牙国王或整个王室。与此相吻合的是，在现存的定制瓷器中，有23件与葡萄牙国王及王室成员关系密切，它们包括仅带有浑天仪图样及（或）王室纹章（Coat of Arms）装饰的蒜头瓶1件、执壶3件，以及同时装饰有其他元素，如宗教徽章等的盘14件、碗4件。②这些瓷器收藏于位于中葡海上贸易沿线的东南亚、中东博物馆以及作为贸易终点的欧洲各地的博物馆或私人手中，恰好反映着它们被定制、交易到输往欧洲各地的贸易轨迹。

---

① João Rodrigues Calvão Co-ordinate, *Caminhos da Porcelana: Dinastias Ming e Qing/ The Porcelain Route: Ming and Qing Dynasties*（Lisboa: Fundação Oriente, 1999）, p.126.

② 包括收藏于印度尼西亚雅加达国家博物馆（National Museum of Indonesia, Jakarta）的蒜头瓶、收藏于葡萄牙阿尔梅达基金会（Medeiros e Almeida Foundation）的执壶以及葡萄牙RA私人收藏（RA Collection）的执壶，及下述美国大都会博物馆（The Metropolitan Museum of Art）的一件执壶。宗教元素器物详参后文。

收藏于美国大都会博物馆（The Metropolitan Museum of Art）的一件执壶，腹部装饰对称圆圈，内绘葡萄牙皇室纹章，内底书“宣德年造”款（图7）。①纹章（Coat of Arms）这一概念诞生于中世纪的欧洲战场（12世纪中叶），分属不同封建领主的士兵们打仗时手持的盾牌及护甲外袍上均绘有独特图样，几队人马相交，他们通过对方盾牌及战袍的图样辨认敌我。②后来这一概念被君主、贵族及骑士阶层接受，战争抑或和平时期武技竞赛的胜利，使得他们的盾徽及袍徽图案成为荣誉的象征，最终演变为世代相传的家族纹章。③有时家族间的联姻，又促成纹章的融合与新设计的诞生，如我们所见的这枚皇室纹章。其设计也是几经修改，最终于约翰一世时期（João I de Portugal，1357—1433，1385—1433在位）发展并固定下来的（图8）。④

图7 青花执壶 美国大都会博物馆（MET）藏

图8 葡萄牙皇室纹章图样

观察纹章图样的描绘与呈现可知，对于中国内陆江西景德镇的陶瓷工匠们，这些异域纹样的绘制与意涵是完全陌生的。纹样描绘的流畅线条，到了浑天仪图样上就变得笨拙、变形。而大都会博物馆收藏

① 见发表于 Maria Antónia Pinto de Matos，*The RA Collection of Chinese Ceramics-A Collector's Vision*，UK：Jorge Welsh Books（2011），Volume III，Cat. 57. 及美国大都会博物馆在线馆藏数据库。

② The Battle of Aljubarrota（Castile vs Portugal，1385）.（British Library，Royal 14 E IV f. 204 recto）

③ A.G. Puttock，*A Dictionary of Heraldry and Related Subjects*（UK：Blaketon Hall Ltd，1985），p. 40.

④ Rei de Portugal，*Livro do Armeiro-Mor de Joao do Cros*，16th century（Arquivo Nacional da Torre do Tombo），葡萄牙东波塔国家档案馆在线资源，网址：http：//digitarq.dgarq.gov.pt/details？ id=4162406.

的这件执壶腹部装饰中，纹章图样更出现了上下颠倒的情况，这或许就是若尔日·卡布拉尔（Jorge Cabral，1500—？）向国王所讲“不是我想象的那种”的重要原因。

代表国王个人的浑天仪，以及象征整个皇室家族的纹章，都是皇室影响力在瓷器装饰中的重要体现。作为绝大多数航海及扩张行为的支持者，国王及他们的荣耀家族无疑也成为葡萄牙拓展海上帝国的最大受益人。这些瓷器便是由皇室委托在东方的官员或商人们定制，抑或由东来的葡萄牙官员为赠送皇室尤其是取悦国王本人而定制的东方物产。

2. 宗教团体定制瓷器

在已发表的材料中，共有 20 件与宗教团体或信徒关系密切的瓷器，包括 16 件装饰有“IHS”纹样的耶稣会定制瓷器，盘 14 件，碗 2 件，形制及装饰近似。[①] 目前所见瓷盘在造型上较为相似，均弧腹，圈足微内撇，唯尺寸及装饰纹样差异较大。一类口径在 31cm 左右，内壁留白，底部绘如意纹环绕的花卉、龙、凤或应龙纹样，外壁以相对云纹间隔，排列五个圆圈，内随机绘制浑天仪、皇室纹章、IHS 图章，以及中国式小景（图 9）。一类口径在 53cm 左右，主要纹饰集中于内壁，以相对云纹间隔，排列六至八个圆圈，内随机绘制浑天仪、皇室纹章、IHS 图章，以及中国式小景，外壁绘制密集的缠枝牡丹纹样（图 10）。均无底款。瓷碗则在内口沿写有葡萄牙文铭文，外壁以相对缠枝花纹间隔，排列四个圆圈，内绘浑天仪、皇室纹章、IHS 图章，以及中国式小景（图 11）。圈足内底均书“大明宣德年制”双圈款。可见，盘碗的装饰手法及图样布局都极为相似。

“IHS”本为耶稣圣名拉丁文 ΙΗΣΟΥΣ 的缩写，意为 Iesus Hominum Salvator，

① 瓷盘分别藏于 A. V. S Collection（London），P.C.（Lisbon，2 件），Medeiros e Almeida Foundation（Lisbon），RA Collection（2 件），Jorge Welsh，Felix da Costa Collection。British Museum，Caramulo Museum（Abel de Lacerda Foundation，Caramulo，Portugal），Museum of Het Princessehof，The Metropolitan Museum of Art，RA Collection，Topkapi Saray Museum。瓷碗分别藏于 Carmona e Costa Foundation（Lisbon），及 Tokapi Saray Museum。

图 9　葡萄牙私人收藏“IHS”图样青花瓷盘

图 10　“IHS”图样青花瓷盘
葡萄牙卡拉姆罗博物馆（Museu do Caramulo）藏

即 Jesus Savior of Mankind（人类的救世主耶稣）。[①] 其使用可追溯至 8 世纪或更早，但在一定程度上的流行，仍然要到 15 世纪初，意大利神父锡耶纳（St. Bernardino of Siena，1380—1444）手持写有 IHS 的木牌传教之后。[②] 根据欧洲学者的考证，由于其传教地区单一，锡耶纳神父的影响仅局限于法国南部及意大利北部一些地区。并未有任何证据显示，这一符号在葡萄牙得到广泛使用。直到 1534 年，耶稣会创立，以“IHS”三个字母的设计作为会徽。1540 年，蒙教宗保禄三世（Pope Paul III，1468—1549）许可，耶稣会获得合法地位，开始传教活动，“IHS”也因此被广泛使用，装饰于各类与宗教相关的工艺品

① 参见 The Merriam-Webster New Book of Word Histories，Merriam-Webster Inc.（1991），p.107. 及 Oxford English Dictionary（3rd ed.），Oxford University Press（2005）在线版，网址：http: //www.oed.com/；jsessionid=E31CE20244C940D8C8395BD9B3AB8CE7? authRejection=true&url=%2Fsearch%3FsearchType%3Ddictionary%26q%3DIHS.

② St. Bernardino of Siena（From 1380 to 1444），*Religion & Liberty*，Vol.6，Number 2（March and April 1996），p.3-A.

图 11 “IHS”图样青花瓷碗 葡萄牙阿尔梅达基金会（Fundação Eugénio de Almeida）藏

及建筑设计中。[①] 而在这批器物的装饰纹样中，IHS 符号往往与象征葡萄牙国王的浑天仪及皇室纹章一同出现，随机组合，它与葡萄牙皇室的密切关联，正显示出其特别之处。

1540 年，作为耶稣会创始人之一的沙勿略（Francis Xavier，1506—1552）及罗德里格斯（Simão Rodrigues，1510—1579）神父抵达葡萄牙首都里斯本，此时的葡萄牙正值国王约翰三世在位时期。需说明的是，约翰三世对天主教的狂热虔诚，以及对宗教改革的积极推动，是历史学家们普遍认为其特出于其他葡萄牙君主之处。他在任期设立了许多宗教裁判所，压制自由思想并迫害境内的犹太人的做法也在历史上备受争议。[②] 不难想象，耶稣会士进入葡萄牙，立即得到皇室的热烈欢迎。沙勿略给会长罗耀拉（Ignacio de Loyola，1491—1556）的信中写道，“在我来到这个城市后的第三天或者第四天，国王便亲切和蔼地召见我

---

① 由罗耀拉（Ignacio de Loyola）及沙勿略（San Francisco Javier）等人在巴黎创立，获得教宗认可后，罗耀拉成为第一任会长，沙勿略则受命成为耶稣会的首批传教士。参见 Puca，Pasquale（30 January 2008）. “St. Ignacio de Loyola and the Development of the Society of Jesus”. *L’Osservatore Romano Weekly Edition in English*（The Cathedral Foundation）: 12. Retrieved 23 February 2010.

② H. V. Livemore，*A New History of Portugal*，（London：Cambridge University Press，1966），p. 135. Sanjay Surbrahmanyam，*The Portuguese Empire in Asia*（*1500-1700*）：A Political and Economic History（New Jersey：Wiley-Blackwell，1993），p.84.

们。他与王后与我们长时间倾谈……国王指示我们，可以请求和索取任何我们想要的东西。[①]”次年，罗德里格斯接受国王的请求，留在里斯本传教。而沙勿略则在皇室支持下，带领两名教友跟随葡萄牙船队前往东方。其传教之处如印度、日本、文莱以及摩鹿加群岛的一些地区均为所谓“葡萄牙海上帝国”的一部分，其备受争议的传教方式亦包括了强制信徒领取葡萄牙文圣名，并着葡萄牙服饰的要求。1546 年，沙勿略亲自写信给国王约翰三世要求在果阿设立宗教裁判所（Inquisitions），以侦查、审判及裁决不接受新信仰的犹太教信徒及穆斯林等事实，都证明着他与葡萄牙皇室的密切联系。[②]

笔者认为，于 1545 年抵达马六甲的沙勿略，很可能在此时为耶稣会定制了这批具有纪念意义的中国瓷器。作为耶稣会的首批传教士及创会人之一，他将象征耶稣会的 IHS 符号与浑天仪及皇室纹章共同装饰于中国瓷器之上，无疑在表现出耶稣会影响力远播东方的同时，更肯定其与葡萄牙皇室的密切关系，暗示其高于其他教会的影响力与地位。对于仍处在创会初期的耶稣会，得到各国皇室的支持，无疑是其在欧洲乃至世界迅速传播的重要前提。而在此后中葡贸易瓷器的消费与使用中，宗教团体也一直保持着强大的影响力。

3. 活跃于远东地区的葡萄牙贵族、军官及商人定制瓷器

除上文论及的别球佛哩 541 年铭瓷器，还有一批书写铭文“ISTO MANDOU FAZER JORGE ALVRZ NA ERA DE 1552 REINA”的 1552 年定制瓷瓶 10 件。铭文大意为“1552 年为惹尔日 · 阿尔瓦雷斯（Jorge Alvrz，生卒不详）定制”（It is ordered for JORGE ALVRZ in era of 1552）。[③]瓷瓶器型一致，均为玉壶春式，喇叭形口，束颈溜肩，垂鼓腹，圈足微内收。装饰布局相同，纹样组合略有变化。多

① ‘The Letter of Francis Xavier to Fathers Ignatius of Loyola and Nicolas Bobadilla’, Lisbon, July, 1540, Translated by M. Joseph Costelloe, *The Letters and Instructions of Francis Xavier*（Boston: Institute of Jesuit Sources, 1992）, pp. 18–20.

② 顾卫民:《以天主和利益的名义：早期葡萄牙海洋扩张的历史（1415—1700）》，北京：社会科学文献出版社 2013 年版，第 156–192 页。

③ 收藏于 V&A，Walters Art Museum（Baltimore，U.S.A.），Caramulo Museum，Musee Guimet of Asian Arts，Jorge Alvares Foundation Collection（CCCM，Lisbon），Ardebil Shrine，RA Collection，Baltimore Museum of Art，National Museum of Islamic Art（Tehran）及香港私人收藏。

数以蕉叶及璎珞纹饰带（亦有菱格及如意云纹）装饰瓶颈，肩部书写相同葡文铭文，腹部装饰多变，有麒麟纹、缠枝花纹、狮子戏球纹、莲塘池藻纹、腹底装饰缎带绣球纹样，足底书款有“万福攸同”“天下太平”钱币款，以及“大明嘉靖年造”“大明年造”款（图 12）。

图 12　铭青花玉壶春瓶　1552 年　英国维多利亚和阿尔伯特博物馆（V&A）藏

根据葡萄牙学者刘易斯·菲利佩·巴雷托（Luis Filipe Barreto）的考证，惹尔日·欧维士（Jorge Alvrz，生卒不详）为葡萄牙商人及作家，是费尔南·门德斯·平托（澳门译飞能便度，Fernão Mendes Pinto，1509—1583）[①]的好友，曾与他一同去过日本（1542）。1547 年末，惹尔日·欧维士在马六甲出版著作《Informação das Coisas do Japão》（日本物品的信息），也成为耶稣会士沙勿略 1549 年前往日本的重要参考。[②]而根据金国平的考证，1552 年，惹尔日·欧维士抵达上川岛的三洲港，通过在那里进行贸易的粤商订购了一批书写其姓名的青花瓷瓶。[③]而在近年的调查中，带有 1552 年葡萄牙铭文的瓷器碎片在上川岛的发现，更直接证明了此地为文献记载之外的一个瓷器定制地点。[④]

在离岛走私贸易中定制瓷器的风险，无疑远远高于等候前往马六甲的中国商人。因往来于马六甲的中国商人往往财力雄厚，贸易中亦得到地方官员权贵的担

① 1514 年生于葡萄牙，1537—1558 年游历东方，也是登陆中国的先驱之一。1553—1556 年加入耶稣会。其著作 *Peregrinação*（中译本：《远游记》）记录在东方的见闻，在 17 世纪初欧洲引起极大反响，被译成多种语言传世。

② Comunicações-Fundação Jorge Álvares，Jan. 2013，p.2&6. 欧维治基金会简讯（中葡双语），2013 年 1 月，页 7 及 11。

③ 金国平、吴志良：《流散于葡萄牙的中国明清瓷器》，《故宫博物院院刊》2006 年第 3 期，第 98-112 页。

④ 香港中文大学林业强教授早年于上川岛进行调查时，曾拾获此瓷片，并提供照片予笔者。

保，较为可靠。[①]而穿梭于离岛的走私贸易则往往是沿海渔民的投机活动，文献中不乏关于葡萄牙人被骗订金的记载。[②]因此可以说，我们今天见到的这些遗物，正是部分中国沿海私商守信交易的实物见证。

最后，综合对定制瓷器的整理，可以总结出以下特点：（1）现存瓷器的数量极为有限，共36件；（2）瓷器的种类极少，仅见盘、碗、耳杯、瓶、壶五类；（3）每一种类中，单一形制及装饰纹样的重复性很高，如10件1552年玉壶春式瓶，除铭文之外，形制及装饰布局均属雷同。又如形制相类，内外壁重复出现相似圆圈装饰的盘、碗。结合上文对于其定制者及定制时间的考证，可以推测，这些瓷器的生产，源自于不同的时间点上发生的，有限的几次定制行为。它们刚好印证了早期中葡长途贸易的有限性。

而观察此时期的贸易瓷器特征，除加入葡萄牙元素之外，其器型以及整个装饰的布局与风格，无疑都符合同时期外销瓷器的特色。工匠在纹样布局的设定中有着相当的自主权。早期的定制瓷器装饰中，葡萄牙特色纹样往往被放置于圆圈中，抑或处理成类似圆形的图样，处于同一基线上，环绕器物表面一周。这种设计出现在定制瓷盘的外壁、内腹以及定制瓷碗的外壁装饰中，十分普遍，这些图样以上下相对的云气纹为间隔，工整对称。这与他们此前的瓷器生产中，绘制带有伊斯兰图样的器物时的处理方法雷同。以收藏于托普卡普王宫博物馆的正德时期瓷碗为例，瓷碗边沿绘出一圈伊斯兰铭文，内腹装饰四个图样，以上下相对的植物纹样相间隔，圆圈内书写密集的伊斯兰文，这种装饰亦体现出对称与工整视觉效果的强调（图13）。[③]由此可知，此时中葡在瓷器设计与生产中的互动虽已开始，却仍处于十分初级的阶段。在定制过程中，葡萄牙人很可能只提供了需要加入的特殊纹样，而并未对瓷器形制及主要纹样进行设计或指定，而对居于内陆的景德镇陶瓷作坊来说，葡萄牙商人或许只是零星订单的货主，不必为他们做新的

① 根据文献记载可知，往往有达官巨贾支持这些远洋航行，以获取巨额利润。参见罗香林：《明代对东南亚各国关系之演变》，《南洋大学学报》1967年第1期，第119-125页。

② 如“自罢市舶，凡番货至，辄赊予奸商，久之，奸商欺负。多者万金，少不下千金，辗转不肯偿……番人泊近岛，遣人坐索久之，竟不肯偿。番人乏食，出没海上为盗”的记载，参见：（明）黄光升：《昭代典则》卷二十八，《续修四库全书》卷351，史部编年类，上海：上海古籍出版社1995年版，第32页。

③ Krahl, Regina and Nurdan Erbahar. *Chinese Ceramics in the Topkapi Saray Museum, Istanbul: A Complete Catalogue* Vol. 2, p. 444.

设计，器型照旧，而由画工将指定的纹样生硬地加入器物的装饰之中。

定制瓷器的特殊纹样及铭文，反映出定制者除葡萄牙王室外，皆为渡海东来的贵族、商人、军官及传教士等，他们在葡萄牙国内属于权贵阶层，在葡萄牙积极开拓的海上帝国中亦发挥着重要的影响力。然而，在中国瓷器外销的巨大市场中，他们的消费规模却显得极为有限，由现存定制瓷器的数量来看，此时期，葡萄牙及更广阔的欧洲市场对于中国瓷器生产所能施加的影响仍是极微弱的。

图 13　青花瓷碗　明正德　土耳其托普卡普王宫博物馆（Topkapi Saray Museum）藏

四、结　论

根据加斯帕·科雷亚（Gaspar Correia，生卒不详，1496—1563 年活跃于印度）的记录，最早在 15、16 世纪之交，达·伽马献给葡萄牙宫廷的礼物中已包括各种在印度获得的中国瓷器，并深受王室成员的喜爱。① 而在葡萄牙船队返回不久的 1501 年，葡萄牙国王曼努埃尔一世在写给西班牙国王费迪南德二世（Fernando II de Aragão，1452—1516，1457—1504 在位）和王后伊莎贝拉（Isabel I de Castela，1474—1504）的信中也迫不及待地提到他最新获得的瓷器信息，信中说：“在该国（印度）的另一侧，有一些仅臣服于一位国王的国家，该地叫作 Malchina（印度语 Maha-China，‘大中国’的意思），从那里运来瓷器、麝香、琥珀和沉香……

① *Lenda da India*，卷 I，第 141 页，中译本《印度传奇》，转引自：[葡] 巴洛斯、[西] 艾斯加蓝蒂等著，何高济译：《十六世纪葡萄牙文学中的中国：中华帝国概述》，第 9-10 页。

那里精美的瓷器，一件就值上百克努喳多（Cruzado，葡萄牙货币名）”。[①] 可知，在东来的进程中，葡萄牙人始终保持着对中国瓷器的密切关注。因此，透过现存实物重构的早期瓷器贸易，亦折射出早期中葡往来的诸多特点。

澳门开埠（1553）之前，中葡贸易瓷器的数量与规模仍是有限的，然而却对贸易的未来走向产生深远影响。首先，对于转口贸易瓷器，尤其是新品种的大量售贩，反映葡萄牙人在中国东南沿海及东南亚、东亚贸易网络中对各地物产的精确掌控，以及对地区间交易的积极经营。澳门开埠（1553）之后，葡萄牙人以澳门为中心，迅速建立起密集的本地贸易网络，便基于此。这亦为其日后因地制宜，获取亚洲各地物产并远销欧洲提供最直接的货源保障。

另一方面，虽然此时期经长途贸易进口葡萄牙（及由此销往欧洲其他地区）的中国瓷器仍极为少量，但葡萄牙人不间断地，以中国海商为中介的贸易及定制活动，亦成为沟通欧洲大陆消费者及景德镇陶工的重要桥梁。先来样落订，再等待成品的做法，亦成为日后瓷器贸易中的惯常模式。而他们与沿海中国私商的密切互动，以及对中国港口及各地物产的不断了解，正成为澳门开埠（1553）之后，中葡贸易迅速增长、达至极盛的重要基础。

① 此信出自［葡］科提松:《远征》A Expedicao，第 287 页。William Brooks Greenlee，*The Voyage of Pedro Alvares Cabral to Brazil and India*（Ottawa：Laurier Books Limited，1938）. 转引自:［葡］巴洛斯、［西］艾斯加蓝蒂等著，何高济译:《十六世纪葡萄牙文学中的中国：中华帝国概述》，第 9–10 页。

早期来华葡人与中葡贸易：由一组1552年铭青花玉壶春瓶谈起

王冠宇 ①

15世纪以来，欧洲进入大航海时代，葡萄牙成为首个开始探索东方的欧洲国家。1514年，一路东进的葡萄牙人终于到达中国沿海，第一次与中国商人建立直接联系。然而，此后的中葡往来却进入了一个漫长而曲折的时期，直到40年后的1553年，葡萄牙人入居澳门，次年，中葡官员之间签署协议，广州正式对葡开放，中葡贸易才终趋稳定。此后，中葡贸易规模迅速增长，进入极盛。

广州对葡开放及澳门开埠之后，中葡贸易得以迅速发展并非偶然，而是早期葡萄牙人在中国沿海积极经营的结果。然而，由于此时期中葡外交关系的波折起伏，以及这些葡萄牙人活动的零散随机与非官方性质，很难在中葡文献中捕捉到他们活动的细节。近年来，越来越多属于此时期的贸易瓷器（片）得到发现和披露，成为聚合此时期琐碎历史信息的关键。这其中，有一批瓷器显得十分重要。它们由早期东来的葡萄牙人定制，带有他们所指定的特别图样与铭文。即使如今散布于各地的博物馆或私人收藏，仍可因其纹样装饰中呈现出的葡萄牙家族纹章、宗教符号以及铭文等特别元素被辨识出来，从而确定其早期中葡贸易瓷器的性质。它们便是葡萄牙定制瓷器，早期中葡贸易往来的实物见证。

一组特别的青花玉壶春瓶

现存葡萄牙定制瓷器中，有一组十件青花玉壶春瓶非常特别（详见附表）。

① 王冠宇，香港中文大学文物馆助理研究主任（器物）。

它们造型一致，均为喇叭形口，束颈溜肩（颈口断裂者，据器形走向可辨），垂鼓腹，圈足微内收。装饰布局雷同，而纹样组合略有变化。多数以蕉叶及璎珞纹饰带，亦见菱格及如意云纹装饰瓶颈，腹部装饰多变，有鹿鹤纹、麒麟狮子纹、缠枝花纹、狮子戏球纹、莲塘池藻纹等，腹底装饰缎带绣球或杂宝纹样，足底书款有“万福攸同”铜钱款，“天下太平”“大明年造”以及“大明嘉靖年造”款。最重要的是，十件瓶的肩部书写相同内容的葡语铭文“ISTO MANDOU FAZER JORGE ALVRZ NA ERA DE 1552 REINA”，分两行写就，且均上下颠倒（图1）。铭文大意为“1552 年为惹尔日·阿尔瓦雷斯定制”（It is ordered for JORGE ALVRZ in era of 1552）。以上特点，结合各器胎釉特征，可以断定这组玉壶春瓶为同一批订烧器物。它们也是现存早期定制瓷器中，唯一同时带有定制者及时间信息的一组。

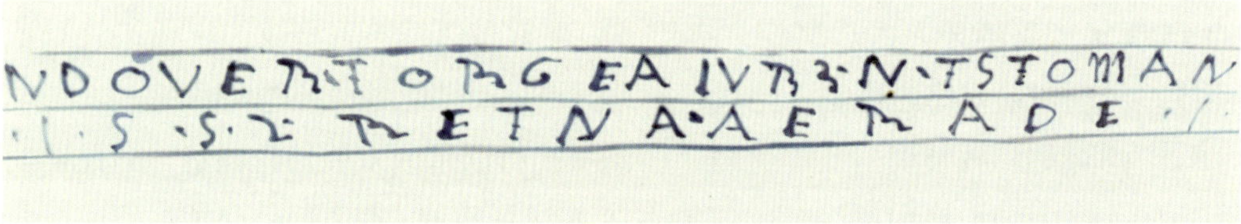

图 1　青花鹿鹤同春纹玉壶春瓶肩部葡萄牙铭文展开图，怀海堂主人惠赐图片

1552 年

根据文献记载，1552 年是葡萄牙人以走私贸易形式活跃于中国东南沿海离岛的最后一年。《广东通志》载，嘉靖三十二年（1553），“舶夷趋濠镜者，托言舟触风涛缝裂，水湿贡物，愿暂借地晾晒，海道副使汪柏徇贿许之……”[1]，标志着葡萄牙人入居澳门。1554 年，葡萄牙船长莱昂内尔·德·索萨（Leonel de Sousa，生卒不详）与时任广东海道副使的汪柏达成协议，允许葡商前往广州互市。此后，以澳门为枢纽的中葡贸易、葡日贸易得到长足发展，并迅速连接入葡萄牙人满布于东南亚各重要港口的转口网络（图 2）。短短几年间由走私到合法，由地方官员徇私到中央政府认可，不禁令人好奇，究竟是谁活跃于对东方贸易网络的积

① （明）郭棐纂修：《广东通志》卷之六十九，第 700 页。

图 2　早期葡萄牙人在澳门　摘自德国诗人及地志学家 Daniel Meisner（1585—1625）的市镇平面图和街景图集“Thesaurus Philo-Politicus Schatzkastlein”（1623/4）　澳门档案馆藏

极开拓，他们又是如何经营与中国的贸易往来。

惹尔日·阿尔瓦雷斯（Jorge Alvarez）| 发现日本

据铭文推测，瓷瓶的定制者为惹尔日·阿尔瓦雷斯（Jorge Alvarez，生卒不详），其事迹在文献中不见记载，在葡萄牙历史文献与档案中亦多语焉不详。然而，在早期来葡的探险家、作家抑或传教士的传记或私人书信中，却可捕捉到他的活动轨迹，证明他是早期中葡往来中的关键人物。

早期来华的葡萄牙探险家中，费尔南·门德斯·平托（澳门译飞能便度，Fernão Mendes Pinto，约 1509—1583）最为著名。他于 1537 年至 1558 年间游历东方，并在此后完成《远游记》（Peregrinação），记录在东方的见闻，17 世纪初，此书在欧洲出版，立即引起巨大反响，被译成多种语言传世（图 3）。其著作中提及有关于惹尔日·阿尔瓦雷斯的一些信息：阿尔瓦雷斯为葡萄牙商人，活跃于中国东南沿海，曾协助平托开拓中国市场，更于 1542 年与他一同前往日本。这些

图 3　费尔南·门德斯·平托（Fernão Mendes Pinto，1509—1583）著《远游记》书影　1614 年版　约翰·卡特·布朗图书馆（The John Carter Brown Library）藏

记载与明清文献所录中国沿海葡萄牙商人的活动时空相吻合，同时，更有零散的葡日资料可作旁证。

1522 年以来，中葡外交遇冷，活跃于广东的葡萄牙人不断遭到明廷水军驱逐，转移至闽浙一带海域继续从事走私贸易。宁波遂成为葡萄牙人在澳门开埠之前贸易活动最为活跃的地区。这段经历，成为葡萄牙在亚洲贸易网络的拓展，尤其是葡日贸易的发端与兴盛的关键。

宁波曾设专门接待日本贡使的市舶司，以其为中心的浙江海域离岛，长期以来均是对日走私贸易的主要据点。许氏兄弟所经营之贸易，亦侧重日本，其主部包括靠航行日本贸易而被日本人尊为“五峰船主”的王直。因此，活跃于宁波沿海的葡萄牙人必然得以接触大量的日本走私商人及货船。根据《筹海图编》载，“嘉靖十九年（1540），贼首李光头、许栋引倭聚双屿港为巢”[①]。朱纨对此进行了更为详尽的说明：“此皆内地叛贼，常年于南风汛发时月，纠引日本诸岛、佛郎

①（明）郑若曾撰，李致忠点校：《筹海图编》卷之五《浙江倭变记》，第 322 页。

机、彭亨、暹罗诸夷前来宁波双屿港内停泊”[①]。明代文献中的“佛郎机”所指即为葡萄牙，可知葡萄牙人是夹杂各国番商，尤其是日本诸岛的私商及海盗中从事走私贸易的。活跃于此时的惹尔日·阿尔瓦雷斯，很可能在这里接触到大量的日本商人，并获得有关日本市场的重要信息。

而根据日葡文献的记载，葡萄牙人亦是在此时期“发现”日本，并开始对日贸易的。日本学者通常援引日本文献《采览异言》的记载：

> 西蕃之来自北国ポルトガル波尔杜瓦尔（Portugal，葡萄牙），始天文十年（1541）辛丑秋七月焉，有海舶一只，直到丰后国神宫浦，其所驾者二百八十人。[②]

认为1541年是葡萄牙船舶前往日本探险及寻求贸易的最早时间。亦有学者认为，日葡贸易的正式发端，是在1542年，葡萄牙人漂流至种子岛，并由此到达平户、长崎等港口，从而开始“南蛮贸易”。尽管在时间上略有出入，葡日文献中对葡萄牙人东来日本的记载无疑均是稍迟于中文文献中记载许氏兄弟勾引佛郎机人移泊宁波的时间（1450）。而于1542年曾前往日本的惹尔日·阿尔瓦雷斯与费尔南·门德斯·平托无疑属于最早到达日本诸岛的葡萄牙人。

1547年在马六甲出版的著作《日本物品的信息》（Informação das Coisas do Japão），是欧洲人对于日本最早的记录，其作者正是惹尔日·阿尔瓦雷斯。而在1545年抵达马六甲的耶稣会创始人之一沙勿略（Francis Xavier，1506—1552），在前往中国之前，曾于1549年前往日本，在他1548年1月20日的私人书信中载，“惹尔日·阿尔瓦雷斯是一个非常值得信赖的人物……向我提供了被称为日本诸岛的最近刚刚发现的非常大的岛屿的情况”（《沙勿略全书简》第272页）。这些记载零散却十分关键，它们都证明惹尔日·阿尔瓦雷斯曾参与“发现”日本，并向活跃于马六甲的葡萄牙人提供大量有关日本的信息。

发现日本之后，借着已经成熟的宁波—日本航线，以及浙江沿海供日货品丰

---

① （明）朱纨：《甓余杂集》卷三，嘉靖二十七年六月二十七日海洋贼船出没事。《四库全书存目丛书》，集部卷78，庄严文化事业有限公司（台南）1997年版，第60–61页。

② 新井白石原著，山林水增译：《采览异言》，《新井白石全集》卷二，东京：国书刊行会1907年版，第584页。

富、日本商人云集、贸易信息发达等优势，阿尔瓦雷斯以及与他同时或稍后活跃于对日贸易中的葡萄牙商人，成为葡萄牙扩展亚洲贸易网络的直接推手。在嘉靖二十八年（1549），时任浙、闽海防军务提督的朱纨以强硬手段肃清闽浙海域，大破许氏兄弟势力及活跃在此的番商海盗，驱使葡萄牙商人再次返回广东外海前，葡萄牙的对日贸易得到了长足发展。

上川岛 | 沙勿略（Francis Xavier）

图4　上川岛调查所见带有葡萄牙铭文的青花玉壶春瓶碎片，林业强教授拍摄并惠赐图片

青花玉壶春瓶定制的1552年，正是葡萄牙商人被驱逐，回到广东外海的时期，他们以上川岛和浪白澳为中心，继续开展转口贸易。据金国平的考证，若尔日·阿尔瓦雷斯是在广东台山海域的上川岛通过在那里进行贸易的粤商订购了这批书写其姓名的青花瓷瓶。在近年的调查中，带有1552年葡萄牙铭文的瓷器碎片在上川岛的发现（图4），更直接证明了这一推论。可以确定，这批瓷瓶正是在上川岛完成定制交易的。

1551年1月20日，东来传教的耶稣会士沙勿略由日本返程，回到印度教区为前往中国传教做准备。同年4月抵达马六甲后，却遭海军军官因个人恩怨扣押船队及货物，计划流产。无法得到葡萄牙官方支持的沙勿略，做出一个重要的决定，即于1552年8月，辗转抵达上川岛，等候船只接载，前往广州，计划以偷渡的方式进入明帝国境内传教。但遗憾的是，答应帮助他偷渡的中国商船迟迟未能返回，而沙勿略在等候期间染上疟疾，并于12月3日病逝岛上，最终未能成行。

法国学者黛西·莱恩·戈尔德施米特（Daisy Lion-Goldchmidt）认为，沙勿略正是病逝于阿尔瓦雷斯在上川岛的家中，并由他埋葬于海边。这与沙勿略的中国随从安东尼奥（Antonio the Chinaman）写给果阿耶稣会士的书信中所载，埋葬沙勿略时，有一个葡萄牙人（笔者：很可能指阿尔瓦雷斯）、两个奴隶及一个中国随从（安东尼奥本人）在场的情形相吻合。

作为耶稣会创始人之一的沙勿略，本是在葡萄牙王室支持下前往东方传教的。现存他与葡萄牙国王约翰三世（João III de Portugal，1521—1557 在位）之间频繁的亲笔书信往来证明着他与葡萄牙王室的密切联系。然而，1550 年，沙勿略在写给果阿教区修士的书信中称，王室已耗尽财富，无力再支持他们的活动。由此可以理解他们之后的窘境。在失去官方庇护之后，沙勿略选择前往上川岛，很可能因为与他交好的阿尔瓦雷斯正活跃于此。对于此时期东来的葡萄牙人，活跃于上川岛的阿尔瓦雷斯及其他葡萄牙商人，已经成为马六甲总部之外，另一个在本地贸易网络中影响巨大的葡萄牙群体。然而，阿尔瓦雷斯想要取得的成就可能并不止于此。

馈赠权贵的东方珍宝

笔者曾对现存的早期葡萄牙定制瓷器做过详细的整理分析，总结出一些特点。首先，现存瓷器的数量极为有限，见发表者共三十六件。其次，瓷器的种类极少，仅见盘、碗、耳杯、瓶、壶五类，而每一种类中，单一形制及装饰纹样的重复性很高，如本文所述十件 1552 年玉壶春式瓶，除铭文之外，形制及装饰布局均十分雷同。通过对这些瓷器定制者及定制时间的考证，可知这些瓷器的生产，源自不同的时间点上发生的，有限的几次定制行为。而特殊纹样及铭文，反映出它们主要是为葡萄牙王室贵族，宗教团体及远东军官而定制。这些人在葡萄牙国内属权贵阶层，在葡萄牙积极开拓的海上帝国中亦发挥着重要的影响力。早期定制瓷器的活动，并非是为采购瓷器商品而进行的简单交易，而被视作一种彰显定制者权力与地位的举动。而现存 1552 年铭玉壶春瓶的流布，也让我们有理由相信，阿尔瓦雷斯定制瓷器，亦是出于如此的考虑。

现存的 1552 年铭玉壶春瓶，集中发现于中东与欧洲两个地区，而不见于阿尔瓦雷斯主要活跃的中国沿海或东亚及东南亚地区。证明这批瓷瓶绝非为阿尔瓦雷斯个人置用，而是用作进一步流通的带有阿尔瓦雷斯个人标志的特别产品。这

图 5　英国伦敦维多利亚与艾伯特博物馆（The Victoria and Albert Museum London，UK）藏，博物馆在线馆藏数据库

图 6　葡萄牙铭文青花玉壶春瓶　1552 年　原藏于伊朗阿德比尔神庙（Ardebil Shrine，Iran），现藏于伊朗伊斯法罕四十柱宫（The Chehel Sotun，Isfahan，Iran）图片来源：Takatoshi Misugi，Chinese porcelain collections in the Near East：Topkapi and Ardebil（HK：Hong Kong University Press，1981），p.340.

批瓶中，有两件属中东旧藏，其中一件现为英国伦敦维多利亚艾伯特博物馆（The Victoria and Albert Museum London，UK）藏，于 1892 年购藏自土耳其伊斯坦布尔，具体出处不详（图 5）。但特别的是，位于伊斯坦布尔的托普卡普王宫博物馆（Topkapi Saray Museum，Istanbul）藏有三件分别属于早期葡萄牙王室、耶稣会及远东军官的定制瓷器，均被认为是作为礼物而非商品进入中东。更重要的是，中东地区的另一件，现藏于伊朗伊斯法罕四十柱宫（The Chehel Sotun，Isfahan，Iran）的 1552 年铭瓶，此前是存放于阿德比尔神庙（Ardebil Shrine）的壁龛中，直接证明了瓷瓶与伊朗皇室的密切关联（图 6）。由于文献资料的缺乏，我们无法进一步考证这件瓷瓶进入中东的细节，但可以推测它们很可能与其他定制瓷器一样，是作为礼物而非以普通商品的方式进入皇室。而在欧洲，现存的 1552 年铭瓶有流传历史可考者，亦皆源于葡萄牙、意大利等地的权贵家族旧藏。这样集中于某些特殊人群的流布，暗示这批瓷瓶绝非随意流通的商品。它们很可能是作为来自阿尔瓦雷斯的礼物，赠予中东及欧洲的王室或权贵。

16 世纪中前期，中国瓷器仍然

极其珍贵而罕有。最早关于中国瓷器的描述，来自活跃于葡萄牙东来早期的驻印度官员及作家杜阿尔特·巴博萨（Duarte Barbosa，c. 1480—1521），他在1512—1515年间成书的《巴博萨书》（Livro de Duarte Barbosa）的《中国简述》中记录：

> 这里（指中国）生产大量的瓷器，对各个地区都是好商品，瓷器是用海螺、蛋壳和蛋清及其他物质制作，把它们揉成团，在地下埋藏一个时间，把它当成是财富和宝物处理，因为等到时候加工时十分值钱；到时做成多种形状的器皿，有粗有细，然后上釉和绘上图画。

巴博萨从未到过中国，这段描述很可能是在印度的道听途说抑或是全凭想象的编造，然而这一说法却在书籍出版之后大肆流行，影响甚久，直至1569—1570年，即澳门开埠的十多年后，加斯帕尔·达·克路士（Gaspar da Cruz，1520—1570）所著的《中国志》（Tratado em que se contam muito por extenso as Coisas da China）在欧洲出版，才第一次指出他的错误。

而欧洲本土关于中国瓷器使用的集中记录，亦是开始于瓷瓶定制的数十年之后。如1562年，享有极高威望的不拉卡大主教（D.Frei Bartolomeu de Braga）在信中写道：

> 在葡国，他们拥有比黄金和白银更有价值的东西——瓷器。我希望所有的王子都购买这种东西，而不必再使用银器……它精美光洁，像玻璃和石膏一样精美。他们用蓝花装饰瓷器，其图案如青云一般。

可见，中国瓷器在此时期的欧洲皇室中仍属奢侈品，并非人人都能拥有。而部分留存至今的欧洲档案清单，亦向我们揭示，直到16世纪末，中国瓷器仍集中收藏于欧洲皇室或贵族成员的手中，举要言之，大公费尔南德一世（Fernande Ⅰ）、国王菲利普二世（Philip Ⅱ）、大公阿尔伯特（Albreeht）等，均显赫一时。因此可以推测，定制于1552年的瓷瓶，在当时欧洲王室贵族成员们的眼中，是来自遥远东方的神秘物产，更是趋之若鹜的稀世珍宝，而瓷器铭文中，专为阿尔瓦雷斯定制的独特标识，无疑使它们成为阿尔瓦雷斯在中葡贸易中巨大权威的象征。而通过向本地贸易网络之外的中东、欧洲输送定制瓷器，阿尔瓦雷斯使得自己的影响力，在葡萄牙海上帝国更大的版图得以扩展。

美第奇家族的礼物

今日的法国巴黎卢浮宫博物馆，珍藏着一批由美第奇家族主持制作的软质瓷器。这批瓷器烧造于1575—1587年间的佛罗伦萨近郊的瓷窑。美第奇家族曾通过对当时所见珍贵中国青花瓷器的模仿，烧造出至少59件软质瓷器，并作为外交礼物馈赠欧洲各国王室，至今仍有45件传世。而卢浮宫珍藏则是当时赠予法国王室的特别礼物。这其中，一件绘有松树、鹿鹤纹样的鼓腹瓶十分特别，究其范本，很可能来源于1552年铭鹿鹤同春纹玉壶春瓶（图7）。更为巧合的是，青花鹿鹤同春玉壶春瓶源于意大利索尔蒂家族（Soldi Family）旧藏，同样是活跃于佛罗伦萨的权贵家族。或许，这批特别的玉壶春瓶不仅作为神秘的东方珍奇令欧洲权贵们为之沉醉，更成了启发欧洲本地瓷器设计生产的灵感源泉！

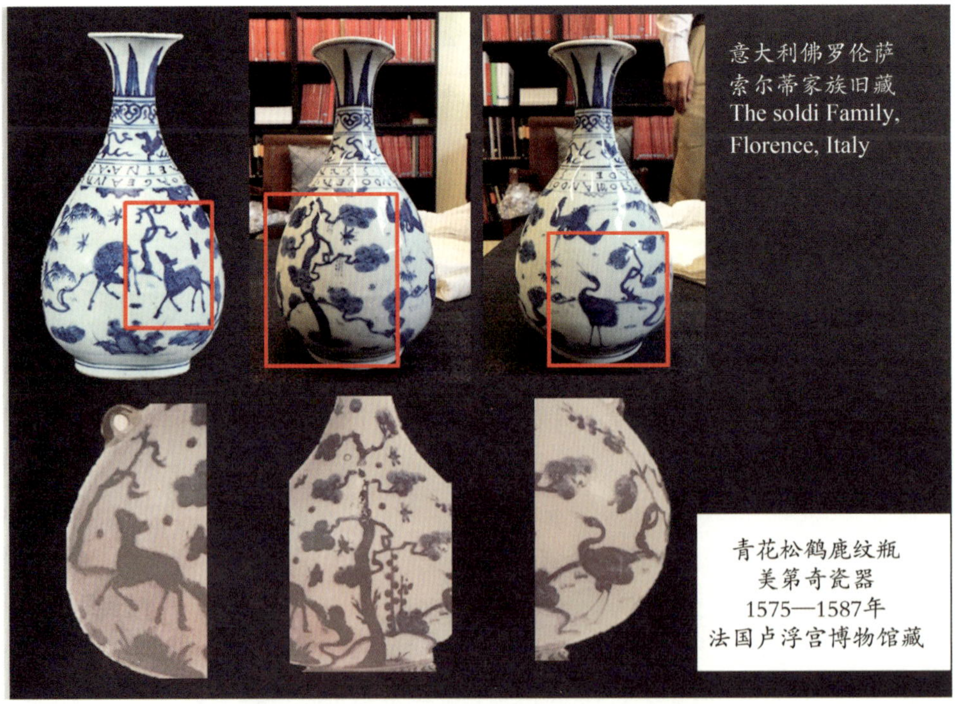

图7 装饰有鹿鹤同春纹样的美第奇软质瓷器（Medici Porcelain） 法国卢浮宫博物馆藏（对比图）

附表：现存 1552 年铭玉壶春瓶列表

序号	照片	纹饰布局（颈 / 腹 / 近底处）	收藏机构及地点	保存状况	底款	尺寸	流传历史	图片来源
1		瓔珞 / 莲塘水禽 / 绣球	英国伦敦维多利亚与艾伯特博物馆（The Victoria and Albert Museum London，UK）	瓶颈断裂并加装金属盖	“大明年造”四字双圈	残高带金属盖 24.8cm	1892 年购藏自土耳其伊斯坦布尔	博物馆在线馆藏数据库
2		瓔珞 / 狮子戏球 / 绣球	法国巴黎吉美国立亚洲艺术博物馆（Musée national des Arts asiatiques – Guimet，Paris，France）	瓶颈断裂并加装金属口及盖、金属座	天下太平	不详	不详	笔者拍摄
3		蕉叶、瓔珞 / 狮子戏球 / 绣球	美国巴尔的摩沃尔特艺术博物馆（Walter's Art Museum，Baltimore，USA）	保存完好	 “万福攸同”四字铜钱款	高 25.4cm	不详	博物馆在线馆藏数据库
4		瓔珞 / 鱼藻 / 绣球	葡萄牙卡拉穆罗博物馆（Caramulo Museum，Portugal）	瓶颈断裂并加装金属口沿及盖	 “万福攸同”四字铜钱款	残高 21.3cm	葡萄牙私人收藏	Daisy Lion-Goldchmid，Ming Porcelain.（Thanmes and Hudson Ltd，London，1978）. p.152.

续表

序号	照片	纹饰布局（颈/腹/近底处）	收藏机构及地点	保存状况	底款	尺寸	流传历史	图片来源
5		蕉叶、璎珞/卷叶纹/绣球	伊朗伊斯法罕四十柱宫（The Chehel Sotun，Isfahan，Iran）	瓶口有修补	 “万福攸同”四字铜钱款	高23cm	原藏于伊朗阿德比尔神庙（Ardebil Shrine，Iran）	Takatoshi Misugi，Chinese porcelain collections in the Near East：Topkapi and Ardebil（HK：Hong Kong University Press，1981），p.340.
6		璎珞/缠枝花/绣球	私人收藏	瓶颈断裂并加装金属口	 “万福攸同”四字铜钱款	残高20cm	不详	Chinese and Other Oriental Ceramics and Works of Art.（Bonhams London，7th December 1990）. Lot. 46.
7		锦地、如意云/麒麟/无	葡萄牙里斯本欧维治基金会（Jorge Álvares Foundation，CCCM，Lisbon，Portugal）	瓶颈断裂并加装金属口	 “大明嘉靖年造”六字双圈款	残高23.7cm	法国私人收藏	笔者拍摄

续表

序号	照片	纹饰布局（颈 / 腹 / 近底处）	收藏机构及地点	保存状况	底款	尺寸	流传历史	图片来源
8		蕉叶、如意云、奔马 / 鹿鹤 / 无	香港私人收藏	保存完好	 "大明嘉靖年造"六字双圈款	高 26cm	意大利佛罗伦萨索尔蒂家族收藏（The Soldi Family, Florence, Italy）	怀海堂主人惠赐
9		锦地、如意 / 缠枝花纹 / 绣球	私人收藏	瓶颈断裂，腹部锔钉	 "大明嘉靖年造"六字双行款	残高 23cm	不详	Fine Chinese Ceramics Including Export Art.(Sotheby's London, 19th June 2002). Lot 118.
10		如意 / 狮子麒麟 / 杂宝	葡萄牙私人收藏	口沿断裂（后期修复）	不明	残高 24.5cm	不详	Maria Antónia Pinto de Matos, The RA Collection of Chinese Ceramics–A Collector's Vision (UK: Jorge Welsh Books, 2011), Volume III, Cat. 68.

肯尼亚两处遗址出土的明清瓷器及相关问题讨论*

秦大树①

提 要

1498 年达·伽马（Vasco da Gama）的船队到达了东非，并在马林迪建立了据点，在此后 200 年间，葡萄牙人将这里经营为东进的据点和在印度洋上的一个贸易中转站。在这一过程中贯穿了与早已占据此地很久的阿拉伯伊斯兰势力的争夺和斗争，直至 1698 年葡萄牙人被强大的阿曼苏丹国赶出肯尼亚沿海地区，这一过程折射出葡萄牙人在印度洋上贸易的发展和兴衰。肯尼亚沿海遗址中出土的中国瓷器，真实地反映了葡萄牙人对印度洋贸易控制的发展和变化。

北京大学考古队对在肯尼亚沿海地区的一些古代遗址中发掘出土的中国瓷器进行了调研。调研的结果可以在一定程度上反映出葡萄牙人在东非沿海地区贸易的情况。本文根据肯尼亚沿海地区两个重要的遗址——格迪古城和蒙巴萨沉船出土的中国瓷器资料，探讨葡萄牙人开展的海上贸易情势的发展变化。

从调查资料可以得出以下几点认识：一、15 世纪中叶，在经历了明代前期的低潮时期以后，约在成化到正德时期，中国瓷器开始较多的出现于东非海岸，以景德镇的青花瓷为主，这大约与中国国内的经济形势和阿拉伯人控制的海上贸易发达相关；二、葡萄牙人到达中国的初期，主要进行走私贸易，主要在以东南亚为中心的地区进行近途转口贸易，在印度洋贸易的远端东非地区少见；16 世纪后

* 本研究是江西省社科规划地区基金项目“景德镇 16—18 世纪的外销瓷研究（项目批准号：18DQ11）”的成果之一。

① 秦大树，北京大学中国考古学研究中心，景德镇陶瓷大学艺术文博学院教授。

半叶（嘉靖后期到万历年间），东非地区较多出土的景德镇青花瓷器，表明葡萄牙人已经全面控制了环印度洋地区的贸易；三、17 世纪后期，尤其是康熙年间成为中国瓷器销往东非地区的又一个高峰，这时荷兰东印度公司垄断了中国瓷器销往欧洲的贸易，康熙年间达到高峰。在葡萄牙人控制的肯尼亚发现的康熙时期的瓷器较多，与这一时期总的贸易大环境相关，也表明葡萄牙人依然从事少量的瓷器贸易活动。但在肯尼亚发现的康熙时期瓷器不同于荷兰东印度公司经营的那种精美的景德镇产的民窑瓷器，而是比较普通的景德镇民窑瓷器。这些瓷器可能来自与生产精美民窑瓷器不同的作坊。似乎体现了一种不同商团与作坊的相对固定的联系。

在中国商务部的资助下，北京大学承担了“中国和肯尼亚合作实施拉穆群岛地区考古项目（课题研究部分）”，2010 年至 2013 年，我们分三次对肯尼亚沿海经过正式考古调查和发掘出土的中国瓷片进行了调研。16 人次参加了出土中国瓷器的调研工作，除了北京大学考古文博学院的教师和学生，浙江省文物考古研究所，福建省考古研究所和山西省考古研究所的部分专业人员也参与了调研工作，肯尼亚国立博物馆滨海考古部的数位学者给予了必要的协助。共调研了 37 处经过正式考古发掘和调查的古代遗址中出土的中国瓷器，其中包括一些世界知名的斯瓦西里遗址，如蒙巴萨市耶稣堡（Fort Jesus）遗址①、马林迪市格迪古城遗迹（Gedi Ruin）②、帕泰岛上加遗址（Shanga）③、曼达岛曼达遗址（Manda）等④。此外还调研了蒙巴萨耶稣堡博物馆，拉穆博物馆和格迪古城遗址博物馆 3 个博物馆中收藏的出土地点不明的中国瓷器。共整理古代输往东非的中国瓷器 9552 件（片），及日本、欧洲瓷器 55 件（片）。另外对北京大学考古队陆上考古出土的中国瓷片也进行了整理，共整理瓷片 1060 件（图 1）。总计调研肯尼亚出土的中国瓷器 10612 件（片），拍摄照片近 20000 张，绘制线图 1200 余张。北京大学科技

① J. S. Kirkman, *Fort Jesus: A Portuguese Fortress on the East African Coast*, Oxford, 1974.

② J.S. Kirkman, *The Arab City of Gedi*, *Introduction*, Oxford University Press, 1954. James Kirkman, *Gedi*, *the Palace*. Mouton & Co. Publishers, the Hague, Netherlands, 1963.

③ Mark Horton, “Shanga—The archaeology of a Muslim trading community on the coast of East Africa”, The British Institute in Eastern Africa, 1996, London and Nairobi.

④ Neville Chittick, “Manda—Excavations at an Island Prot on the Kenya Coast”, The British Institute in Eastern Africa, 1984, Nairobi.

图1　调研组成员在蒙巴萨耶稣堡博物馆整理出土瓷器

考古的教授还在现场对部分标本用手持式X荧光光谱仪进行了成分测试，提取数据1000多个。本项调研工作是环印度洋地区古代遗址中对出土中国瓷器开展的第二大工作，仅次于旧开罗福斯塔特遗址[①]。对肯尼亚沿海地区部分古代遗址中出土的中国瓷器进行考古学调研。取得了一些初步的成果。本文拟就调研中系统整理的2处遗址中出土的中国瓷器，特别是16、17世纪的中国外销瓷的相关问题进行初步的讨论。

前　言

东非地区是中世纪以来环印度洋地区繁荣发展的海上贸易体系中的一个重要

① 秦大树：《埃及福斯塔特遗址中发现的中国陶瓷》，北京大学传统文化研究中心编：《北京大学百年国学文粹·考古卷》，北京大学出版社1998年版，第679-690页。弓场纪知：《福斯塔特遗址出土的中国陶瓷——1998—2001年研究成果介绍》，《故宫博物院院刊》2016年第1期，第120-132页。据弓场纪知报告，日本学者调查了福斯塔特遗址出土的中国瓷器12705片。

图 2　肯尼亚拉穆群岛上加遗址出土的 9 世纪长沙窑瓷片

图 3　肯尼亚拉穆群岛上加遗址出土的 10 世纪长沙窑瓷片

节点，或者称为端点。约从 9 世纪开始，位于东非的肯尼亚、坦桑尼亚等地就是环印度洋贸易圈的一个重要的地点，从东非地区古代遗址的出土品可以看出，中国瓷器对东非地区的运销源远流长，我们在考察中发现在肯尼亚沿海地区的遗址中出土了一定数量的 9 世纪的长沙窑瓷器（图 2），10 世纪的越窑瓷器（图 3）和部分早期安徽繁昌窑的白瓷器。从出土中国瓷器的遗址数量和各遗址中发现的中国瓷片的数量，都表明晚唐到北宋初期（9—10 世纪）中国瓷器通过海路的外销从创始迅速达到了一个高峰[①]。从瓷器的输出范围看，已经到达了东非沿海地区。不过这个时期非洲发现的中国瓷器大体上是一种通过转口贸易输入的。早期印度洋上的贸易可以分为三个贸易圈，东非地区属于从波斯湾，经中东的阿拉伯半岛到东非的贸易圈。尽管在东非发现了中国瓷器，在印度尼西亚爪哇海的井里汶沉船曾经出水产自东非的犀牛牙等物品[②]。在中国古代文献中记载了来自苏门答腊岛室利佛逝王国和来自爪哇岛的诃陵国的贡品中有称为僧祇的黑人奴隶[③]，但从技术上和规模上可能还达不到直接

① 秦大树：《中国古代陶瓷外销的第一个高峰—— 9—10 世纪陶瓷外销的规模和特点》，《故宫博物院院刊》2013 年第 5 期，第 32–49 页。

② 李旻：《十世纪爪哇海上的世界舞台——对井里汶沉船上金属物资的观察》，《故宫博物院院刊》2007 年第 6 期，第 78–90 页。

③《旧唐书》卷一九七《南蛮西南蛮传 · 诃陵传》：“诃陵国，在南方海中洲上居，东与婆利、西与堕婆登、北与真腊接，南临大海。……元和十年，遣使献僧祇僮五人、鹦鹉、频伽鸟并异种名宝。……十三年，遣使进僧祇女二人、鹦鹉、玳瑁及生犀等。”北京：中华书局 1975 年版，第 5273 页。《新唐书》卷二二二下《南蛮传下 · 室利佛逝传》载，“室利佛逝，一曰尸利佛誓。过军徒弄山二千里，地东西千里，南北四千里而远。……咸亨至开元间，数遣使者朝，表为边吏侵掠，有诏广州慰抚。又献侏儒、僧祇女各二及歌舞……”北京：中华书局 1975 年版，第 6305 页。僧祇应该是阿拉伯语黑人（Zanj）的对音。

图4 格迪古城遗址出土南宋景德镇窑青白瓷片

贸易的程度，而是一种以中间港为中心的间接贸易模式①。

中国输往肯尼亚的瓷器自9世纪开始，基本上是相沿不断的，在调研中我们还发现了一些北宋中后期越窑、广州西村窑的瓷片，但数量很少，还有少量南宋时期的龙泉窑、景德镇青白瓷（图4）和福建地区的器物。这种现象值得注意，从中可以看到，北宋中期到南宋后期（11—12世纪）尽管从南中国海到印度洋地区的贸易始终在持续进行，但是总体上讲是海上贸易的一个低潮时期，尽管还有少量的发现，但规模却较小，这些零星的资料甚至不能支持大规模海上贸易的水平。这种现象很可能与占据马六甲海峡的三佛齐王国先后与爪哇岛的马打兰王国和位于印度的注辇王国的战争有关，这些战争使沟通南中国海和印度洋的水道马六甲海峡处于交通不畅的状态②，从而阻滞了当时环印度洋的海上贸易，特别是阻滞了中国瓷器的输出。作为印度洋三个贸易圈的一个重要节点，这里的战乱影响了整个环印度洋的贸易。这是我们研究外销陶瓷阶段性的一个值得关注的问题。

此后，中国瓷器的输出又经历了元代到明初的一次高峰时期，这个时期的瓷片在肯尼亚有广泛的发现，规模和品种上都十分丰富。因此东非地区被学者们誉为"中国瓷器的仓储"③。

不仅如此，在世界进入大航海时期以后，这里又成为新的环球贸易体系中的重要地点。东非是西方人进军印度洋的第一站，1498年1月，达·伽马的船队绕过好望角，1498年4月，葡萄牙人登陆马林迪（图5）。此前，这一行人曾试图在莫桑比克的索法拉和肯尼亚的蒙巴萨上岸，但由于其基督徒的身份触怒了当地

① Dashu Qin & Kunpeng Xiang, "Sri Vijaya as the Entrepot for Circum-Indian Ocean Trade: Evidence from Documentary Record and Materials from Shipwreck of the 9th–10th Centuries", in *ETUDES OCEAN INDIEN*, No.46–47, 2011, Institute National Des Language et Civilizations Orientales, 2012, pp. 307–336.

② 王任叔著，周南京、丘立本整理:《印度尼西亚古代史》，北京：中国社会科学出版社1987年版，第29页。

③ 马文宽等:《中国古瓷在非洲的发现》，北京：紫禁城出版社1987年版，第43页。

图 5 肯尼亚马林迪市海边的达·伽马登陆碑

统治者并发生冲突，才被迫转道北上于马林迪登陆。葡萄牙人的到来，是整个东非海岸历史上具有划时代意义的事件之一[1]。

马林迪人对葡萄牙人很友好，马林迪的谢赫（Sheikh）给予了葡萄牙人热情的款待。他们希望与葡萄牙舰队结成联盟，共同对抗其对手——更为强势的蒙巴萨城邦；葡萄牙人便从中渔利，使其优势得到了最大化。在整个16世纪，马林迪人和葡萄牙人始终保持合作关系。马林迪城成为葡萄牙人在莫桑比克以北地区的活动中心[2]。有学者认为，马林迪当局允许葡萄牙人登陆之初便在这座伊斯兰古城中建立基督教的教堂（今马林迪城中还保存着一处16世纪的葡萄牙小教堂——The Portuguese Chapel），并被列为肯尼亚的国家遗产。马林迪人和葡萄牙

① Caesar Bita, "MALINDI — A Review of The History of a Coastal Town at The Mouth of River Sabaki -Kenya", Malindi Museum Society, 2005, pp. 11-13.

② Caesar Bita, op. cit., p.13.

人之间的友好关系可见一斑[①]。葡萄牙人在占领马林迪期间，保护其不受外来势力的侵犯，并且在这一地区引入了一些新作物——木薯、腰果树、玉米、黄瓜、鄂梨、番石榴、菠萝和烟草等[②]。

为了巩固在东非海岸的势力，保证对商品贸易的垄断，监督去往莫桑比克的贸易船只，对坎贝（Cambay）来的布匹和珠饰征税，葡萄牙国王于 1509 年在马林迪建立了海关。几年之后，谢赫失去了对马林迪王国贸易和税收的控制，海关也不再盈利，葡萄牙人便关闭了这个海关。

在 16 世纪的大部分时间里，葡萄牙人控制了整个东非海岸，没有其他任何势力能威胁到其统治。葡萄牙当局甚至给了谢赫管理自身事务的权利。然而，葡萄牙人从未安于将马林迪作为统治中心。因为，和蒙巴萨的天然港湾相比，马林迪难于防守且没有抵御季风的天然屏障。马林迪港的礁石也使得一些大型船只难以停泊。此外，桑给巴尔北部的津巴人（Zimba）也不断地侵犯马林迪[③]。

鉴于马林迪港口的不利条件，1512 年葡萄牙人将基地从马林迪搬往莫桑比克的索法拉（Sofala）。新港口优于马林迪，驶往葡萄牙本土也更加安全快捷。此后，马林迪港就不如以往繁忙了。但马林迪和葡萄牙人仍保持着友好关系。

在强力占领和控制东非地区的同时，16 世纪初，葡萄牙开始积极向非洲以东地区扩展殖民据点，1510 年进占印度果阿（Goa），并以此为据点，控制了印度洋的香料贸易。1511 年，葡印总督夺占马六甲（Malacca），里斯本—马林迪—果阿—马六甲航线从此建立，继而迅速扩展至中国东南沿海。文献记载，1514 年，葡萄牙人欧维世（Jorge Alvarse）在中国的 Tamao 登陆，由于明王朝拒绝他们登陆贸易，因而葡萄牙人以此为基地开展了近半个世纪的走私贸易，嘉靖三十六年（1557）明朝政府允许葡人开埠澳门，开展海上贸易。隆庆元年（1567）明朝政府弛放海禁[④]，此后中国与西方的贸易进入了又一个高潮时期。晚明时期是葡萄牙人控制的海上贸易发展的高峰时期，直至 1641 年，荷兰人攻占马六甲，标志着

① J. S. Ross, "A Brief History of the Portuguese Chapel and Vasco da Gama's Pillar", Malindi Museum Society, 1995.

② Esmond Bradley Martin, *The History of Malindi*, Nairobi: East African Literature Bureau, 1973.

③ E.B. Martin & C.P.Martin, *Cargoes of the East: The Ports, Trade and Culture of Arabian Seas and Western Indian Ocean*, Elm Tree Books, 1978.

④（明）张燮《东西洋考》卷七《饷税考》载："福建巡抚都御史涂泽民请开海禁，准贩东西二洋。"北京：中华书局 1981 年版，第 136 页。

葡萄牙势力在南洋地区的全面消退，荷兰东印度公司则在17世纪后半叶控制了印度洋的贸易，直到18世纪。因此，在16世纪到17世纪中叶，东非地区实际成了葡萄牙人东进的基地，这里也见证了葡萄牙从事海上贸易的风风雨雨。

本文将使用北京大学考古队调查的两批材料，即格迪古城遗址出土的中国瓷器和在蒙巴萨港发掘的蒙巴萨沉船中出土的中国瓷器，探讨葡萄牙人以东非为基地开展的贸易活动的历程和特点。

一、格迪古城（Gedi Ruin）出土的中国明代后期瓷器

格迪古城位于马林迪市西南约15公里处，是肯尼亚滨海省马林迪地区最大、最重要的古代聚落遗址之一。根据现存的遗迹规模，学者们认为其应为一个有3000左右人口的聚落。其名不见于阿拉伯古代文献。根据考古发现及相关研究，有学者认为其兴建于12或13世纪，当时包括格迪在内的东非沿海地区积极参加了印度洋贸易，从而发展出独特的城邦文化[①]。

格迪在15—16世纪经历了大规模的改建，特别是重建了城墙。这一事件充满了对葡萄牙人到来以后亲葡和抗葡的各方势力博弈的政治色彩，也存在着由阿拉伯人早已建立起来的贸易体系与葡萄牙人希望新创建的环球贸易体系的斗争，1508年，亲葡的基尔瓦统治者穆罕默德·安科尼（Muhammad Ankoni）被谋杀[②]，基尔瓦居民向蒙巴萨、马林迪等其他沿海地点迁徙，格迪的重建与这一事件及其影响有很大关联。基尔瓦当时掌握着来自索法拉（Sofala）和姆韦尼·马塔帕王国（Kingdom of Mwene Matapa）的黄金，同时基尔瓦的统治者乐于资助重建格迪城的地位，而这一重建可能是对16世纪极为繁荣的作为葡萄牙据点的马林迪的一种回击[③]。但无论如何，重建给格迪带来了生机，此时格迪达到最繁荣时期。格迪的繁荣持续到16世纪末，格迪古城至今未解的悬案是其为什么会突然废弃，学者们从不同的角度对此进行了探讨，自然因素，如海进、淡水缺乏、葡

① D. T. 尼昂主编:《非洲通史》第四卷，北京：中国对外翻译出版公司、联合国教科文组织出版办公室1992年版，第378–384页。

② 安科尼是葡萄牙入侵者德爱尔梅达（Dom Francesco de Almeida）在基尔瓦任命的亲葡统治者。

③ J.S. Kirkman, *The Arab City of Gedi*, *Introduction*, Oxford University Press, 1954.

萄牙人带来的疾病等；人为因素，如津巴人的进攻，以及葡萄牙人有意地摧毁东非沿岸地区由阿拉伯人建立的贸易体系等。至今并无一个统一的认识，但古城却被相当完好地保存了下来，大量的房屋、完整的城墙和道路体系依然矗立在阿拉布科·索寇科森林（Arabuko Sokoke Forest）当中。

直到20世纪，人们才又重新发现了这座古城。1929年，它被宣布为“文物保护单位”，并且在20世纪30年代晚期，一些临近倒塌的建筑遗迹得到了肯尼亚公共工作部门的修复，1948年，格迪被宣布成为国家公园，相关的调查和保护工作也开始进行。从1948年开始，由肯尼亚皇家国家公园主导，对格迪古城进行了十多年的考古发掘及研究工作，发掘工作由英国学者詹姆斯·柯克曼（James Kirkman）负责，相继发掘了城址、宫殿、道路、清真寺以及大批房屋和墓葬遗迹（图6）。考古发现表明，格迪城市的主要建筑和街道都有精心设计的布局。城区面积约45英亩（约合18.2公顷），城内建有一座宫殿、一座大清真

图6　发掘清理出来的格迪古城遗址

寺和若干小清真寺、一些私人住房以及很多柱墓[①]。英国非洲学家巴兹尔·戴维逊（Basil DaVidson）甚至认为，这个位于现代马林迪西南的格迪遗址实际上就是古代的马林迪王国的中心聚落[②]。

格迪古城经过充分的考古发掘，核心部位得到全面的揭露，如今成为重要的遗产保护区并开放旅游。同时，格迪古城的发掘资料也得到了很好的保存，主要部分都保存在蒙巴萨（Mombasa）耶稣堡博物馆（Fort Josses）的肯尼亚国立博物馆滨海考古部的库房，还有少部分存放在格迪古城遗址博物馆的展室内，近些年来，在格迪遗址周边地区的一些墓葬和小遗址中也出土了一些资料，也保存在格迪遗址博物馆。我们对古城发掘出土的全部中国瓷器进行了调研，共计调研中国古代瓷器 1257 件（片），经过目鉴与科技分析相结合的方法，对这些瓷器进行了产地和时代分析[③]。

从产地看，在总计 1257 件出土的中国瓷器标本中，景德镇窑瓷器 469 件，占总数的 37.31%；龙泉窑瓷器 737 件（图 7），占总数的 58.63%；福建窑口瓷器 30 件，占总数的 2.38%；广东窑口瓷器 14 件，占总数的 1.1%；磁州窑瓷器 1 件，占总数的 0.07%；不明窑口瓷器 6 件，占总数的 0.47%。

图 7　格迪古城出土的龙泉窑瓷器

从时代看，除去 6 件不明窑口和时代的瓷片，在总计 1251 件调查的可断代的瓷器中，南宋瓷器共计 2 件，均为景德镇窑青白瓷（参见图 4），占总数的 0.16%。

元代瓷器共计 289 件，占总数的 23.1%。其中景德镇窑瓷器 26 件（图 8），占该期瓷器总数的 8.99%；福建窑口窑瓷器 4 件（图 9），占该期总数的 1.38%；

① James Kirkman, *Gedi, the Palace.* Mouton & Co. Publishers, the Hague, the Netherlands, 1963.

② 巴兹尔·戴维逊:《古老非洲的再发现》，北京：三联书店 1973 年版，第 277 页。

③ 由于格迪古城出土中国瓷器的资料保存较好，我们已刊布了初步的调查报告，见刘岩、秦大树、齐里亚马·赫曼:《肯尼亚滨海省格迪古城遗址出土中国瓷器》，《文物》2012 年第 11 期，第 37-60 页。但这个简报是在我们 2010 年第一次调研后撰写的，在随后的两次调研中又找出了一些标本，对数据进行了增补，本文报告的数据是最终结果，请以此为准。

图 8　格迪古城出土元代景德镇青花瓷片

图 9　格迪古城出土福建闽清义窑青瓷碗底

龙泉窑瓷器 256 件（图 10），占该期总数的 88.58%；广东窑口瓷器 2 件，占该期总数的 0.69%，磁州窑瓷器 1 件（图 11），占该期总数的 0.35%。应该指出的是，元代龙泉窑的产品有一些应该可以早到南宋末期（13 世纪），只是由于龙泉窑的窑址太多，产品面貌复杂，有些瓷片又比较碎小，因而难以准确地划分出是属于南宋末还是元代前期。

元代末期到明代初期①，总计调查 217 片，占总数的 17.35%。其中龙泉窑（含龙泉窑系）瓷器 182 件，占该期总数的 83.87%，景德镇窑瓷器 35 件，包括一

图 10　各地古城出土元代龙泉窑青瓷罐类残片

图 11　格迪古城出土河北磁州窑盆残片

① 通过 2006 年对龙泉窑大窑枫洞岩窑址的发掘和整理，我们现在已经可以较为准确地划分出元末和明初的龙泉窑瓷器，但目前还有部分这一时期的器物难以明确区分出是明初或元代的瓷片。因此我们将这部分从元代后期和明代初期龙泉窑瓷片中分出，定出了元末到明初的一批。

些青花瓷片，占总数的16.13%。

明代早期瓷器（洪武到宣德，1368—1435年）共计292件，占总数的23.34%。其中景德镇窑明代洪武到天顺时期瓷器2件（图12），占该期总数的0.68%；龙泉窑明代早期瓷器290件（图13），占明初瓷器总数的99.32%。

明代中期（成化到正德，1465—1521）瓷器100件，约占总数的7.99%。是在宣德以后出土中国瓷器沉寂了30年以后再次较多的出现。这一时期，景德镇窑的青花瓷器取代了宣德以前的主流产品——龙泉窑青瓷，成了占绝对多数外销产品，共计90片（图14、图15），占该期总数的90%；龙泉窑瓷器4件，占该期总数的4%；广东窑口瓷器6件（图16），占该期总数的6%。

图12　格迪古城出土明洪武时期釉里红玉壶春瓶（复原）

图13　格迪古城出土的部分明代早期的龙泉窑瓷片

图14　格迪古城出土的明中期青花瓷片

图15　格迪古城出土明正德青花碗

图16　格迪古城出土明代广东产瓷罐残片

明后期（嘉靖、隆庆、万历、天启）的瓷器共有 351 件，占总数的 28.06%。其中景德镇窑瓷器 345 件（图 17），占该期总数的 98.29%；广东窑口瓷器 6 件，占该期总数的 1.71%。这个时期景德镇窑的瓷器几乎成了唯一的输出产品。

图 17　格迪古城出土明晚期青花瓷片

需要说明的是，12 件福建窑口的瓷器，只能断代到明代，12 件广东窑口瓷器标本只能断代到元至明代，为使统计的尽量合理，我们把 12 件福建窑口的器物均分到明代早、中、晚期，把广东窑口瓷器标本 2 件分到元代，另外的 12 件均分到明代中、后期。同时，这种鉴定只能是尽可能的准确，由于有些瓷片过于残破，能够断代到明中期的或明后期就已经很不容易了，有时成化、弘治和正德各朝的青花就不易区分了。同时，嘉靖和万历的瓷片也常常是不易区分的，实际的断代带有一定程度的推测性。

从上述统计数据看，格迪古城出土的瓷器的时代分布从南宋末期一直到晚明。主要集中在元代到明初和明代中晚期两个阶段。元代到明初时期以龙泉窑青瓷为主，明代中晚期则以景德镇瓷器，特别是青花瓷器为主。

这里我们重点讨论明代中、后期东非发现的中国瓷器所体现的外销瓷器的发展与变化。

（1）明中期瓷器外销的小高潮，根据我们的调研结果，明代中期的成化、弘治、正德年间（1465—1521）中国瓷器在格迪古城和北京大学考古队发掘的曼布鲁伊遗址中相比明代宣德以后到成化前期有一个突然增加的现象（图 18）。这个时期是波斯、阿拉伯人控制的环印度洋贸易的一个高峰时期。东非沿海地区长期以来一直与西亚、中东地区有着密切的联系，阿拉伯对东非沿海地区的统治直至葡萄牙人来到东非。明代初年的洪武到宣德时期，中国瓷器的主体是以龙泉窑青瓷构成的，景德镇窑的瓷器本就十分稀少。宣德以后直到成化初年，随着龙泉窑瓷器外销的衰落，中国瓷器的输出出现了长达三四十年的低潮期，我们几乎没有发现这个时期的中国瓷器。特别是景德镇瓷器，从明初洪武年间就很少外销，出现了一个 100 年左右的空缺期。明代成化以后瓷器开始以较快的速度增长，并很快达到较大的规模。这种现象应该是受到当时明朝境内某些因素的影响，如货币的银本位化而导致的银荒[①]，明代生产中商品化程度迅猛发展，白银的货币化使得供应趋于紧缺，因此沿海地区的走私贸易迅速发展起来，以满足从海外进口白银的需求。走私的发展使这时期的中国瓷器开始在海外有了较多的发现。这种现象在东南亚地区和环印度洋地区都有较强烈的体现，因此是当时的贸易体系整体的表现，而不是东非地区特别的现象。

图 18　曼布鲁伊遗址发掘出土的明弘治青花瓷器

同时，最新的窑址发掘成果也为这一现象的解释提供了依据。景德镇市陶瓷考古研究所和北京大学等单位联合发掘景德镇落马桥红光瓷厂窑址，证明景德镇的民窑生产在洪武到宣德时期处于一个恢复和发展时期，产品质量较差，产量也不高，品种单一，白釉瓷器占有绝对优势的地位。直到宣德末年和正统时

① 万明：《明代白银货币化：中国与世界连接的新视角》，《河北学刊》2004 年第 3 期，第 145-154 页。

期（1436—1449）景德镇的民窑生产才进入了发展时期，最主要的表现就是开始大规模的生产青花瓷器[①]。但正统、景泰、天顺三朝的三十年间，景德镇的民窑生产还处于发展时期，加之政府推行了比较严格的海禁政策，因此景德镇的瓷器并未大规模地进入外销领域，海外发现的三朝时期的瓷器数量很少。直到成化年间（1465—1487）以后，特别是弘治年间（1488—1505），由于国内经济形势的变化和景德镇民窑自身发展的成熟，以民窑青花瓷为代表的景德镇瓷器开始以较大的规模外销，形成了弘治到正德时期外销瓷的小高峰。

（2）万历时期中国瓷器输出的高峰。明代晚期出土的345件（片）景德镇瓷器中，嘉靖时期标本114件（图19），占该期景德镇窑产品总数的33.05%，万历时期标本223件（图20、图21），占总数的64.65%，天启时期标本8件（图22），占总数的2.3%。

图19　格迪古城出土的明嘉靖青花碗

图20　格迪古城出土的明万历青花瓷片

图21　格迪古城出土的明万历青花盘

图22　格迪古城出土的明天启青花瓷片

① 秦大树、高宪平、邹福安:《景德镇落马桥窑址发掘明代前期遗存的主要收获》，上海博物馆编:《十五世纪的亚洲和景德镇》，上海古籍出版社，待刊。

这些统计数字尽管只是东非沿海地区一个聚落中出土中国瓷器的情况，而且格迪古城与葡萄牙人控制的马林迪的关系也还是学界不断探讨的一个问题。但统计得出的明晚期海外发现的中国瓷器的数量仍能折射出一些重要的历史问题。

欧洲人控制印度洋贸易的进程并不是一帆风顺的。在葡萄牙人到达东非沿海时，这里已经被阿拉伯人统治了数百年，并完全纳入了波斯、阿拉伯人经营的环印度洋贸易体系当中，葡萄牙人占领东非以后，阿曼阿拉伯帝国在16世纪间曾经两次远征东非，与葡萄牙人争夺当地的控制权。而葡萄牙人推进海上贸易的方式也是以残酷的摧毁几百年间形成的一些贸易城邦，彻底摧毁阿拉伯人的贸易体系来建立自己的贸易体系。如在1505年和1528年两次对东非的贸易重镇蒙巴萨实行平毁和屠城，格迪古城也在16世纪末废弃，有学者认为可能就是葡萄牙人有意为之。同样，葡萄牙人到达中国后也曾被明朝政府禁止贸易，因而进行了近半个世纪的走私贸易，直到嘉靖三十二年（1553）开埠澳门，才开始了大规模的环球贸易。

格迪古城出土的明代瓷器的变化，代表了葡萄牙人在16世纪的贸易情况。嘉靖时期（1522—1566）的瓷器发现较少，且多为嘉靖较晚期的；到万历时期（1573—1619）中国瓷器开始较多的出现，表明到16世纪后半叶，葡萄牙人已经有效地控制了从南中国海到环印度洋地区的贸易，开启了环球贸易的模式。葡萄牙人在开埠澳门以前，即16世纪前半叶所进行的走私贸易则更像是一种小范围的经营性贸易，走私物品销售的目的地主要是东南亚地区，还称不上是一种全球范围的大规模贸易，因此在东非发现的中国瓷器也比较少。16世纪后半叶（嘉靖后期到万历年间），东非地区较多的出土景德镇青花瓷器，表明葡萄牙人在开埠澳门以后已经获得了稳定的供货渠道，并逐渐控制了环印度洋地区的贸易，开展的是一种大规模的环球贸易，因此在前往欧洲的中转站东非地区开始较多的出现中国瓷器。这为我们了解葡萄牙人所开展的环球贸易的阶段性问题，提供了一个可靠的证据。

二、蒙巴萨沉船（Mombasa Wreck）中出水的中国瓷器及其特点

蒙巴萨沉船发现于肯尼亚蒙巴萨老港口（Old Harbour）18米深的水下（图

23）。沉船是一条葡萄牙的军舰，名为圣・安托尼奥・塔纳号（Santo Antonio de Tanna），为一条有 42 门炮的葡萄牙快速帆船（frigate）。1680—1681 年建造于葡萄牙在印度的领地果阿（Goa）。于康熙三十六年（1697）沉没于蒙巴萨耶稣堡前的港湾中。

图 23　蒙巴萨沉船所在地点

关于这艘船沉没的过程，葡萄牙文献摘录了 Antonio Marques Esparteiro 船长的记录[①]。耶稣堡从 1696 年被阿曼阿拉伯军队包围。塔纳号 1696 年 11 月 25 日从印度果阿（Goa）出发，作为 Luis de Mello de Sampaio 将军领导的增援舰队的一艘，加强为 50 门大炮的火力。同年 12 月塔纳号到达蒙巴萨后留下给养，1697 年搭载一个使节团前往莫桑比克（Mozambique），于 1697 年 9 月 16 日运载更多的给养回到蒙巴萨，锚泊在耶稣堡的外围，前后都下了锚。以防随着涨落潮而漂移，在城堡的兵力支持和火力援助下坚守。

在敌方岸炮的强烈火力下，塔纳号因一个暴露的火药桶引发大火，幸好大火

① James S. Kirkman, "A Portuguese wreck off Mombasa, Kenya", in *IJNA*（*International Journal of Nautical Archaeology*）, Vol. I（1972）, pp. 153–157. Also see Biblioteca Nacional do Rio de Janeiro 1–25, 28, 2, No. 5.

被船员扑灭而幸存下来。9 月 18 日，塔纳号曾试图转换抛锚地点而没有成功，因为锚被卡在了岩石底部。10 月 20 日，塔纳号的锚链断掉，这艘有 150 人的战舰被冲到蒙巴萨岛东北部礁盘上搁浅，损毁了舵。当潮水上涨时，塔纳号脱离了礁盘，被冲到敌方的一个炮台附近，由于船员处于极大的危险当中，耶稣堡的一个小分队攻占了那个炮台，并把塔纳号拖到了耶稣堡附近。准确的原因不明，10 月 20 日不久，最终塔纳号沉没在蒙巴萨耶稣堡前的港湾里。有分析认为，塔纳号的沉没原因是在回到蒙巴萨之前就丢失了一些锚，加之当时天文大潮等气候原因，使其在涨落潮间被礁石硌破船身而沉没[①]。

蒙巴萨沉船于 1970 年试掘，1977、1978、1979、1980 年 4 次发掘。蒙巴萨沉船是最早的水下考古发掘工作之一，因而闻名于世。先后发表了多份研究文章和考古发掘简报[②]。

这条船的确认没有直接的证据，主要根据其出土物的年代和沉没的地点与塔纳号相同而被认定的。瓷器是沉船中除了船体本身以外（船体并未打捞起来）出水的最大宗的货物，构成了发掘品最重要的部分。并为沉船的断代提供了重要的依据。一般学者们都认为出水的瓷器的时代属于 1680—1697 年间，即塔纳号活动的年代[③]。实际上其年代范围应该更短一些，为 17 世纪 90 年代较晚的时间。发掘出水的器物除瓷器外还有舰上的武器，如铜炮，大量不同口径舰炮的弹丸，还有一些来自葡萄牙船员日用的器具，如玻璃沙漏，黑色大理石珠宝和徽章，葡萄牙铜腰带扣等等。现在这批瓷器全部存放在耶稣堡博物馆内，因此我们有机会对这些瓷器做了全面的调查。

我们的调研共检视各类瓷片 238 片，代表瓷器个体 69 件。从瓷器品种来看，

---

① A. W. Bentley-Buckle，“Possible reasons for the loss of the Mombasa frigate”，in *IJNA*，Vol I（1972），p. 157.

② James S. Kirkman，“A Portuguese wreck off Mombasa，Kenya”，in *IJNA*，vol. I，pp. 153-157. Robin C. M. Piercy，“Mombasa wreck excavation，preliminary report”，in *IJNA*，vol，VI（1977），4，pp. 331-347. Robin C. M. Piercy，“Mombasa wreck excavation，second preliminary report”，in *IJNA*，vol. VII（1978），4，pp. 301-319. Robin C. M. Piercy，“Mombasa wreck excavation，third preliminary report”，in *IJNA*，vol. VIII（1979），4，pp. 303-309. Robin C. M. Piercy，“Mombasa wreck excavation，fourth preliminary report”，in *IJNA*，vol. X（1981），2，pp. 109-118. Hamo Sassoon，“Ceramics from the wreck of a Portuguese ship at Mombasa”，in *AZANIA*，Vol. XVI，（1981），pp. 97-130.

③ Hamo Sassoon，“Ceramics from the wreck of a Portuguese ship at Mombasa”，in *AZANIA*，Vol. XVI，（1981），pp. 97-130.

在69件个体中，青花瓷47件（图24、图25），占总数的62.3%；白釉瓷7件（图26），占总数的10.1%；彩瓷9件（图27），占总数的13%；粗胎陶瓷器5件（图28），占总数的7.3%；青釉瓷3片，占总数的4.3%；青白釉瓷2片，占总数的3%。在青花器物中，较粗的青花梧桐叶纹盘就占了出水瓷器总数的三分之一多（图29），在肯尼亚沿海地区这种盘还比较多见；德化窑青花瓷4件（图30），占总数的5.8%；白瓷2件，占总数的2.9%；福建漳州平和窑青花瓷2件（图31），占总数的2.9%。

图24　蒙巴萨沉船出水景德镇窑青花碗

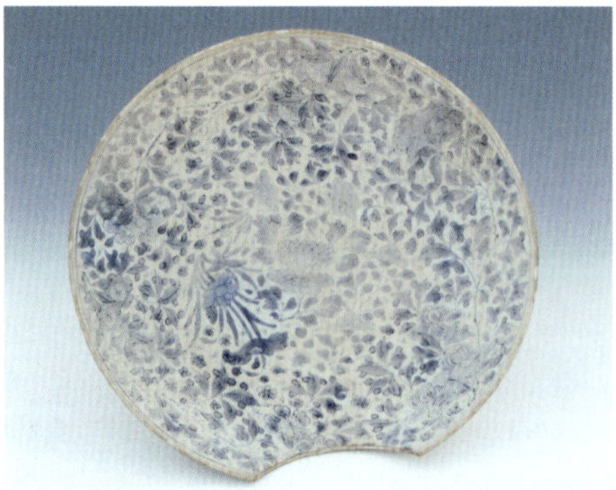

图25　蒙巴萨沉船出水清康熙景德镇窑青花盘

图26　蒙巴萨沉船出水清康熙景德镇窑白釉盘

图 27　蒙巴萨沉船出水清康熙景德镇窑白釉五彩碗

图 28　蒙巴萨沉船出水黑釉罐

图 29　蒙巴萨沉船出水清康熙景德镇窑青花梧桐叶纹盘

图 30　蒙巴萨沉船出水清早期德化窑青花碗

图 31　蒙巴萨沉船出水清早期漳州窑青花碗

从这些康熙时期（1662—1722）葡萄牙军舰上出水的瓷器，我们可以看到当时的一些特定的贸易情况。康熙年间葡萄牙人已经被荷兰东印度公司挤出了环印度洋贸易的主流，1602年荷兰东印度公司（Dutch East Indies Company）成立；1607年荷兰东印度公司从葡萄牙人手上攻下安汶（Ambon）岛，并设置商馆；1619年在爪哇的巴达维亚成立东印度地区的总部；1638年日本锁国，葡萄牙人被日本赶走，荷兰东印度公司垄断日本贸易；1641年荷兰东印度公司占领葡属麻六甲，到1659年葡萄牙人在印度洋沿岸据点几乎全都被荷兰人夺去。荷兰东印度公司垄断了经印度洋到欧洲的贸易，在康熙年间达到高峰。这或许与1652年在南非建立的殖民地密切相关。这时期在南非的荷兰殖民地区大量使用中国景德镇生产的瓷器，考古发现异常丰富，南非地区成为东印度公司船只的主要目的地，只有少部分精美器物绕过好望角，继续运往欧洲。瓷器贸易表现出的特点是，输出的规模大，数量多，产品主要是日用瓷器，但是质量大多比较精美。这种情况可以从南非发现的中国瓷器的情况看出（图32、图33）①。葡萄牙人控制的肯尼亚沿海地区发现的中国瓷器，在康熙时期也再次达到了一个高峰时期，发现的瓷器数量较多，这大约与这一时期总的瓷器输出的大环境相关，表明葡萄牙人在退出环球贸易主体时期，依然从事少量的瓷器贸易活动。

我们比较在肯尼亚发现的康熙时期瓷器与确定是荷兰东印度公司所经营的贸易瓷器，可以看到，蒙巴萨沉船上发现的瓷器在总体面貌上和质量上略逊于荷兰东印度公司经营的那种精美的景德镇产的瓷器。比如在越南发现的康熙二十九年（1690）荷兰东印度公司的头顿沉船中出水的瓷器（图34）②，南非开普敦（Cape Town）桌湾（Table Bay）发掘的同样是康熙三十六年（1697）奥斯特兰号（Oosterland）沉船中出水的瓷器（图35）③，这两条沉船中发现的瓷器种类丰富，且多见瓶、罐、壶类琢器（图36）；而且纹样丰富多样，多人物故事题材。这些

① C. S. Woodward, "Oriental Ceramics at the Cape of Good Hope 1652–1795—An account of the porcelain trade of the Dutch East India Company with particular reference to ceramics with the V. O. C. Monogram, the Cape market, and South African collections", Cape Town, A. A. B A L K E M A, Rotterdam, 1974.

② 广西壮族自治区博物馆等编著:《海上丝绸之路遗珍：越南出水瓷器》，北京：科学出版社2009年版。

③ Jane Klose, "Oriental ceramics retrieved from three Dutch East India Company ships wrecked off the coast of southern Africa: the Oosterland (1697), Bennebroek (1713) and Brederode (1785)", *TOCS* Vol. 64, 1999–2000, pp. 63–81.

图 32　南非出土清康熙青花瓷器

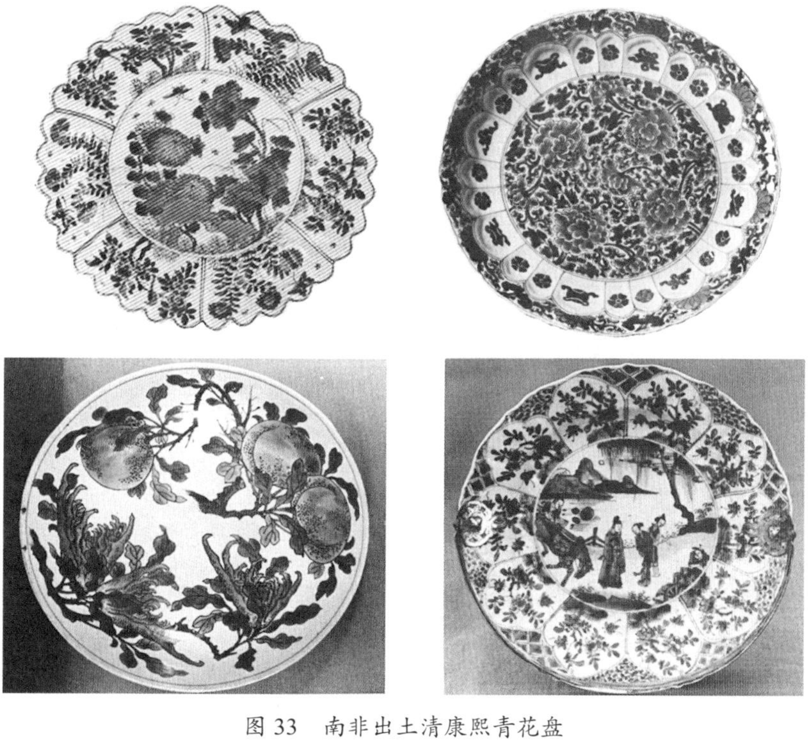

图 33　南非出土清康熙青花盘

图 34 越南头顿沉船出水清康熙青花瓷器

图 35　南非桌湾奥斯特兰号沉船出水青花瓷器

图 36　南非桌湾奥斯特兰号沉船出水青花瓷

瓷器在景德镇的民窑当中亦属于精品瓷器，说明荷兰东印度公司在专门经营的克拉克瓷器于 17 世纪中叶停烧以后[①]，依然控制着景德镇高端瓷器的生产资源，精美的瓷器主要由他们订货或指定生产，并被运往欧洲。相反，如果葡萄牙人在丢失了印度洋航线的贸易主导权之后，依然在进行着小规模的瓷器贸易，也只是以供应他们依然控制的果阿、东非等地的使用为主。并且他们应该是从景德镇的与向荷兰东印度公司供货的作坊不相同的其他作坊中订货，而且是比较普通的景德镇民窑瓷器生产作坊，因此产品的质量和风格都有一些差别。这后面是否存在着不同商团与不同作坊之间的某种比较密切的联系，是我们需要特别关注的。

1698 年（康熙三十七年），葡萄牙人被强大的阿曼苏丹国彻底赶出了东部非洲。东非沿海地区在印度洋上的中转站地位丧失，后来英国、法国、瑞典等国东印度公司所经营的中国到欧洲的大规模海上贸易，在肯尼亚马林迪一带并没有强烈的反应。尽管在肯尼亚还有一些清中期雍正、乾隆时期景德镇瓷器出土（图 37），晚清时期也有一些景德镇瓷器在肯尼亚保存（图 38）[②]，但数量上已经不能与康熙时期同日而语了。

图 37　肯尼亚耶稣堡出土清雍正景德镇窑五彩碗

图 38　肯尼亚耶稣堡出土晚清时期五彩碗

① T. Volker, *Porcelain and the Dutch East Indian Company*, Leiden：E. J. Brill，1954，p. 27.

② 晚清时期在肯尼亚发现的中国瓷器主要是由英国殖民者使用，目前保存在耶稣堡博物馆中的中国瓷器主要是现在还留居在肯尼亚的部分当年的统治者所捐赠，这些人被称为白肯尼亚人（White Kenyan），应主要是英裔人群。而在考古遗址当中，基本不见清中期以后的中国瓷器。

结 语

东非地区是进入大航海时期以后欧洲人开展环球贸易的一个东进基地，尤其是葡萄牙人开展环球贸易的据点。因此对这里发现的中国瓷器进行详细的调查，可以了解殖民时期海上贸易的发展和变化以及一些特点。本文通过对格迪古城和蒙巴萨沉船两个典型考古单位出土的中国瓷器的考察，看到在16世纪的百年当中，葡萄牙人在艰难地开展与东方贸易的过程中，从前半叶以走私贸易和近途贸易为主，发展到后半叶逐渐控制了环印度洋贸易的主导权，开始进入大规模环球贸易模式的过程。也看到在印度洋贸易的主角转变为荷兰人以后，葡萄牙人依然开展小规模贸易的迹象，以及不同商团在16—17世纪景德镇如火如荼发展的民窑生产当中相对固定的供货与订货关系的可能性。

中葡早期贸易与克拉克瓷器装饰风格的起源

曹建文 ①

一、“克拉克瓷器”及其独特的装饰风格

“克拉克瓷器”，英文名为 Kraak porcelain，其名称来源于 16 世纪的葡萄牙货船。当时荷兰人称葡萄牙远航东方的货船为“克拉克”（Kraak），在荷兰语中它是“葡萄牙战舰”的意思。而葡萄牙人称这种船只为“瑙斯”（naos），故澳门人又称克拉克瓷器为“加佬瓷”。日本人则称其为“芙蓉手”。

目前发现“克拉克瓷器”（kraak）一词出现的最早时间是 1639 年。巴达维亚（雅加达旧称）的荷兰东印度公司执行官 1639 年春写给伏特·泽兰迪亚（Fort Zeelandia）的荷兰商人的一封信中说：“……我们想从你们那里得到器型完美、装饰精美的克拉克瓷器。” ② 由于这类青花瓷器大多非常细薄、精致，所以在荷兰语中，“克拉克瓷器”又有精美瓷器和易破损的含义。

对于“克拉克瓷器”，至今人们很难给它下一个精确的、大家都能够接受的定义，目前大多数人能够接受的是：“克拉克”原来只是 16—17 世纪葡萄牙一种贸易商船的名称，由于这种贸易商船当时常常运载中国生产的瓷器销售到欧洲，于是荷兰人及其他欧洲人便把这时期运送到欧洲的中国瓷器统称为“克拉克瓷器”。显然“克拉克瓷器”只是 16—17 世纪销售到欧洲的中国瓷器的一个泛称或代称，其窑口、品种、造型、装饰可能多种多样，各个时期、各个国家人们对它的理解也不一样，因此要给它下一个十分精确的定义几乎不可能。

---

① 曹建文，景德镇陶瓷大学教授。

② Maura Rinaldi, *The History and Classification of Dishes*, Singapore National Museum, Heritage, No.8, 1986.

有关“克拉克瓷器”的内涵和定义虽然非常复杂，争议颇多，但是在如下一点上可以肯定没有任何争议，即景德镇于16—17世纪中叶生产的一类繁密而开光装饰的青花瓷器是典型的“克拉克瓷器”。这类青花瓷器器型以盘为主，此外还有碗、瓶、军持、盒等器类，盘、碗普遍为菱口，其胎体多细薄、坚硬，器壁内外盛行连续的开光装饰，开光内描绘各种植物、动物、人物、山水及吉祥杂宝等主题纹饰，开光外填绘多样的锦地辅助纹饰，整个装饰繁密而层次分明，富有整齐的节奏感，如1980年江西南城县明万历三十一年（1603）益宣王朱翊鈏墓出土的一件青花开光花鸟纹盘（见图1）和1995年澳门圣奥斯定修院遗址出土的万历青花开光花卉纹盘、花鸟纹碗（见图2、图3）。①

图1　青花开光花鸟纹盘　明万历　江西省博物馆藏

由于景德镇生产的这种青花瓷器当时受到世界很多国家王室贵族与普通百姓的广泛喜爱，并成为当时财富、时尚的象征，在世界市场上供不应求，这导致中国的漳州、日本的有田、荷兰的代尔伏特等地窑场先后对景德镇这类青花瓷器进行仿制，而欧洲的葡萄牙、西班牙、荷兰以及西亚和中国等地的贸易商人在这类瓷器的贸易中也获取了巨大利润。

图2　青花开光花卉纹盘　明万历　澳门博物馆藏

图3　青花开光花鸟纹碗　明万历　澳门博物馆藏

① 江西省文物工作队：《江西南城明益宣王朱翊鈏夫妇合葬墓》，《文物》1982年第8期。张柏主编：《中国出土瓷器全集》卷10，北京：科学出版社2008年版，第233、231页。

二、“克拉克瓷器”产生的时间

景德镇生产的克拉克瓷器盛行的时间为明代万历至崇祯时期（1573—1644），这已经为大量的考古资料所证实。但是关于景德镇克拉克瓷器始烧的时间，由于“克拉克瓷器”的内涵和定义争议较大，加之目前还缺乏有力的纪年材料，因此还很难确定。在这里本文关注的是那种装饰繁密而连续开光的“克拉克瓷器”是何时产生的。

目前公布的有纪年的克拉克瓷材料中最早的是1988年江西广昌县盱江镇北门椒坑万历元年（1573）墓出土的一件双鹿纹盘残件。① 但是遗憾的是这一最早的纪年材料还缺乏准确而充分的考古信息。

此外，较早的克拉克瓷材料就是在美国旧金山北部地区加利福尼亚海岸德雷克海湾发现的一些瓷片，其中有些可能是“戈登·海德”（Golden Hinde）号经过此地遗留下来的，其年代估计为1574—1576年。②

虽然目前仍然缺乏可靠的纪年材料，但是不少专家还是相信克拉克瓷的始烧时间应该在早于万历元年的嘉靖（1522—1566）后期。如Maura Rinaldi认为“有一批带嘉靖款识并拥有克拉克瓷装饰风格的盘子，可以充分说明它们是克拉克瓷的前身”，并说“我们可以推定大量外销到欧洲的真正意义上的克拉克瓷器，应该是葡萄牙在1557年在澳门建立贸易基地之后才生产的”。③ 尚罗先生和波顿先生认为：“克拉克瓷盘系列中最早的有边饰带的一款是在嘉靖年间的1550年左右开始的。”④

① 姚澄清等：《试谈江西广昌纪年墓出土的青花瓷盘》，《江西文物》1990年第2期。姚澄清等：《江西明万历外销瓷的新发现——四论江西纪年墓出土的“芙蓉手”》，《古陶瓷科学技术（3）1995年国际讨论会论文集》，上海科学技术文献出版社1997年版，第409-413页。

② Maura Rinaldi，*The History and Classification of Dishes*，Singapore National Museum，Heritage，No.8，1986.

③ Maura Rinaldi，*The History and Classification of Dishes*，Singapore National Museum，Heritage，No.8，1986.

④ Clarence Shanghai and Edward Von der Porten. *Kraak Plate Design Sequence 1550-1655*. Drake Navigators Guild，1997（5）.

葡萄牙里斯本梅德罗斯及阿尔梅达基金会收藏有两件带有葡萄牙徽章与浑天仪纹的青花瓷器，一件是执壶，一件是盘，其定制时间是在正德至嘉靖初期，见图 4、图 5。[①]这两件青花瓷器的葡萄牙徽章与浑天仪纹都装饰在圆圈之中，虽然圆圈装饰也是一种开光形式，但是还不是典型克拉克瓷的开光风格。土耳其托普卡普皇宫博物馆收藏一件马六甲葡萄牙总督“Pero de Faria 1541 年”制造铭文的青花徽章纹碗，也具有同样的圆圈开光装饰风格，[②]而葡萄牙贝雅唐娜奥内尔王后博物馆收藏的一件有“EM TEMPO DE PERO DE FARIR DE 1541 年”葡萄牙铭文的青花人物纹双耳碗其纹饰完全是中国传统的风格。[③]十一年之后的葡萄牙探险家 Jorge Alvarse 于 1552 年定制了一批有纪年铭文的青花瓷瓶，其 7 件传世品

图 4　葡萄牙徽章与浑天仪纹青花执壶　里斯本梅德罗斯及阿尔梅达基金会收藏

图 5　葡萄牙徽章与浑天仪纹青花盘　里斯本梅德罗斯及阿尔梅达基金会收藏

① 卡蒙斯学会及葡萄牙驻北京大使馆:《葡萄牙觅见中国：和睦相处的见证》，2005 年版，第 59、61 页。

② 爱赛、郁秋克主编:《伊斯坦布尔的中国宝藏》，2001 年版，第 77 页。

③ 卡蒙斯学会及葡萄牙驻北京大使馆:《葡萄牙觅见中国：和睦相处的见证》，2005 年版，第 65 页。

目前收藏于伊朗阿德比尔寺等博物馆，[①]而在这些瓷瓶装饰中也没有发现典型的克拉克瓷的开光装饰风格。

广东省台山市的上川岛是嘉靖三十六年（1557）澳门正式开埠之前中葡早期贸易的重要据点，[②]据黄薇、黄清华对上川岛出土瓷器的调查，发现上川岛出土的瓷片很多有正德、嘉靖的明确纪年款识，而且还有正德时期（1506—1521）带有葡萄牙特殊标志的景德镇瓷器，推测其上限为正德九年（1514），下限为嘉靖三十六年（1557）。[③]但是在这些瓷片中尚没有发现典型开光装饰风格的克拉克瓷器。而这种风格的瓷器在澳门却有大量发现。[④]

因此基本上可以说，典型克拉克瓷的开光装饰风格在1552年之前还没有产生，所以我同意 Maura Rinaldi 的观点，真正意义上的具有繁密而连续开光装饰的克拉克瓷器应该是葡萄牙1557年在澳门建立贸易基地之后才生产的。

近年我们在景德镇明代外销瓷窑址调查中也找到了克拉克瓷典型装饰风格萌芽于嘉靖时期的相关材料，如2009年在景德镇老城区中华北路的斗富弄窑址出土的两件青花五彩和釉上五彩开光装饰的外销瓷碗就具有嘉靖时期瓷器的特点，见图6—图9。青花五彩开光菊纹菱口碗外壁以青花花卉为地，并饰有对称的四个圆圈开光的五彩菊花，而碗内壁则以五彩装饰为八个条形的连续开光图案，开光内交替装饰了折枝菊花和锦地纹，这一内外不同的开光装饰形式我认为是克拉克瓷的开光装饰的一种早期形式，反映了典型克拉克瓷器开光装饰的产生过程。

当然如果认为凡是葡萄牙、西班牙、荷兰在明代定制或销售的中国瓷器都是“克拉克瓷器”的话，那么这种“克拉克瓷器”的产生无疑可以推到明代正德时期（1506—1521）了，如肖发标认为：广义的克拉克瓷在明代正德年间已经开始生产。[⑤]

---

① 黄薇、黄清华：《上川岛与十六世纪中葡早期贸易》，香港城市大学中国文化中心陶瓷下西洋研究小组：《陶瓷下西洋——早期中葡贸易中的外销瓷》，香港城市大学2010年版，第63页。

②《利马窦中国札记》第2卷，中华书局1983年版，第128页。

③ 黄薇、黄清华：《上川岛与十六世纪中葡早期贸易》，香港城市大学中国文化中心陶瓷下西洋研究小组：《陶瓷下西洋——早期中葡贸易中的外销瓷》，香港城市大学2010年版。

④ 刘朝晖：《澳门发现的克拉克瓷》，香港城市大学中国文化中心陶瓷下西洋研究小组：《陶瓷下西洋——早期中葡贸易中的外销瓷》，香港城市大学2010年版。

⑤ 肖发标：《克拉克瓷刍议》，《南方文物》2000年第2期，第63页。

图 6　斗富弄窑址出土嘉靖青花五彩开光瓷碗内心纹饰

图 7　斗富弄窑址出土嘉靖青花五彩开光瓷碗外心纹饰

图 8　斗富弄窑址出土嘉靖五彩开光瓷碗内心纹饰

图 9　斗富弄窑址出土嘉靖五彩开光瓷碗外心纹饰

三、“克拉克瓷器”装饰风格的产生与中葡早期贸易

明代后期景德镇克拉克装饰风格瓷器的产生和发展与 15 世纪以后欧洲主导的全球化进程有着密切的关系，而具有濒临大西洋地理优势的葡萄牙、西班牙、荷兰、英国相继承担了这一领导者的角色，而其中对明代后期景德镇克拉克装饰风格瓷器产生具有重要推动和中介作用的是葡萄牙人。

葡萄牙人从 1434 年就开始沿着非洲海岸向南航行，1488 年 Bartolomeu Dias 绕过了好望角，1498 年 Vasco da Gama 绕过好望角抵达印度，1510 年葡萄牙占领印度果阿（Goa），1511 年又进一步占领了马六甲（满剌加），1514 年到达中国广东上川岛，1542 年抵达日本，1557 年葡萄牙人正式获得中国澳门的居住权，至 16 世纪中期葡萄牙建立起了一个从直布罗陀海峡延伸至日本的海上帝国。海上霸权使葡萄牙几乎垄断了 16 世纪中后期亚洲内的贸易和东方货物向中东、欧洲的运输。与此同时，明朝政府于隆庆元年（1567）废除“海禁”，开放澳门和漳州月港的对外贸易。[①]

因此在这一时代背景下，景德镇克拉克装饰风格瓷器的产生必然与 16 世纪的葡萄牙商人有着密切的关系。

16 世纪在葡萄牙人控制的从欧洲至日本的海上贸易区域中欧洲、非洲、西亚、南亚、东南亚、东亚的很多国家或地区都喜欢景德镇生产的这类青花瓷器，这从这些国家或地区都有大量的景德镇的克拉克青花瓷器的收藏或出土而可以证明。那么问题是葡萄牙商人为什么会从中国订烧或选择这样一种繁密而开光装饰的克拉克瓷器呢？ 或者说是谁影响了 16 世纪的葡萄牙商人作出这样的选择呢？现在要找到这样的历史文献记载可能是相当困难的，但是我们可以通过寻找 16 世纪中期之前在葡萄牙人控制的从欧洲至日本的海上贸易区域中哪一个地区的文化既具有那种繁满、开光装饰的图案又非常喜欢青花瓷器而来间接地解决这一问题。

四、“克拉克瓷器”装饰风格与 14 世纪西亚陶器装饰风格的关系

通过考察我们认为只有西亚的伊斯兰地区在 16 世纪中期以前既盛行这种繁满、开光装饰的图案又对中国青花瓷器情有独钟。

其实早在 8 世纪下半叶至 9 世纪 70 年代，由于中国唐朝、东南亚的室利佛逝和西亚的阿拉伯文明的强盛，中国至西亚波斯湾、红海的海上交通得到了很大发展，波斯和大食的商人常常乘阿拉伯船东航抵达中国的海上贸易城市广州和扬州，带来香料、药物、珠宝、珍奇、毛织物等物品，同时从中国买去丝绸、陶瓷、铁器、金银器等物品。[②]从 8 世纪中叶起，中国的青瓷、白瓷及彩瓷经由海道开始大量地外销到东亚、东南亚、西亚乃至东非地区，从而形成了一条独特的

① 黄时鉴主编:《解说插图中西关系史年表》，第六编明代，浙江人民出版社 1994 年版。

② 黄时鉴主编:《解说插图中西关系史年表》，第三编隋唐时期，浙江人民出版社 1994 年版。

海上陶瓷之路。中国唐代长沙窑的褐绿彩瓷和河南巩义黄冶窑的青花瓷主要就是为外销西亚而生产的，而且中国唐青花和唐三彩所用的钴蓝也是通过海上陶瓷之路或陆上丝绸之路从西亚地区输入的。

唐代发展起来的青花技术在中国宋代遭受到了中断。随着蒙古人对中国和欧亚大陆的征服，元代又重新建立起了西亚与中国密切交往的基础，从而重新唤起了西亚伊斯兰世界对中国青花瓷器的需求，并能够把优质的钴蓝料再次运往中国，这促使景德镇窑在元代中后期创造出了以外销西亚为主的成熟青花瓷器。

明朝建立以后，从洪武到嘉靖时期长期实行的是一种严厉的海禁政策，只允许一些关系友好的国家进行官方垄断和控制的“朝贡贸易”。受这一政策的影响，西亚与中国景德镇青花瓷器的民间贸易往来几乎处于停滞的状态。直到明代正德以后，随着葡萄牙海上霸权的建立和与中国关系的发展，这一状况才逐渐得以改变，西亚与中国景德镇青花瓷器的贸易关系通过葡萄牙人的中间桥梁又重新建立了起来。

当然 10 世纪以后直到 15 世纪，青花陶器的制作在西亚一直没有间断，而且具有克拉克瓷器那种繁密而连续开光的装饰风格在 16 世纪中期以前西亚的伊斯兰陶器中已经比较盛行，这类伊斯兰陶器目前在世界很多博物馆都有收藏，如图 10 所示。[①] 只是由于西亚产品的胎釉质量较差，始终无法达到中国青花瓷器的水平。

图 10　伊朗彩绘陶盘　14—15 世纪　Tareq Rajab Museum 藏

16 世纪中叶的葡萄牙人与西亚穆斯林之间为了各自的经济利益既有矛盾又不得不进行密切的贸易往来，因为西亚穆斯林需要通过葡萄牙人才能订购到景德镇的青花瓷器，而葡萄牙商人无疑更愿意做这种利润丰厚、风险又不大的短距离转口贸易，一方面把东南亚的胡椒和香料卖给中国，换取中国的瓷器和丝绸后再转卖给西

① Géza Fehérvári；Tareq Rajab Museum（Kuwait），*Ceramics of the Islanic world in the Tareq Rajab Museum*，I. B. Tauris，2000.

亚等国家的商人。如据 C. R. Boxer 统计：1600 年左右澳门大船从澳门运回果阿大量的瓷器，其利润率高达 100%—200%，其中花瓶、瓷盘在暹罗、印尼销售，精细货运往印度、波斯，上等货运往欧洲。①

总之，装饰繁密而连续开光的克拉克瓷器正是在 16 世纪中叶这一特殊的历史背景下产生的，当时葡萄牙商人在西亚商人与中国商人之间起着一种必不可少的中间桥梁作用。因此可以说推动景德镇克拉克瓷器直接产生的必定是葡萄牙商人，克拉克瓷器就产生于 16 世纪中叶葡萄牙商人、西亚商人与中国商人所进行的贸易过程中。

五、江西墓葬出土的克拉克瓷器

景德镇明后期生产的克拉克瓷器无疑是专门用于外销的，但有意思的是在江西抚州地区的南城、广昌、宜黄、黎川、金溪等县的明万历至崇祯时期的墓葬中多有景德镇生产的克拉克瓷器青花盘出土。②21 世纪以来，随着文物市场的发展，江西抚州地区很多墓葬出土的克拉克瓷盘流入市场，见图 11、图 12，其数量远远超过考古发掘出土的克拉克瓷盘，据粗略估计其数量达 2000 个以上。这些墓葬出土的克拉克瓷有以下三个共同的特点：

（1）都是盘类。

（2）都是残破品，普遍开裂。

（3）墓葬中均置放在死者的头下。

造成这一独特现象的原因我们认为主要有两个：

首先是这一地区的人们具有打破通灵的葬俗观念。由于当时的人们普遍相信人死后人的灵魂不会死去，它会离开人的尸体从头部进入仙境或天堂，而克拉克青花盘上的裂缝正好是人的灵魂通向仙境或天堂的出口，因此在这一地区的人们

① C. R. Boxer, *The Great Ship from Amacon*: *Annals of Macao and the Old Japan Trade*, *1550—1640*. 转引自张廷茂：《明清时期澳门海上贸易史》，澳亚周刊出版有限公司 2004 年版，第 84 页。

② 薛翘、刘劲峰：《江西出土明万历外销青花瓷盘》，《江西历史文物》1985 年第 1 期。姚澄清等：《试谈江西广昌纪年墓出土的青花瓷盘》，《江西文物》1990 年第 2 期。孙敬民：《江西广昌发现明代崇祯纪年墓》，《江西文物》1990 年第 4 期。

图 11　江西抚州南城墓葬出土明万历克拉克瓷器青花盘

图 12　江西抚州南城墓葬出土明万历克拉克瓷器青花盘底

看来，完好无损的瓷盘就完全封堵了灵魂的出口，反而不利于灵魂的转世再生。这样景德镇生产的这种残破的克拉克瓷盘就正好适应了这一地区人们通灵的葬俗观念。毁器或碎物的丧葬习俗自先秦以来在我国的不少地区甚至国外都存在。

其次，江西抚州地区的南城、广昌、宜黄、黎川、金溪在明代后期也是景德镇瓷器外销路线必经的重要地区，而且很可能明代后期南城、广昌一带的人们还直接参与了景德镇瓷器的外销运输，因此他们才能够大量接触到景德镇生产的克拉克瓷器的残次品并把它们运到江西南城、广昌一带销售。

明代江西至东南沿海走私贸易的古道是以鄱阳湖为起点，沿抚河溯水至广昌。在广昌上岸后 ，一路由广昌经石城步运至福建宁化，然后转以小船沿清溪河运抵永安，再自永安步运到漳平，在漳平换大船顺九龙江运至漳州、厦门。另一路由广昌经石城驿前镇步运到小松，再由小松用小船运至大犹坪，在大犹坪上岸，步运至福建长汀。再自长汀以小船沿汀江运抵广东梅县之大埔镇，在大埔转换大船，顺韩江运抵潮州。①

16 世纪中叶至 17 世纪中叶，景德镇瓷器的外销主要是通过中国东南沿海的广州和福建樟州月港等地出口的，其中作为明代长期走私贸易重要港口的福建樟州月港对明代景德镇瓷器的外销来说又更为重要一些。

① 薛翘、刘劲峰：《从赣南出土文物看明清之际景德镇瓷器外销路线的变迁》，《南方文物》1993 年第 3 期。

舶来“古染付”最初的受众和接纳情况

中路のぶ代[1]

绪 言

在日本，“古染付”主要指明末天启年间（1621—1627），由江西景德镇民窑生产，并于同一时期舶来日本的一类青花瓷器。时至今日，我们仍然可以从数量众多的舶来传世品中，窥得一二当时的赏玩趣味。

古染付的传世品可分为以下两大类：一是专门烧造的茶道用具，如水指、花器、香盒、茶碗、火入、向付（亦称变形碟），即“茶器古染付”；二是以碟、碗为主的日常用器，即“常器古染付”[2]。幕府晚期至明治、大正期间，煎茶道后来居上，“古染付煎茶碗”盛极一时，此类小杯也被归入第二类。

本稿旨在探讨舶来古染付最初的受众和接纳情况。

首先是茶器古染付，这类主要是向景德镇民窑订造。有关青花器被茶会所接纳的过程，可在茶会记等文献资料中寻找到线索。同时，还要考虑产生订造这一行为的背景。此外，各地的出土遗物资料也纳入考察范围。对茶会中的受众以及接纳情况的探讨，有助于茶器古染付课题研究的开展，比如对订购形式或订购人的考察。

其次是碟碗类的常器古染付，何人在用，用于何处，从传世品来看，很难把握当初的舶来情况。对这类古染付受众的研究，主要依据日本各地近年来的考古发掘资料。在近世江户大名宅邸遗址，曾出土一批天启崇祯时期的青花瓷器，数量之多，十分罕见。这批瓷器中，与传世古染付一致或近似者甚多。由此可以推

---

① 中路のぶ代：日本帝塚山大学外聘讲师。

② 斋藤菊太郎：《古染付・祥瑞》，《陶瓷大系・第44卷》，平凡社1972年版。

断，当时主要的受众是将军家和武家。有关接纳情况的研究，则着眼于对常器古染付的特质和用途的考察。

另外，与古染付同一时期舶来的还有被称为“天启赤绘”的青花五彩，它们具有与常器古染付、茶器古染付相同的特征，也应当作为重要的考察对象。而崇祯年间（1628—1644）景德镇民窑烧造的一类被称为“祥瑞”① 的青花瓷器，此处则不予展开讨论，因为很难将明末清初的古染付、祥瑞区分开来，而且考虑到舶来的订造瓷主要以茶会用器为主，可以假设其与古染付的受众相同。

一、有关茶器古染付的受众——以文献资料为中心

17 世纪以后，朱印船贸易兴起，多彩的海外陶瓷与丝绸一道被运至日本。自室町时代起，将舶来的东南亚陶瓷器统称为“南蛮物”，主要包括越南烧造的烧缔陶、安南青花、红安南，泰国的宋胡录、半练等。此外，还有向朝鲜半岛订购的高丽茶碗，向中国订购的古染付、祥瑞、吴须、南京赤绘，向交趾等订购的茶会新用具等。从精挑细选出来的茶会用器，到频繁向海外订造的产品，足见其多样性。古染付、祥瑞是最具代表性的两种订购门类。正如赤沼多佳所言，“17 世纪海外舶回的大多数茶陶最初仅流行于武士阶层以及用于交易，之后才普及至茶道界全体”，它们的最初受众是以武家为中心，同时包括寺庙信众以及与朱印船贸易商人进行交易的富商们②。

第一部分以文献资料为中心，考察茶会中使用青花的受众。

1. 茶会中青花受众的情况

从茶道史来看，足利将军家在举办的“书院茶”中使用了珍贵的唐物，但其

① 祥瑞，同古染付一样为景德镇民窑烧造。由滴翠美术馆所藏崇祯八年（1635）青花铭款的茶巾筒推断，祥瑞的烧造年代应在崇祯时期前后。因祥瑞器底多记有“五郎大甫吴祥瑞造”，故名。与古染付相比，祥瑞的胎体更加致密、坚实，为白瓷胎，成型工艺也愈发精巧。青花发色鲜艳，如同紫罗兰色一般，呈少许紫色。纹样以吉祥纹饰为主，杂以“几何纹”和“捻纹”，组成复杂的纹饰，饰满器表。

② 赤沼多佳:《和物与海外陶瓷》,《茶陶之美・第 3 卷》，淡交社 2004 年版。

中有关青花的使用，由永享九年（1437）的《室町殿行幸御饰记》[①]可知，仅涉及到建水（茶道中盛放废水的容器）。此外，众所周知，《君台观左右帐记》中并无青花的记载，由此可以推测青花在书院茶中并不流行。15世纪后半期至16世纪期间，青花器被大量舶来日本，各地战国大名的城馆、居馆遗址以及寺院遗址均有出土，所以青花是在16世纪作为茶会器具被接纳的吗？

15世纪后半期，村田珠光（1423—1502）提倡的“草庵茶”开始渐渐在庶民阶层兴起。天文二十三年（1554）一沤轩宗金编写的《茶具备讨集》[②]“茶瓯”条，记载了当时茶会记中出现的“高丽茶碗”“高中茶碗”和“染付茶碗”。在16世纪后半期天正年间（1573—1592）的茶会记中，开始频繁出现青花茶碗的记述，这一时期被千利休称为草庵茶大成时期。但是仅凭这些记录，很难认定青花是在16世纪被茶会真正接纳。

下文将继续探讨16世纪后半期至17世纪前半期茶会记中的青花记载，考察青花在茶会中的接纳情况以及古染付舶来的经过。

（1）天正年间的青花（《天王寺屋会记》宗及他会记）

青花茶碗开始见载于天正年间初期的《天王寺屋会记》，尽管此时篇幅不多。“染付茶碗”初见于《天王寺屋会记》[③]（宗及他会记）天正三年（1575）五月二十九日不住庵梅雪茶会中。天正元年左右，梅雪成为信长的茶堂，所以天正三年的时间点正对应信长的茶堂时代。

此外，该会记天正四年十二月一日、天正五年九月三日以及九月二十九日，佐久间甚九郎的茶会记有“染付茶碗”，同年十月十八日记有“薄茶染付茶碗”，此碗恐怕就是作为薄茶茶碗使用。佐久间甚九郎为信长的重臣佐久间信盛之子，师从千利休学茶。

该会记天正五年（1577）四月十三日荒木摄津守村重（1535—1586）的茶会也记有“薄茶染付茶碗”。同年十月八日记有“染付茶碗”，同年十二月六日记有“薄茶染付”，值得注意的是，千利休也参加了此次茶会。天正六年二月十七日茶

① 德川美术馆藏，佐藤丰三翻刻，《室町殿行幸御饰记》，《东山御物》史料编所收，根津美术馆、德川美术馆编，1976年版。有关青花记载如下：“水覆染付”（两处）、“下水染付”（两处）、“茶埦染付大”等，上述均指建水，用于室礼的陶瓷器所占比例非常小，并不作为主要器具使用。

② 一沤轩宗金编：《茶具备讨集》，《茶道全集器物篇（四）》，卷15，创元社1937年版。

③《天王寺屋会记》宗及他会记，《茶道古典全集·第7卷》，淡交新社1959年版。

会，再次见到佐久间甚九郎和千利休之名。天正六年二月十六日会记有“薄茶染付茶碗”，天正十一年二月二十日“笼寄青花茶碗，三色入”，天正十三年二月十一日“染付茶碗，三色入”，可以想见天正年间青花是作为薄茶茶碗使用。传世品中最富盛名的当属“荒木高丽”（图1）青花茶碗，现藏于德川美术馆。题函签上写有“荒木摄津守所持”字样，应为村重使用的青花茶碗。茶会记记载的青花茶碗应当跟“荒木高丽”相似。

图1　青花茶碗“荒木高丽”铭　口径13.8cm　高7.0cm　德川美术馆

另，天正九年（1581）十月十九日平里庵茶会中也使用了“染付茶碗”。

（2）两件青花茶碗——“荒木高丽”与“纪三井寺”

荒木高丽的胎体粗糙，器表描绘有唐草纹样，青花发色暗淡，与景德镇窑烧造的青花瓷器明显不同。青花之上的开片，突出了茶碗本身的器型之美，更显空寂风情。它很可能出自中国南部福建省的某一窑口。笔者曾在岛根县富田川河床遗址的出土遗物中见过类似的茶碗残片（图2）。此外，在下限为天正十八年（1590）的东京都八王子城址①②中出土的碗片（图3），与小堀远州（1579—1647）持有的“橘”铭款青花茶碗（图4）类似。可以推断，16世纪后半期除了景德镇窑产品，其他窑口的半瓷胎青花茶碗也一道舶载而来，并渐渐被选为茶

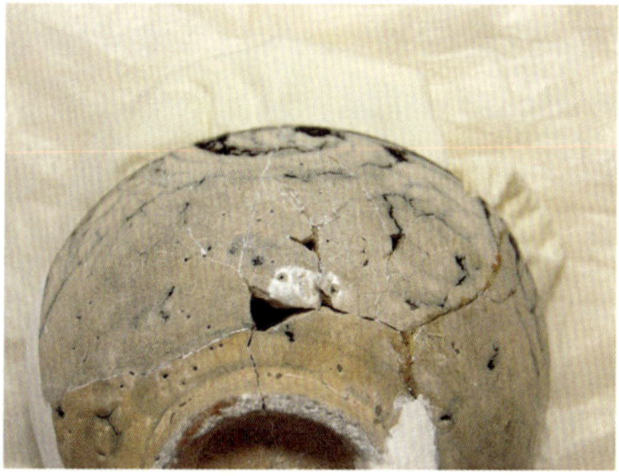

图2　青花碗片　岛根县富田川河床遗址出土　岛根县教育委员会

① 八王子市教育委员会：《八王子城御主殿——八王子城13》，《八王子城迹御主殿发掘调查报告书》，2005年版。

② 刘新园：《景德镇湖田窑考察纪要》，《东洋陶磁》，东洋陶磁学会1985年版。湖田窑为明代景德镇民窑之一，曾出土过云堂手香炉，经鉴定为景泰（1450—1457）、天顺（1457—1564）时期产品。该类型产品应当流行于以景泰天顺时期为中心的明代中后期。

图 3　青花茶碗东京都八王子城址出土　八王子市教育委员会

图 4　青花茶碗“橘”铭　口径 12.8cm　高 8.2cm　出光美术馆

道用碗。

明代初期以后，景德镇窑烧造的青花器中，部分壶和香炉的器身描绘有楼阁、云、人物等纹饰，在日本，依据纹样特征我们将其称为“云堂手”或“云屋台”。香炉大小不一、造型各异，有一类半筒形的香炉，内侧口缘部挂有二三厘米的釉，下部无釉，常被当作茶碗使用。此类型流行于明代中期至后期。此外，楼阁、云层中同时描绘有人物的青花茶碗被称为“纪三井寺”，已知的传世品有两件，为鸿他家①和加贺前田家②（图 5）所有。有关纪三井寺名称的由来，

图 5　青花茶碗“纪三井寺”铭　口径 12.3cm　高 9.3cm

①《大正名器鉴》第九编，雅典书房 1997 年版。高 9.7cm，口径 10cm，器底径 6.4cm，内箱（黑漆）外箱（桐），盖表墨书“染付纪三井寺”，鸿池家传世（万历年间以前入手）。

②《茶道・名碗》，德川美术馆、五岛美术馆 2005 年版。
高 9.3 cm，口径 12.3 cm，器底径 7.8 cm。
内箱，桐，盖表墨书“拜领染付大茶碗”（前田利常笔）。
中箱，桐，盖表墨书“染付御茶碗纪三井寺大猷院样ヨリ微妙院样御拜领箱书付微妙院样”。
外箱，桐。
流传：千利休——德川家康……滝川一益——德川家光——前田利常——前田家。

一直众说纷纭[①]，同时传言存在利休纪三井寺传世品。表千家四代目江岑宗左的笔录《江岑夏书》[②]是研究千家三代茶道的重要资料，但依此书记载，利休并未使用过青花茶碗。然而，时至今日利休传世品说仍然根深蒂固。在利休与纪三井寺的关联性这点上，需要注意的是，长次郎的乐茶碗是按利休的设想烧造的，是当时草庵茶的代表性茶碗，它也是半筒形。

纪三井寺颇有古拙之感，较香炉胎体更厚。彩绘笔触精到，人物轻快灵动。钴料发色浓艳，青花如扎染一般有少许渗出，这类民窑产品素朴十足，即使用在数寄屋（茶室）也毫无违和之感。无论是否为利休所持，我们可以确定的是，在利休生活的天正时期，云堂手香炉就被当作茶碗使用了。

换言之，烧造于中国南部被称为"荒木高丽"的半瓷胎粗青花器，和景德镇民窑烧制的以"纪三井寺"为代表的青花茶碗，在16世纪开始作为草庵茶茶具使用。但是，在天正、元和年间的茶会记中难见青花茶碗记录，多为高丽茶碗、长次郎乐茶碗的赏玩。

2. 17世纪前半期茶会情况——从茶会记来看

（1）小堀远州——大名茶的创立

庆长二十年（1615）古田织部（1543—1615）自刎以后，小堀远州创立符合近世权力诉求的新武家茶道。《大猷院殿御实记》[③]卷17"宽永八年六月十八日"条有谓："将军家光召远州于江户城西之丸茶室中，有瓶花与炉灰"。此外，宽永十三年五月二十一日，远州于品川林中营建御殿和御茶屋，供三代将军家光

① 稻垣休叟：《茶道笙蹄》，《茶道全集器物篇（四）》，卷15，创元社1937年版。
"纪三井寺古染付始于利休用纪三井寺香炉作茶碗"。
草间直方著，永岛福太郎、原田伴彦监修：《茶器名物图汇》，文彩社1976年版。

② 千宗左监修：《江岑宗左茶书》，主妇之友社1998年版。

③《大猷院殿御实纪》卷17，《德川实纪》第2编，经济杂志社1907年版。

出游使用[①]。

在宽永期远州茶会记中，有关锁之间、书院的装饰记述屡屡可见，它们拓宽了茶会空间。为了迎合这些装饰，有必要创烧新茶具，以国烧茶入为首的数种器具因此进入视野。上述变化从传世品来看，一目了然。远州的武家茶继承了利休、织部的草庵茶理念，强调数寄屋、锁之间以及书院的装饰，主张与武家相应的茶道规范，调整茶会器具。综上所述，大名茶创立于宽永期。

远州的茶风“奇丽闲寂”“奇丽风雅”，熊仓功夫认为“奇丽”是当时流行的誉美之词，实际指的是洗练与奢华平衡之下的都市之美。远州奇丽闲寂的一大特征是包含了王朝文化的文学性，青年时代的远州曾师从冷泉为满（1559—1619）与木下长啸子（1569—1649）学习歌道，庆长、宽永年间又担任内里、仙洞御所的营造奉行，与公家、禁里多有交流，所以他的王朝文学造诣很深。远州喜爱的陶瓷器与织部时代相比，造型并无太大变化，但是釉和纹样的装饰性更加丰富。当然，他喜好的陶瓷器也包括了青花。

远州是古染付、祥瑞的订购者。作为可以推断订购者身份的唯一文献资料，《槐记》[②]“享保十四年（1729）二月二十六日”条有谓：“引切饰南京之染付，远州所好，订于大唐……”这条有关古染付或祥瑞的舶来记录因与远州相关，故而十分有名。但该资料距远州生活的时代约有百年，缺乏可靠性。下文将参考德川将军家和远州的茶会记，探讨上层武家社会对青花的接纳情况，以及远州参与订造的可能性。

（2）元和、宽永期德川将军家的茶会

16世纪后半期的天正年间，千利休集草庵茶之大成。草庵茶盛行期间，虽然书院茶仍作为权力的象征存续，但后者慢慢受前者影响，不可避免地出现了改变。例如江户初期的庆长年间，德川二代将军秀忠（1579—1632）时期，将军出行形式中的“数寄屋”内增加茶，这意味着草庵茶被纳入正式仪式中。由数寄屋

---

①《大有宗甫居士茶具置》，小堀宗庆编:《小堀远州茶会记集成》，主妇之友社1996年版。原本（29.4cm×22.5cm，小堀家藏）。

《宗友记》（国立国会图书馆藏，远州流七代宗友政方编）有谓：“一、宽永十三丙子年品川御殿林中可被游御茶之汤者，日光御道中于驿舍被出候，依之茶屋御置合。”因茶会之功，拜领清拙禅师之“平心”墨书（小堀家所藏）。

② 千宗室编:《茶道古典全集·第5卷》，淡交新社1955年版。

茶开始，顺应“数寄屋御成”这一新出行规范的调整，发展出作为礼仪化根基的柳营茶道。从茶会记中可以窥见，在将军家的茶会中，数寄屋茶会已经日常化，但其配套的器具仍在摸索阶段。茶碗这种最能反映茶会形式的器具，也被重视起来。

依据森蕴所藏的远州文书《江户御成御数寄立书》[①]，元和六年（1620）十一月二十一日至二十三日的三日间，将军秀忠在江户城中举办的茶会上使用了青花茶碗（《茶会记》记为“茶碗染付”），小堀远州参与了此次茶会。另，《公方御样茶会记》（庆应大图箒庵所藏）亦有秀忠于元和九年使用“染付纪三井寺”的记录。

《二代三代将军御会记》[②]（国立国会图书馆藏）汇总了元和九年（1623）至宽永九年（1632）将军家的五十次茶会：将军家举办的三十次会（包括未记录器具的三次会）以及将军家招待御三家和其他大名、寺院的二十次会。并非所有器物都被记录，有时会记录参会者。茶会记体裁的文本整理并不困难，茶会上使用的青花器仅有茶碗和香盒两类，且都是使用在数寄屋茶会上。笔者将茶碗与陶瓷香盒的记录整理成表格，以便考察其特点（表 1）。

明确记载了器具种类的将军家茶会共有 19 次，其中有 10 次使用了青花茶碗或青花香盒。青花茶碗皆为“纪三井寺”。茶碗除青花以外，“高丽茶碗割高台”使用较多，特别是在将军家光的茶会上。割高台茶碗是高丽茶碗中非常特殊的一类，原为朝鲜王朝时代民间的儒教祭器，后被当作茶碗使用。在茶会记中，割高台茶碗初载于《宗湛日记》[③] 庆长四年（1599）二月二十九日条毛利辉元（1553—1625）的茶会。毛利辉元于文禄元年至二年期间出战朝鲜半岛，庆长之役中更是出战一岐。需要注意的是，庆长之役于庆长三年十一月结束，这之后使用的割高台茶碗很可能是直接从朝鲜半岛带回的。宽永五年正月十八日条记有“高丽割高台土井利胜献”，此割高台（大松美术馆藏）（图 6）（参照表 1）为柳营御物，原为随文禄之役出征的福岛正则所持，后被土井大炊利胜所得，利胜将其献给二代将军秀忠，随后又被将军赐给土井家，宽文五年土井家再度进献给德川家并流传

① 森蕴：《小堀远州》，创元社 1974 年版。（资料 103）《江户御成御数寄立书》（森蕴所藏）。

② 矢部诚一郎翻刻：《二代三代将军御会记》，《茶道文化学》八号，茶道文化学会 2001 年版。记为二代将军秀忠（台德院）与三代将军家光的自会记和他会记。

③《宗湛日记》，《茶道古典全集 · 第 7 卷》，淡交新社 1959 年版。

表1 『二代三代将軍御会記』

年月日	茶会主	数寄屋で使用された茶碗・陶磁製香合
元和九癸亥年（一六二三）二月二十三日	尾張後阿相卿 台徳院様渡御	茶碗 三嶋暦
寛永四丁卯年（一六二七）二月二十七日	将軍様へ（慶・家光公江）台徳院様御成	茶碗 高麗割高台 藤堂高虎献ス
寛永四丁卯年 三月二日（慶・三日）	駿河大納言忠長卿へ 台徳院様渡御	茶碗 高麗
寛永四丁卯年 五月三日	尾張大納言義直卿へ 台徳院様渡御	茶碗 三嶋暦
寛永四丁卯年 五月十四日	水戸頼房卿へ 台徳院様渡御	茶碗 新
寛永四丁卯年 六月二十五日	西ノ丸山里御数寄屋ニテ 将軍様御茶	茶碗 高麗割高台 藤堂高虎献ス 香合 染付鶴（東・染漬雀）
寛永四丁卯年 九月十三日（十三日から十六日迄続く）	於西御丸 台徳院様（秀忠）御口切	茶碗 高麗 香合 染付 石畳
寛永四丁卯年 六月二十七日（東・徳記載ナシ）	藤堂和泉守高虎へ 台徳院様渡御	茶碗 瀬戸
寛永五戊辰年（一六二八）正月十八日	於西御丸 台徳院様御茶 将軍家光公御成	茶碗 高ラ以割高台 土井利勝献ス
寛永五戊辰年 正月十九日ヨリ二十日迄	西ノ御丸御茶	茶碗 高ラ以割高台 土井利勝献ス
寛永五戊辰年 二月十三日	将軍様御茶 台徳院様渡御	茶碗 高ら以割高台
寛永五戊辰年 三月四日	紀伊頼宣卿へ 台徳院様渡御	茶碗 膳所焼
寛永五戊辰年 三月十三日（徳・十二日）	仙台中納言正卿へ 台徳院様渡御	茶碗 高麗（慶・井戸）
寛永五戊辰年 三月二十二日	台徳院様御茶	茶碗 紀三井寺 香合 三嶋
寛永五戊辰年 四月三日	水戸頼房卿へ 台徳院様渡御	茶碗 新（慶・阿けの井戸）
寛永五戊辰年 六月十一日	尾張義直卿へ 台徳院様渡御	茶碗 暦
寛永五戊辰年 九月十四日	台徳院様御茶 口切 将軍様西ノ丸渡御	茶碗 紀三井寺
寛永五戊辰年 九月二十五日（徳・二十六日）	将軍様御茶 台徳院様御本丸渡御	茶碗 新 香合 青磁（東・青貝）
寛永五戊辰年 十月六日	西ノ御丸ニテ御茶	茶碗 高麗 割高台
寛永六己巳年（一六二九）正月（慶・東二十八日）	将軍様御茶 台徳院様渡御	茶碗 新渡高麗（慶・割高台）
寛永六己巳年 二月十三日	駿河忠長卿へ 台徳院様渡御	茶碗 新渡高麗（慶・割高台 東・新門割高台）
寛永六己巳年 四月八日	西ノ丸ニテ御茶	茶碗 紀三井寺
寛永六己巳年 四月二十九日（東・二十六日）	松平肥前守利常別野へ 上野 将軍様渡御	茶碗 割高台
寛永六己巳年 五月二十三日	駿河忠長卿へ 将軍様御成	茶碗 割高台
寛永六己巳年 八月十日	水戸頼房卿へ 将軍様渡御	茶碗 染付
寛永六己巳年 九月二十一日	将軍様御茶	茶碗 高麗割高台
寛永六己巳年 十月二十日	西ノ御丸山里ニテ台徳院様御茶口切 将軍様御成	茶碗 紀三井寺
寛永六己巳年 十二月二十六日	堀丹後守直寄へ 台徳院様渡御	茶碗 膳所焼
寛永七庚午年（一六三〇）正月二十六日	酒井雅楽頭忠世へ 将軍様御成	茶碗 高麗 割高台
寛永七庚午年 二月二十日	紀伊頼宣卿へ 台徳院様渡御	茶碗 膳所焼
寛永七庚午年 六月十七日	増上寺方丈へ（慶・桑誉了的） 台徳院様渡御	茶碗 膳所焼
寛永七庚午年 四月九日	台徳院様御茶	茶碗 紀三井寺 香合 染付鶴（東・燕）
寛永七庚午年 四月十一日	仙台中納言正宗卿へ 台徳院様渡御	茶碗 高麗
寛永七庚午年 四月二十日（東・徳・十八日）	薩摩中納言家久卿へ 但織部好 三条台目の席	茶碗 三ツ足 割高台
寛永七庚午年 二月（東・二十九日）（慶・東・徳八年）	尾張義直卿へ 台徳院様渡御	茶碗 三嶋

一、翻刻 矢部誠一郎『茶の湯文化学』八号 所収 茶の湯文化学会 二〇〇一

一、当資料は、国立国会図書館所蔵『二代三代将軍御会記 全』（国会本）を底本としている（筆者不明）。そのなかから数寄屋において使用されている茶碗と陶磁製香合のみ抽出して表に纏めた。

一、異本に慶応大学三田メディアセンター所蔵『御会記』（慶大本）がある。題箋に「伏見屋宗振筆」とある。宗振は生没年未詳で、江戸後期の道具商であった。松平不昧の愛顧を受けて『雲州蔵帳』の編集にも当たったと伝える。国会本との相違は少ないが、若干の人名・道具名・日付などで相違するものは、翻刻に従い慶大本を（慶・）として傍書した。

一、本書の原本と考えられる『東武実録』（内閣文庫所蔵史籍叢刊）とは校合されており、翻刻に従い相違を（東・）として傍書し、『徳川実記』（国史体系本）は、多くを『東武実録』に拠るが、本資料と相違があれば（徳・）として同様に記した。

图6　高丽割高台茶碗柳营御物
口径 12.9cm　高 9.8cm　大松美术馆

至今。综上所述，这盏割高台茶碗很可能就是直接从朝鲜半岛带回，具有特殊的价值，在将军家被当作罕见的器物珍而重之。《家纲公茶道御用道具》（今日庵藏）记录了德川家四代将军家纲时期幕府所持名物器具，其中《名物诸道具》“御茶碗”项记载有“割高台织部”“同大炊”“三岛筒”等高丽茶碗，以及“纪三井寺染付”，由此可知，割高台茶碗和“纪三井寺”青花茶碗在将军家茶碗中占据重要位置。此外，出访御三家和大名宅邸时使用的茶碗中，也有提及“高丽割高台”和“染付”。将军家的茶会器具成为武家竞相模仿的对象，从而带动了上层社会的赏玩之风（参照表1）。

将军家数寄屋茶会上并无和物茶碗，而是使用青花茶碗或者高丽割高台茶碗，为了配合数寄屋风格以及彰显将军家格调，与前代足利将军家一样，德川将军家也选用了稀少珍贵的舶来品。自利休时代起，在众多云堂手青花茶碗中挑选出来的“纪三井寺”便被尊为唐物，得到了极高评价。另外，青花的纹饰随着时代的变化而变化。至此，青花才真正被茶会所接纳，拉开新的篇章。古染付、祥瑞也抓住舶来的契机，一跃占据重要位置。

（3）远州的茶会记记载的“染付茶碗”

除将军家以外，茶会记中元和、宽永期使用青花的例子并不少见，如《松屋会记》[①] 所记：

> 元和八年十二月四日书青花茶碗郡山奥平金弥（松平忠明的家臣）
> 元和九年十一月四日朝青花茶碗郡山松平下总守（忠明）
> 宽永九年九月九日晚青花轮高台藤堂大学
> 宽永十年卯月二十一日朝青花轮香台松平下总守

①《松屋会记》,《茶道古典全集·第9卷》，淡交新社 1962 年版。

上述均为茶碗，从该记述中我们无法得知青花茶碗的具体种类，但我们可以在松屋九重的拜见记中找到宽永九年藤堂大学茶会的相关记录。“青花轮高台”的器底作轮状，描绘松纹，内侧未挂釉。综合考虑，宽永年间茶会记中记载的青花茶碗应当不是云堂手。而且，茶会主人都是与远州关系亲近的幕阁重臣。

远州本人使用青花茶碗的情况又是如何呢？他一生举办的茶会约有 400 回。近年，小堀宗庆将现存的远州茶会记以编年体的形式编集刊行，《小堀远州茶会记集成》一书同时收录了小堀家所藏茶会记的翻刻，是重要的参考资料。熊仓功夫在《小堀远州的茶会记》[①]一文中就上述问题进行了探讨。

远州茶会记中，“染付”相关的记载很多，但其他种类几乎没有。首先，将《远州茶会记集成》提及的青花器归纳整理，制成表格（表 2）。其中，青花茶碗最多，推测以“云堂手”为主。相较而言，宽永初期茶会的可靠性较高，可见于最早活字化的《小堀远州茶之置合之留》[②]。该茶会记记录了宽永二年或三年的 8 月 26 日至 9 月 23 日期间，在伏见举办的 24 回茶会。“染付茶碗”初见于 9 月 5 日晚茶会，随后的 10 次茶会亦记有“茶碗染付”“染付茶碗”等。由此可见，在远州宽永二年或三年的茶会上，青花茶碗的使用频率非常高。通读远州茶会记，青花茶碗的名称记法多样：“染付茶碗”“茶碗染付”“赤绘之染付茶碗”“茶碗云之染付”“茶碗染付红筋”“茶碗蜘蛛之染付”“云之染付茶碗”“茶碗萌黄染付”等等。很难将它们认为是不同种类的茶碗，很可能只是同一茶碗的不同表述方式。

《远州玉岁元帐》[③]记有“七岁茶碗‘染付茶垸’御书付染付云屋钵内土见”，以及两只“染付草花花碗”。前者“染付云屋钵，内土见”当为云台手茶碗。后者按图示，为半筒形茶碗，口缘部和器体一面分别绘有雷纹和草花唐草纹，俗称“云草手”。

① 熊仓功夫：《小堀远州的茶会记》；小堀宗庆编：《小堀远州茶会记集成》，主妇之友社 1996 年版。熊仓功夫指出，专门记述远州或远州周边人的茶会记极少，该编集以远州的时代距今不太远为由，将几组茶会记编为一册，归纳汇总。研读远州茶会记的众人多是出于对器具装饰的喜爱，至于茶会哪年举办，兴趣不大。因此，虽然相关年份缺乏可靠性，但是作为研究参会者所用器具的资料毫无问题，以下主要考察茶会记记载的器具。

②《宽永初之日记小堀远州茶之置合之留》，《茶道全集・茶人篇（三）・第 11 卷》，创元社 1937 年版。

③ 千宗室编：《茶道古典全集・第 12 卷》，淡交新社 1962 年版。满冈忠成、小田荣作校订的《远州御岁元帐》以小堀远州流宗家的现存本为底本，同小田家藏本进行校对。

表2 遠州の茶会記記載の染付の器

染付茶碗	染付香合	染付香炉・水指・建水・文房具	会席の染付器
そ免付茶碗	牛の香箱	染付香炉	染付耳有鉢（会席 香物）
茶碗染付	青地牛之香箱	染付すかし大香炉	染付四方鉢（会席 ミづくりと梨子）
染付茶碗	香箱染付ナツメノナリ	染付丸キ香炉	八角染付皿（会席の項）
そめ付ノ茶わん	香合 染付	染付つは香炉	染付いひつなり耳鉢（会席 香物）
茶碗 くもの染付	香箱 染付	染うすノ香炉	赤染付大茶わん（会席 せりやき）
茶わん 蛛ノ染付	染付木鳥ノ紋香合	染付丸香炉（鎖之間 西之違棚）	染付へうたん（会席 こかし入）
茶碗 蛛ノ染付	木鳥ノ紋香合		染付四角鉢古キ物（会席 菓子水栗七ツ）
雲ノ染付茶わん	木鳥ノ紋香箱	水指 染付	染付四方皿（会席 なます）
茶碗 萌黄 染付	菊の染付香合	染付ノ水指	染付皿（会席 むし竹）
茶碗 雲ノ染付	染付香合	水さし 染付	染付四方鉢（会席 ミつくり）
染付口へに茶碗	染付菱ノ香合	染付ノ水さし	六角染付皿（会席 ミつあへ）
茶碗 染付 くれない筋	蝶ノ香合	水さし 染付 丸し	縄耳染付鉢（会席 香物）
赤絵の染付茶碗	染付クハラ香合		染付鉢（会席 瓜もみ）
茶碗口べに	赤絵 クハラ香合也	こほし 染付	茶入 染付網ニ入
内ハゲのある染付	染付藤実香合	こほし物 染つけ うは口	耳付染付鉢（会席 香物）
	香合 染付 鱗方（形）也	海付 うは口の水翻	染付徳利
	ウシ香合	水翻 染付 うは口	桃の染付鉢ニ入（会席 香物）
			茶菓子 染付縁高
		硯屏 染付（鎖之間書院飾り）	染付鉢（会席 香物）
		水入 染付（鎖之間 書院飾り）	染付四方鉢（会席 香物）
			染付塗（会席 いとめにこのわた）
			ふた染付 白菊皿（会席 九年母みそ）
			染付皿（会席 かき鯛）
			染付筋鉢（会席 香物）
			染付四方皿（会席 このわた）
			染付皿（会席 鳥なます）
			赤絵染付鉢（会席 肴 セリ焼）
			染付ふとう皿（会席 なし物）
			縄耳付 染付鉢
			染付皿（会席 骨抜鮒鮨）

一、小堀宗慶編『小堀遠州茶会記集成』主婦の友社 一九九六
一、遠州の茶会記全てが所載されているが、編年体に編集されているため、年月日は表記せず、茶会記記載の染付の器のみ抽出して表に纏めた。

《远州藏帐》[1] 记有“七岁染付茶碗甫公笔”，以及前文提及的“橘染付茶碗甫公笔”。有关后者，《大正名器鉴》记为“橘染付中兴名物”，收入远州箱中后，盒盖表面写有“橘染付茶垸”（图 4）。碗身描绘有花纹样（橘），布满开片，圈足露胎。瓷胎为茶色，应该施有化妆土。钴料发色偏黑，很可能出自中国南部广东省或福建省窑口。外箱有松平不昧的题函签“吴州橘茶垸”，当为幕府末期吴州手茶碗。由小堀远州传入细川越中守手中，又经松平左近将监乘邑、堀田相模守、酒井雅乐头，最后宽政年间左右，由松平不昧费金百两购得，用于文化年间的茶会。

《大正名器鉴》提及的另外两只有远州题函签的青花茶碗，一只为带有“面影”铭款的云堂手茶碗，记为中兴名物，内箱、外箱均有远州的墨书。远州之后为土屋相模守所有，宽政时期由松平不昧收入囊中。另一只为带有“松竹梅”铭款的青花茶碗，原为半筒形香炉，口缘部、器身分别描绘有雷纹和松竹梅纹。黑色中箱上远州用金粉写有“染付茶垸松竹梅”字样。此外，《远州遗物帐》[2] 茶碗项有“染付”“云纹染付”等记载。

综上所述，远州拥有各式各样的青花茶碗，有景德镇窑烧造的云堂手茶碗，也有推测为中国南部窑口烧造的青花茶碗。它们传至后世，都得到了高度评价。另外，记述为“染付茶碗”的器物中不排除有祥瑞茶碗的存在。

在加贺藩，藩主三代前田利常（1593—1658）和其子光高（1615—1645）最先推行茶会，他们与远州交流甚密。《加贺前田家表御纳户御道具目录帐》[3] 中有关茶会上使用青花茶碗的记载有 12 处，利常所持的青花茶碗不在少数，应该是受远州的茶风影响。

（4）茶会记记载的“染付香盒”

再次回到《二代三代将军御会记》，宽永四年记有“香盒染付鹤（东・染渍雀）”“香盒染付石畳”，宽永七年记有“香盒染付鹤（东・燕）”。从茶会的年月日推断，“染渍雀（东）”和“香盒染付石畳”可能是指古染付香盒，能找出相似的器物。另外，从使用年月日来看，“染渍雀（东・燕）”有可能是指祥瑞香盒。

① 小田荣作编纂：《茶道古美术——藏帐集成・上卷》，国书刊行会 1977 年版。
② 桥本博：《茶道古典集成》，大学堂书店 1933 年版。
③ 饭田瑞穗校阅：《加贺前田家表御纳户御道具目录帐》，《茶道古美术——藏帐集成・下卷》，国书刊行会 1978 年版。

这些香盒被称为“形物香盒”，指使用模型制作多件相同外观、相同尺寸的作品（亦被称作“型物”）。古染付、祥瑞的种类繁多，传世品亦不少，一直赏玩至今。最早很可能是将军家订造，船舶而回后得以使用。

与青花茶碗一样，远州茶会记也多次提及青花香盒。在前文提及的《小堀远州茶之置合之留》中，记有“牛之香箱”和“青地牛之香箱”。此外，《远州茶之留》《远州道具置合》[①] 作为研究远州茶会记的基本史料，记录了自宽永三年 10 月 15 日朝之会起，至正保元年期间的 96 次茶会。青花香盒初见于宽永三年 10 月 15 日朝之会。同年 11 月 15 日朝之会记有“香盒染付”，11 月 21 日朝之会亦有“香箱染付”。宽永四年以后的宽永年间，“染付木鸟香盒”“染付菱香盒”“蝶香盒”等青花香盒的记载增多。“染付木鸟香盒”可以比照古染付“叭叭鸟纹香盒”（图 7），“染付菱香盒”比照古染付“菱形香盒”，“蝶香盒”比照古染付“庄子”（图 8）。

图 7　古染付叭叭鸟径纹香盒　5.4cm × 6.5cm　高 3.3cm

图 8　古染付庄子香盒径　6.2cm × 6.6cm　高 3.4cm　静嘉堂文库美术馆

远州曾寄题为“牛之染付香箱之事”的书信[②]给冷泉为赖（1592—1627）。小堀宗庆根据为赖的卒年推测，此信当写于宽永二年或宽永三年末。为赖希望得到青花香盒，但香盒的所有人不愿出让，于是只好献上远州持有的香盒。从远州在信中自赞其香盒为“类无之物”可知，当时就已经存在能够对比评价的青花牛香盒了，且都十分珍贵。古染付形物

① 《远州茶之留》《远州道具置合》与《诸家会席记》均收录于《茶道丛书》（国立国会图书馆）。《诸家会席记》为今泉雄作寄赠的写本，大本一册五十三张。书中存在年次错乱，同两茶会记相比，若干内容存在差异，且有难以理解之处。但是宽永初期的记录同《大有宗甫居士茶具置合》（小堀家藏）一致，又依据将军家茶会记表明的青花香盒时期，综合考虑后采纳。

② 小堀宗庆：《小堀远州的书信》，东京堂 2002 年版，第 67 页。

香盒中，牛图案一类可分为“引舍牛香盒”“张甲牛香盒”“樱牛香盒”“菱牛香盒”“水牛香盒”（图 9）等等，前文记载的牛香盒可能即在其中。

青花香盒的记载在别的茶会记中一直难寻，直到宽永初期阶段开始出现，种类也逐渐增加，且常常一器多用，这与将军家使用青花香盒的时期吻合。

图 9　古染付水牛香盒径　5.3cm × 5.3cm　高 3.5cm

《小堀远州茶汤日记次第不同》[①]（小堀家所藏）中亦有“染付挂络香盒”“赤绘挂络香盒”记载。安政二年版（1855）《形物香盒相扑》[②] 中记有“西五段目二十一位染付驿路”。依据小田荣一《形物香盒》[③] 的解说，“别名挂络，（中略）有花草中绘蝶、绘竹者”。挂络指挂于僧侣袈裟之上的象牙圆环，模仿其造型的青花、赤绘香盒，在远州时代被舶至日本。

除远州的茶会记外，由《松屋会记》（表 3）可知，松平下总守继青花茶碗之后在茶会上又使用了青花香盒，此外，大文字屋宗味亦拥有推测为新舶来的青花香盒，这表明青花香盒已经在一部分城市居民中普及开来。虽然细川三斋一直对远州的茶会持批判态度，但他也认为，由宽永十七年茶会来看，古染付、祥瑞香盒的价值在当时便已经得到了承认。

① 熊仓功夫：《小堀远州的茶会记》，此会记的特征是，会记的详略差别甚大，详细者会包含聚会宴席的记事。因为远州的宴会情况仅见于松屋的记录，所以此会记中 14 回宴会记录弥足珍贵。

② 江户末期，安政二年版（1855）《形物香盒相扑》一书中，著者模仿相扑排行榜，对唐物陶瓷香盒进行点评。其中，青花香盒（属于古染付形物香盒）所记最多，另有青花 84 件、祥瑞 29 件和吴须 18 件。以“辻堂”为首，又记有“叭叭鸟”“庄子”“引舍牛”“桔梗”“张甲牛”“水牛”等。幕府末期古染付、祥瑞香盒的种类繁多，值得深入研究。

③ 小田荣一：《形物香盒》，淡交社 1961 年版。

表3 『松屋会記』記載の染付の器

年月日	染付の器	備考	茶会主催者（①）と参会者（②）
天正十一年二月二十八日（一五八三）	ハウノサキ（建水）、ソメツケ會アリ	久政茶会記	①眉間寺（ミケン寺、聖武天皇御陵の西、その護持の寺）②宗治、宗具、久政三人
慶長十三年二月二十五日朝（一六〇八）	ソメ付鉢（会席 菓子一種）	久重茶会記	①千宗旦 ②久重壹人
元和八年十二月四日昼（一六二二）	ソメ付茶ワン	久好茶会記	①郡山奥平金弥（松平忠明の家臣）②中坊左近、中沼左京、別所宮内卿、辻七右衛門、久好五人
元和九年十一月四日朝（一六二三）	ソメツケ茶ワン	久好茶会記	①郡山松平下総守（忠明）②仝
寛永六年十一月十一日朝（一六二九）	染付茶碗（色々、クリ、セリ、シャウカ）	久重茶会記（以下同会記）	①京都頂妙寺孝順 ②辻七右衛門、福庵、理兵衛、久重四人
寛永八年正月八日（一六三一）	染付四方香入 染付長キサラ（会席 コノワタ） 染付皿ニ（会席 ナマス）		①松平下総守 於郡山御城 ②中坊左近、中沼左京、別所内膳、久重、辻七郎右衛門、大蔵源右衛門六人
寛永八年十月三十日朝（一六三一）	香入 染付ノ長キノ身ハ八角、フタハ丸シ 染付小皿ニ（会席 ユヤキ）		①京都大文字屋宗味 ②辻七右衛門、医者以策、水口五郎右衛門、横田五兵衛、久重五人
寛永九年九月九日晩（一六三二）	茶碗 染付ワカウタイ（輪高台）	一段大キ也、文ニ松ノヤウナル物一本ミユル、ノコリハ何共ワケミエス、内ニ薬カ、ラス	①藤堂大学 勢劦ノ津御城ニテ御茶湯 ②嶋主殿介、京三宅奇斎、京 丹斎、久重四人
寛永十年卯月二十一日朝（一六三三）	染付茶碗、輪香臺		①松平下総守 郡山御城ニテ ②中坊左京、道也、久重三人
寛永十二年卯月七日朝（一六三五）	染付皿ヒシ（会席）		①京都榎並十左衛門 ②辻七右衛門、守顯、水口五郎右衛門、久重四人
寛永十五年正月二十八日朝（一六三八）	染付茶ワン（会席） 染付鉢ニ水クリ（会席）		①京都金森宗和（御所八幡町）②中沼左京、別所内膳、伊藤式部、久重四人
寛永十七年二月二十四日朝（一六四〇）	アケクワン キリコナリノ香入、染付ノ 染付大皿ニ（会席）		①片桐石見守（片桐石州）②見性院、金蔵院、地蔵院、四聖坊、久重五人
寛永十七年卯月十七日朝（一六四〇）	染付菱ノ香入 染付水ツキ		①細川三斎 ②辻閑斎・久重
正保三年五月二十八日朝（一六四六）	染付茶碗		①小堀遠江守 於伏見 ②多賀左近、中沼左京
正保四年卯月三日（一六四七）	染付サラニ カイツケ（会席）		①織田左衛門佐（大和戒重藩主）

一、「松屋会記」『茶道古典全集 第九巻』所収 淡交新社 一九六二

一、『松屋会記』記載の染付の器を、年月日、茶会主催者、茶会参会者とともに表に纏めた。

（5）茶会记中所见青花宴会用器的记录

有关远州茶会的宴会用器，藤村庸轩《正保二年十月二十一日朝小堀远江殿御茶被下候留书》[①] 的记载十分详细，且可信度高。书中可见“八角染付皿”“染付耳钵”“赤染付大茶碗”“染付四角钵古物”等记述。“染付四角钵古物”很可能是指嘉靖万历时期的钵，“古物”一词是为了与同时期使用的其他器物区别开来，即其他的应为新舶来的青花器。“八角染付皿”“染付耳钵”则使人想起古染付的碟、手钵。

此外，表2远州茶会记记载的宴会用器中，“六角染付皿”“绳耳染付钵”“桃之染付钵”“染付筋钵”等推定为古染付、祥瑞。

《松屋会记》亦记载了宴会用器（表3），“染付钵”很可能是千宗旦使用的宴会器。

古染付、祥瑞的传世品中，食器种类甚多，想必青花在宴会上的使用已经十分广泛。

二、遗址出土的古染付

30年前，古染付的出土案例仅两例，祥瑞一例[②]。

近年来，随着考古发掘的迅速发展，古染付、祥瑞在全国各地多有出土。特别是在长崎，它作为江户时代前期的贸易口岸，以前就多见古染付、祥瑞的出土文物。随着东京都的都市再开发，对近世江户遗址进行了大规模的调查发掘。以江户时代的大名家宅邸为中心，出土了大量景德镇窑烧造的带有天启崇祯时期样式的青花瓷碟、瓷碗，它们与万历时期的样式迥然不同。若其中存在与古染付、祥瑞传世品一致的出土遗物，那么就能帮我们明确把握古染付在当时的接纳情况。现在的古染付、祥瑞出土研究，多侧重于江户大名宅邸的发掘结果，即以江户遗址为中心。

①《茶道全集·茶人篇（一）》第5卷，创元社1936年版。

② 矢部良明:《东洋染付4·古染付与祥瑞》,《古美术》第70号，三彩新设1984年版。他列举了两例：一为“染付山水文玉章形皿”，出土于奈良兴福寺一乘院遗址，该院烧毁于宽永九年（1642）；另一为“染付山水文小皿”，出土于小田原市的小田原城址。

参与东京大学本乡构内加贺藩前田家宅邸遗址发掘调查的铃木裕子[①]指出，因为调查报告书中并无对古染付、祥瑞的明确定义，所以按古染付“瓷胎粗糙，器壁厚，口缘部釉彩剥落，有虫眼纹”，将古染付和古染付手的相关遗物抽取出来。2013年，近世贸易陶瓷器调查研究队的成果报告书《近世都市江户的贸易陶瓷》[②]出版，此书由堀内秀树监修，基本网罗了近世江户遗址出土的贸易陶瓷。参考此资料，我们将古染付抽取出来进一步研究。需要说明的是，堀内秀树将与古染付传世品一致或类似的，都归入古染付一类，其他则归入明末清初一类。

显然，我们无法将出土古染付的遗址在此一一列举，只能关注重要遗址的出土情况。因为篇幅有限，文中仅列出与传世品一致或类似的古染付。

茶器古染付、常器古染付的出土遗址和遗物

1. 东京大学本乡构内遗址（加贺藩前田家宅邸）

东京大学本乡构内的遗址基本包含了加贺藩前田家江户公馆的全部土地，1616年获赐时为别院，天和二年（1682）火灾后改为公馆。

2016年刚出版的报告书中提及的医学部附属病院入院栋A地点，原为加贺藩别院时代的御殿部分[③]。相较而言，该遗址古染付出土较多，以祥瑞为代表的崇祯期瓷器出土较少。引人注目的是，此处出土了许多与传世品一致的古染付。在SU-2245，发现有“天启赤绘鸡形向付”（图10）、折沿五寸“古染

图10　天启赤绘鸡形向付残片
东京大学本乡构内遗址出土

① 东京大学埋藏文化调查室：《山上会馆・御殿下地点的调查第1分册——山上会馆地点的调查》，《东京大学埋藏文化财调查室发掘调查报告书4》，1990，第147页。

② 堀内秀树监修，近世贸易陶瓷器调查研究队：《近世都市江户的贸易陶瓷资料集（1）以及刊登资料一览》，《近世都市江户的贸易陶瓷发表要旨》，日本贸易陶瓷研究会2013年版。

③ 东京大学埋藏文化调查室：《东京大学本乡构内遗址——医学部附属病院入院栋A地点报告编》，（第1、3、4分册），《东京大学埋藏文化财调查室发掘报告书13》，2016。

付棕榈文皿”、绵半野原收藏中也有的圆形七寸“古染付童子游戏图皿”（图 11），这些古染付型物向付（变形皿）均有三个圆柱状足丁，此外，亦发现了器底写有“天启年制”铭款的天启赤绘折沿七寸碟（图 12）。在 SB-2457，出土了带有三个圆柱状足丁的“釉里红桃形向付”残片（图 13）。在 SD-1747 出土的鸟纹筒形碗残片（图 14）与“古染付叭叭鸟纹火入”一致（图 15）。古染付叭叭鸟纹的火入传世较少，出土更是罕见。

图 11　古染付童子游戏图碟残片　东京大学本乡构内遗址出土

图 12　天启赤绘折沿碟残片　东京大学本乡构内遗址出土

图 13　釉里红桃形向付残片　东京大学本乡构内遗址出土

图 14　鸟纹筒形碗残片　东京大学本乡构内遗址出土

图 15　古染付叭叭鸟纹火入　口径 12.0cm × 11.0cm　高 9.8cm

出土遗物的年代为1620年至1630年期间，在基本不含肥前瓷器的地层E上面，发现写有“天启年制”铭款的天启赤绘折沿七寸碟（图16）、折沿五寸碟“古染付松纹碟残片”（图17）、“古染付八角碟残片”（图18），圆形五寸碟“古染付桃纹碟残片”（图19）等，它们口缘部的釉彩均有剥落。

图16　天启赤绘折沿碟残片　东京大学本乡构内遗址出土

图17　古染付松纹碟残片　东京大学本乡构内遗址出土

图18　古染付八角碟残片　东京大学本乡构内遗址出土

图19　古染付桃纹碟残片　东京大学本乡构内遗址出土

（东京大学本乡构内遗址出土遗物藏于东京大学埋藏文化财调查室）

在山上会馆（藩邸的庭院遗址），发现有“葡萄架八角水指”（图20）的残片（图21），前者为古染付形物水指，乃是传世品中的名品。同时还发现明末清初时期烧造的碟、钵，其中七寸的“古染付更纱文锷皿”与传世品一致[①]。

① 东京大学埋藏文化调查室:《山上会馆 · 御殿下地点的调查第1分册——御殿下纪念馆地点的调查》,《东京大学埋藏文化财调查室发掘报告书4》，1990。

图 20　古染付葡萄架八角水指
高　18.1cm　根津美术馆

图 21　古染付葡萄架八角水指残片
东京大学本乡构内遗址出土　东京大学埋藏文化财调查室

图 22　古染付鱼藻纹洲浜形向付残片
东京大学本乡构内遗址出土

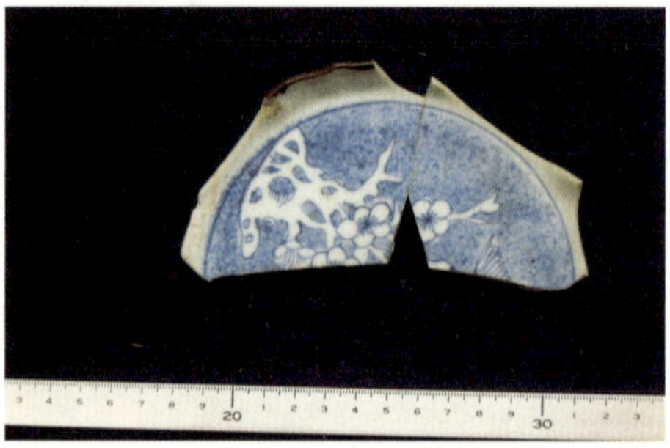

图 23　古染付吹墨莺宿梅纹花碟残片
东京大学本乡构内遗址出土

在御殿下纪念馆遗址，出土有残存一圆柱状足丁的古染付向付碎片（图22），此片与传世品“古染付鱼藻纹洲浜形向付残片”（石洞美术馆藏 · 图95）一致。作为茶会器具的祥瑞出土案例极少，但在御殿下纪念馆遗址，发现有“五良大甫吴祥瑞造”铭款的宴会用盖碗（包含盖的一部分）的碎片，能够确认铭款者，全国仅此一例。同样的器物藏于畠山纪念馆。该遗址亦发现同传世品“古染付吹墨莺宿梅纹花碟残片”一致的碟残片（图23），吹墨最早为伊万里引入，极受日本人喜爱。此外，碟心描绘人物图案，周边绘有锯齿纹的中号碟（图24）亦有出土，锯齿纹在古染付其他器型中十分常见。一部分常器古染付底部书“天启年制”，铭款围以双重圆圈，样本碎片此地亦有出土（图25）。在御殿下纪念馆遗址，考古人员

图 24　古染付山水人物纹碟残片　东京大学本乡构内遗址出土

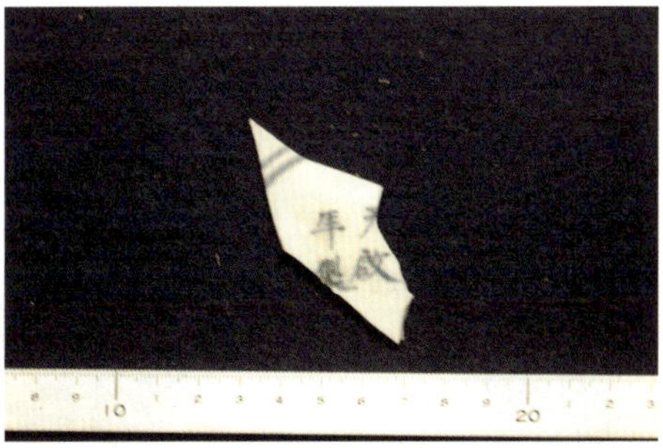

图 25　天启年制铭款碎片　东京大学本乡构内遗址出土

（东京大学本乡构内遗址出土遗物藏于东京大学埋藏文化财调查室）

还发现了描绘有山水纹、人物纹、鸟纹、动物纹的折沿中号碟[①]。

2. 汐留遗址

汐留遗址[②]包含保科家、胁坂家、伊达家的江户宅邸遗址，同东京大学本乡构内遗址一样，此处出土较多天启崇祯时期景德镇烧造的瓷器。

保科家宅邸遗址出土有芙蓉手碟一类，以及“天启赤绘梅树纹笔筒”的残片（图 26），类似的笔筒可见于大阪市立东洋陶磁美术馆（图 27）。除纲目纹碟

图 26　天启赤绘梅树纹笔筒残片　汐留遗址保科家江户宅邸遗址出土　东京都埋藏文化财中心

图 27　天启赤绘梅树纹笔筒　高 13.8cm　大阪市立东洋陶磁美术馆

①《山上会馆・御殿下地点的调查第 2 分册——御殿下纪念馆地点的调查》。

② 东京都埋藏文化中心:《汐留遗迹 I（第 1 分册）——旧汐留货物驿迹地内的调查》，1997。

（“大明成化年制”铭）（图 28）和云鹤纹碟（“成化年制”铭）（图 29）等绘有常见主题纹饰的古染付外，还有同传世品一致的“古染付石蹴唐子文中皿”（“大明成化年制”铭）[①]。

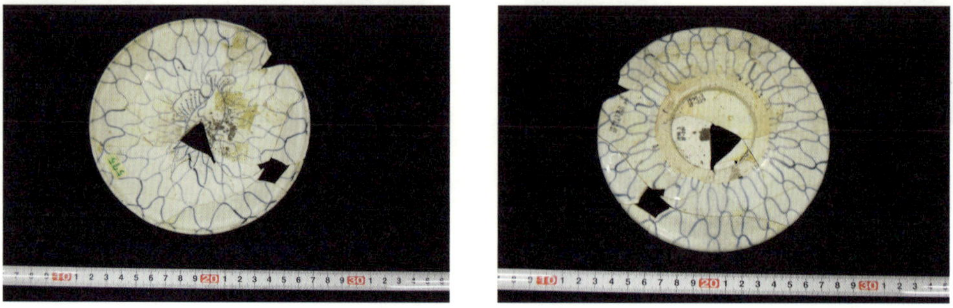

图 28　古染付网目纹碟残片　汐留遗址保科家江户宅邸遗址出土

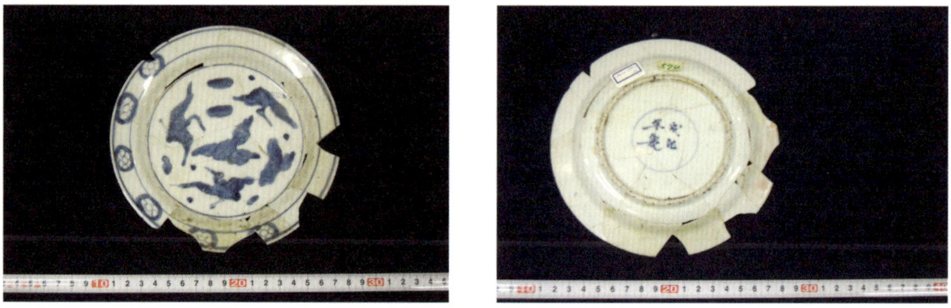

图 29　古染付云鹤纹碟残片　汐留遗址保科家江户宅邸遗址出土

相较而言，胁坂家宅邸遗址出土较多的是漳州窑系的青花瓷器，特别是古染付兔纹碟一类[②]。

伊达家宅邸遗址的出土遗物多为中国瓷器，有同传世古染付碟近似者，有口缘部施以铁釉的祥瑞花口碟和型物碟，有小壶、有弦纹小瓶，还有“祥瑞瓢形德利”碎片，古染付中有巴纹碟（图 30）、兔纹碟、八卦纹碟（“福”铭），以及两个口沿绘有一圈三瓣葵纹，碟心绘有寿星与贤者的青花碟，二者胎土致密，呈灰

① 东京都埋藏文化中心：《汐留遗迹 IV（第 5 分册）——旧汐留货物驿迹地内的调查》，《东京都埋藏文化财中心发掘调查报告 · 第 189 集》，2006。

② 东京都埋藏文化中心：《汐留遗迹 I（第 3 分册）——旧汐留货物驿迹地内的调查》，1997。

白色（图 31），与传世品近似[①]。在伊达家的领地——仙台城本丸遗址中，亦出土了多种订造的古染付向付，下文将对此进行详述。

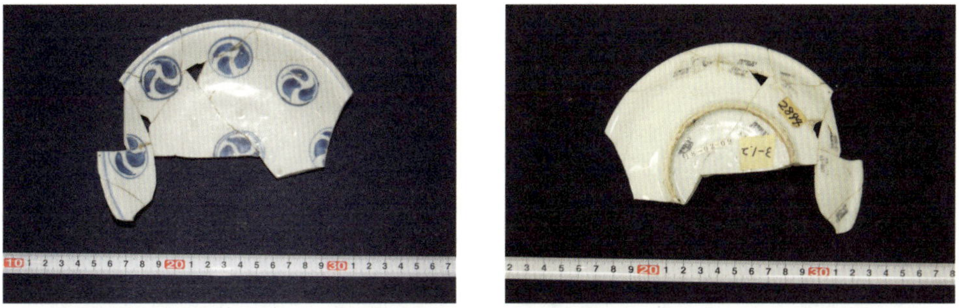

图 30　古染付巴纹碟残片　汐留遗址伊达家江户宅邸遗址出土

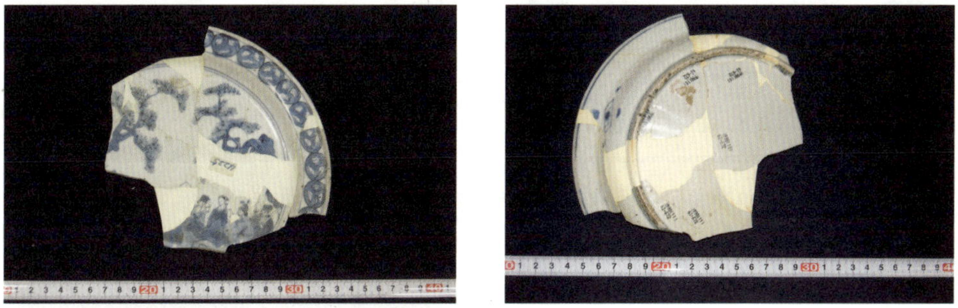

图 31　古染付寿星纹碟残片　汐留遗址伊达家江户宅邸遗址出土

（汐留遗址出土遗物藏于东京都埋藏文化财中心）

3. 江户城址

参与江户城址汐见多闻橹台石垣发掘调查的水本和美[②]指出，报告书刊载了江户城本丸御殿瓷器的出土，此次发现意义重大。遗物时代在 17 世纪中叶左右，即使与同时期的大名、武家宅邸相比，该遗址出土的景德镇窑瓷器亦可谓数量巨大。出土的景德镇瓷器主要以崇祯时期为主，同时包含部分明初官窑的洗和大盘。

---

① 东京都埋藏文化中心：《汐留遗迹 III（第 3 分册）——旧汐留货物驿迹地内的调查》，《东京都埋藏文化财中心发掘调查报告・第 125 集》，2003。

② 千代田区教育委员会：《江户城的考古学 II・第 II 文册》，2011。
日比谷图书文化馆（千代田区教育委员会）：《德川将军家之器》，2014。

该遗址亦出土有天启古染付碟、祥瑞碗碟等食器一类，它们与加贺藩前田家宅邸遗址出土的遗物相同。其中，“古染付枫形向付”（图 32）尤为引人注目，圆柱状足丁是古染付型物向付的特征之一，与其他型物向付相比，此件的足径较小，但它的胎体相对致密洁白，青花的发色也表现良好。虽然古染付型物向付的残片多有出土，但通常边缘部釉彩剥落，且圆柱形足足径较大。崇祯期的青花瓷器中，除常见的碟、碗一类，亦可见大型盘和钵，后者瓷胎洁白致密，青花发色良好。笔者认为，其他遗址中基本不可见大型盘、钵的出土。

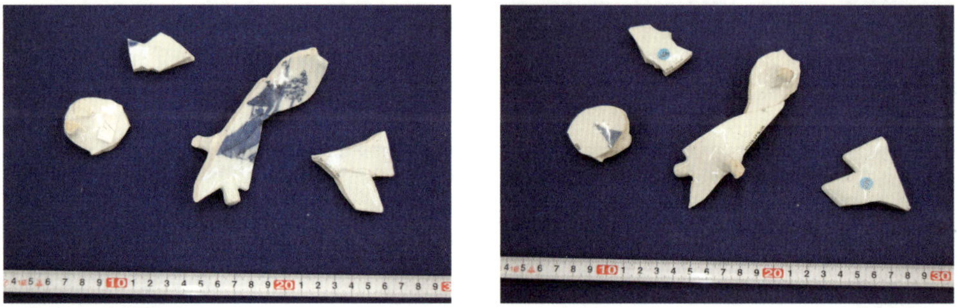

图 32　古染付枫形向付残片　江户城本丸御殿遗址出土千代田区教育委员会

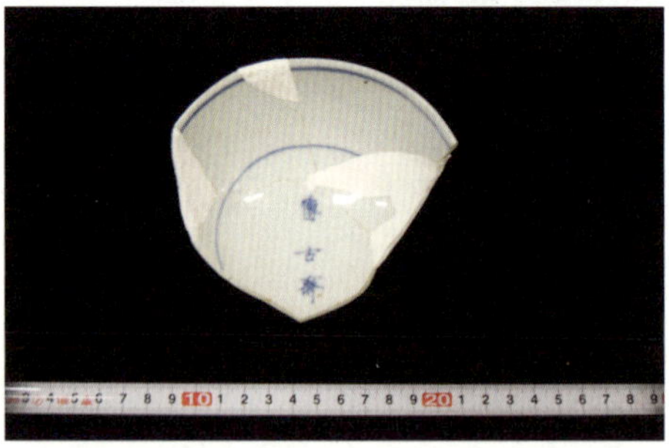

图 33　青花“博古斋”铭中碗残片　江户城北之丸遗址出土

江户城北侧“北之丸”的最东侧，面向清水壕位置，是家康侧室才女“阿茶局”的屋邸遗址。从元和二年（1616）至宽永九年（1632）的遗留构筑物中，发现较多天启崇祯时期的中碗（图 33）和小碗[①]。报告书指出，它们是将军家近亲使用的日常器皿。其中，有两件小碗推测烧造于 1620 年至 1630 年期间，它们与传世的古染付煎茶碗“月下对话”（图 34）、“渔樵问答”（图 35）一致。

① 东京都埋藏文化中心:《江户城迹——北之丸公园地区的调查》,《东京都埋藏文化财中心发掘调查报告·第 234 集》, 2009。

图 34　古染付煎茶碗“月下对话”残片　江户城北之丸遗址出土

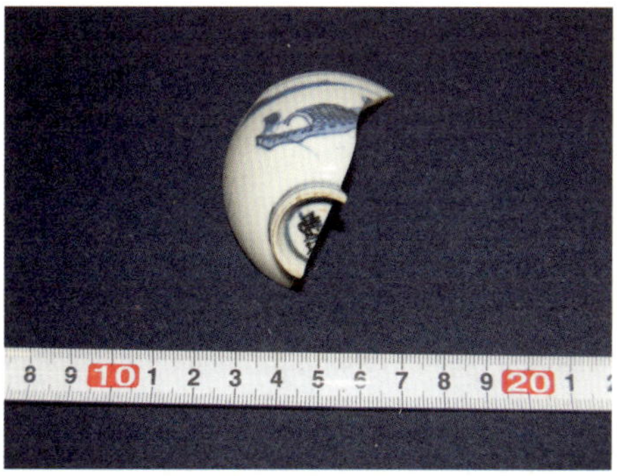

图 35　古染付煎茶碗“渔樵问答”残片　江户城北之丸遗址出土

（江户城北之丸遗址出土藏于东京都埋藏文化财中心）

4. 江户爱宕下遗址之旗本宅邸遗址

除前田家和伊达家大名宅邸以外，出土天启青花瓷器较多的当属爱宕下遗址[①]。发掘调查范围为江户初期至幕府晚期本堂家宅邸所在地的一部分。本堂家原是战国期出羽国（现秋田县仙北部）的豪族，庆长六年（1601）转封常陆国新治郡，成为 8500 石的“交代寄合”。交代寄合是旗本家格的一种，有参加参勤交代的资格，所以属于“准大名”。正保二年（1645）继任家督位置的荣亲分地于其弟亲澄并附 500 石，俸禄因此变为 8000 石，此数乃是交代寄合中的最高俸禄，据传实际超过一万石。

87 号土坑[②]的出土遗物怀疑是因明历三年（1657）大火或宽文八年（1668）大火而被舍弃的器物集合。其中，带三圆柱状足丁的“古染付石榴形向付”（图 36）和“古染付扇形香盒”（图 37），皆可找到相似的传世品。此外，二号沟[③]中发现圆形五寸碟（图 38），此碟口缘部施有锯齿纹，碟心描绘有船钓的人物和风景。亦发现折沿四寸碟（图 39），碟口缘部有笔纹，碟心写有文字（笔登、高第）。上述二碟出土数量均为复数。

① 东京都埋藏文化中心：《港区・爱宕下遗迹 II——港区 No.149——遗迹》，《东京都埋藏文化财中心发掘调查报告・第 254 集》（第 3 分册），2011。

② 注 44 No.149–34・35 遗址。

③ 注 44（第 4 分册）No.149–34・35 遗址。

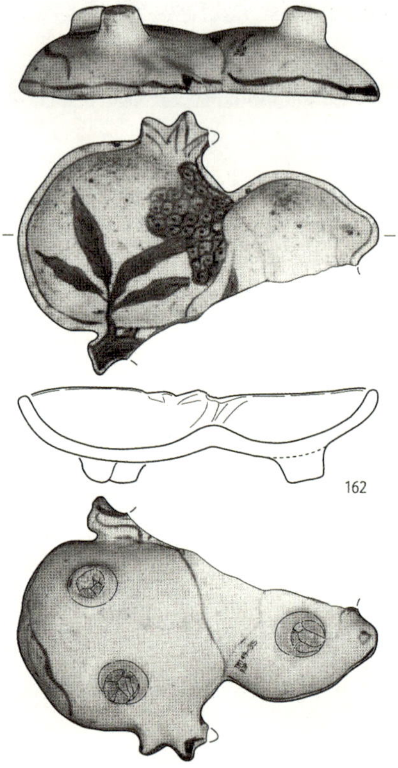

图 36　古染付石榴形向付残片　爱宕下遗址本堂家宅邸遗址出土

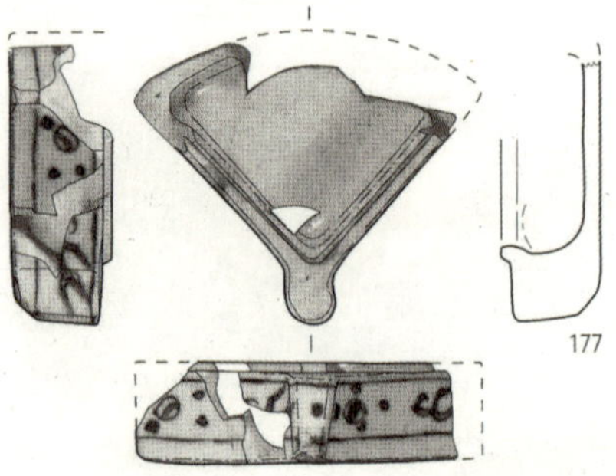

图 37　古染付扇形香盒残片　爱宕下遗址本堂家宅邸遗址出土

图 38　古染付船钓纹碟残片　爱宕下遗址本堂家宅邸遗址出土

图 39　古染付文字碟残片　爱宕下遗址本堂家宅邸遗址出土

（爱宕下遗址本堂家宅邸遗址出土遗物藏于东京都埋藏文化财中心）

5. 东片町遗址（驹入鳗绳手御先手组宅邸）

上层武家宅邸遗址中，古染付碟、碗残片出土较多。东片町遗址[①]位于文京区向丘都立向丘高校内，为最下级武士驹入鳗绳手御先手铁炮同心组宅邸所在。引人注目的是，此处发现有天启五彩和青花碟。遗留构筑物的下限为元禄十六年（1703），地下室内有小碟 10 枚、中碟 20 枚，有烧造于 16 世纪前半期的青花大盘，有芙蓉手小钵、碟，还有琉璃釉钵等上等品。17 世纪前半期的中国青花瓷器出土较多，发现带有红、青耳的“天启赤绘八角形手钵”（图 40），此件器心描绘有仙人和云纹图案。无釉彩剥落，且做工精细的厚手钵被认为是订造品。器心绘月下仙人说法图，口缘部描绘市松纹样的碟残片（图 41），与传世品“古染付锷缘形皿”近似。还出土有与“古染付人物纹碟残片”同形同饰的天启赤绘碟残片 19 个（图 42）。其他出土遗物即使与传世品不一致，但依据其纹样和器型均可找到类似的古染付碟。有观点认为，虽然可以确认古染付亦在下级武士间流通，但

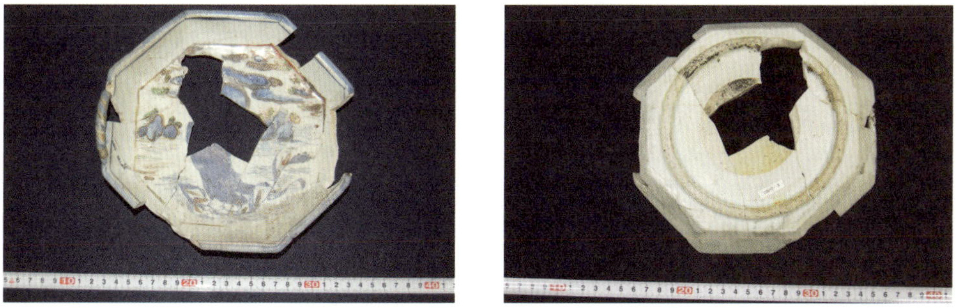

图 40　天启赤绘八角形手钵残片　驹入鳗绳手御先手组宅邸遗址出土

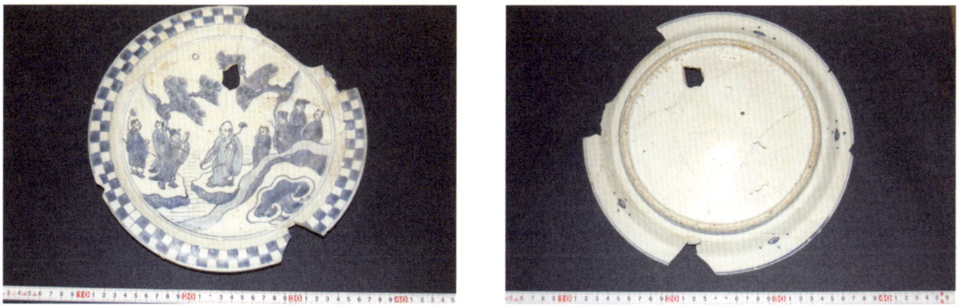

图 41　古染付月下仙人说法纹碟残片　驹入鳗绳手御先手组宅邸遗址出土

① 都内遗迹调查会:《驹入鳗绳手御先手组屋敷》，1997。

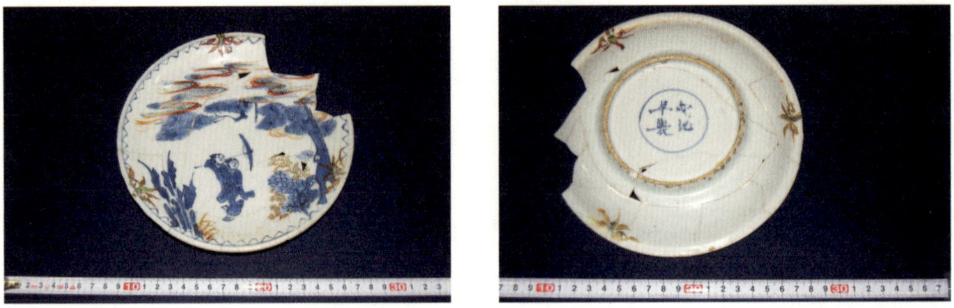

图 42　天启赤绘人物纹碟残片　驹入鳗绳手御先手组宅邸遗址出土

（驹入鳗绳手御先手组宅邸遗址出土遗物藏于东京都埋藏文化财中心）

从出土地点来看，并不能确定其所有者。又有观点认为[①]，因为此地出土遗物的构成与上级武士宅邸遗址出土遗物构成相同，所以是否是上级武家的所有物？遗留构筑物的下限为 18 世纪初期，该遗址还发现肥前青瓷碟 17 枚，青瓷叶形碟 8 枚，虽然很难断定青花、天启赤绘等舶来瓷器的入手时期，但这些施有天启年间新纹饰的碗、碟可以帮助我们加深理解。

6. 小田原城・城下遗址

小田原城位于关东，遗址横跨中世至幕府末期的近世。

17 世纪前期至后期，大久保氏改易后，1632 年稻叶正胜成为小田原藩藩主，1634 年正胜的次子正则继任。正则通过属臣和荷兰商人入手了各式各样的舶来品。入手之后，将它们用于茶会等场合。于是，不仅在幕府执政官和武家社会，而且在文人、商人圈也推广开来。报告书指出，出土的贸易陶瓷种类繁多，包含了前代难见的吴须赤绘、天启赤绘、古染付等，如“古染付马形向付”（图 43）和“古染付山水纹口唇形向付”（图 44）（石洞美术馆藏・图 120）的残片[②]。出土的贸易瓷器有家老宅邸用器，也有 17 世纪稻叶家的贸易瓷器[③]。

① 藤挂泰尚：《驹入鳗绳手御先手组屋敷 199 号遗构的考察》，《第三十四回贸易陶瓷研究会研究集会——近世都市江户遗迹的贸易陶瓷》，2013。

② 玉川文化财研究会：《小田原城三之丸・大久保弥六郎邸迹第Ⅳ地点》，2012；玉川文化财研究所：《小田原城三之丸・杉浦平太夫邸迹第Ⅳ地点、大久保弥六郎邸迹第Ⅲ地点第Ⅰ、Ⅱ分册》，2008。

③ 藤挂泰尚：《近世小田原城・城下出土的贸易陶瓷器》，平成二十七年度东洋陶瓷学会研究会散发资料。

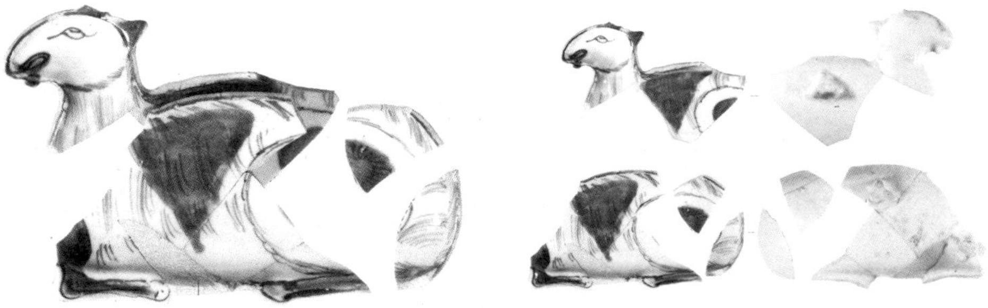

图 43　古染付马形向付残片　小田原城·城下遗址出土　玉川文化财研究所

图 44　古染付山水纹口唇形向付残片　小田原城·城下遗址出土　玉川文化财研究所

7. 仙台城本丸遗址（仙台藩伊达家居城）

在仙台城石墙东北角底部的调查区（一区）[①]，出土了大量陶瓷片和玻璃片。出土的陶瓷器残片共计一万余枚，其中约八成为瓷器，瓷器的七成以上为中国窑口烧造。这些陶瓷器原在本丸使用，为何废弃在石墙的底部？废弃的年代应该在庆长六年（1601）修建伊始至宽文八年（1668）地震倒塌后修复之前。出土的舶来陶瓷器有古染付型物向付和钵、祥瑞变形皿、青花芙蓉手碟和钵、明山手碟，有漳州窑系的青花碟、赤绘碟、琉璃釉饼花手碟，有天启赤绘马纹碟残片（图 45）、釉里红

① 仙台市教育委员会:《仙台城本丸迹 1 次调查——伴随石垣修复工程的发掘调查报告书——第 3 分册·出土遗物编》,《仙台市文化财调查报告书·第 282 集》，2005；仙台市教育委员会:《仙台城本丸迹 1 次调查——伴随石垣修复工程的发掘调查报告书——第 1 分册·本文编》,《仙台市文化财调查报告书·第 349 集》，2009。

图 45　天启赤绘马纹碟残片　仙台成本丸遗址出土　仙台市教育委员会

碟，还有青花香炉和青花龙纹壶。

其中，从出土残片来看，出土的古染付型物向付有 10 余种。虽然碎片的辨别困难，但可以确认基本与传世品一致（图 46 ①—⑯）。同一地点，同时出土如此多种类的向付，实属罕见。每种向付多为 5 个或 10 个，十余种合计起来，数量颇多。它们很可能是作为高级食器，用于仪式和宴会。如今，这类向付多用于茶事和怀石膳，但仙台城本丸遗址出土的向付是否全部用于茶会，抑或只作为食器使用？我们难以判断。该遗址还出土了以濑户、美浓为主，涵盖唐津、丹波、备前和京烧的国产陶器。另，舶来品还包括少量来自中国、朝鲜、东南亚的壶和甕，很可能是用于本丸举办的茶会上[①]。

① 佐藤洋：《仙台城迹出土的陶瓷器》，《淡交》732 号，淡交社 2005 年版。

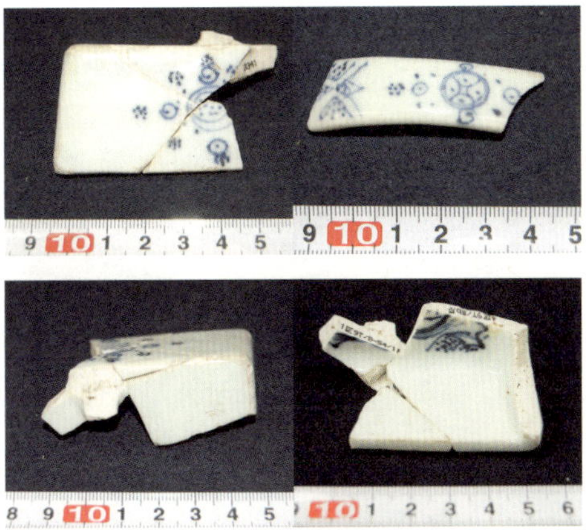

①古染付手付小钵残片

②《参考》古染付山水纹手付小钵
长 17.7cm　高 11.4cm

③釉里红手付小钵残片

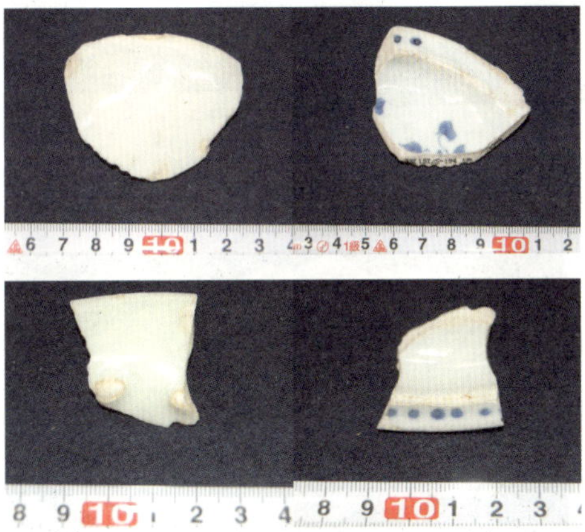

④古染付鲍形向付残片

⑤《参考》古染付鲍形向付　径 10.5cm × 15.5cm

图 46–1　仙台成本丸遗址出土遗物（1）　仙台市教育委员会

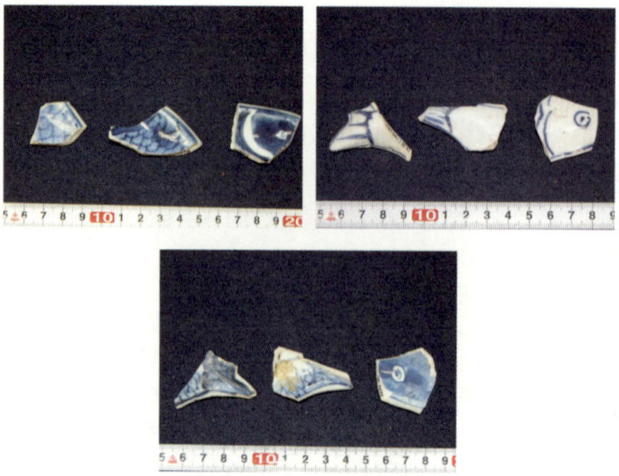

⑥古染付鱼形向付残片

⑦《参考》古染付鱼形向付
径 22.8cm × 9.3cm　石洞美术馆

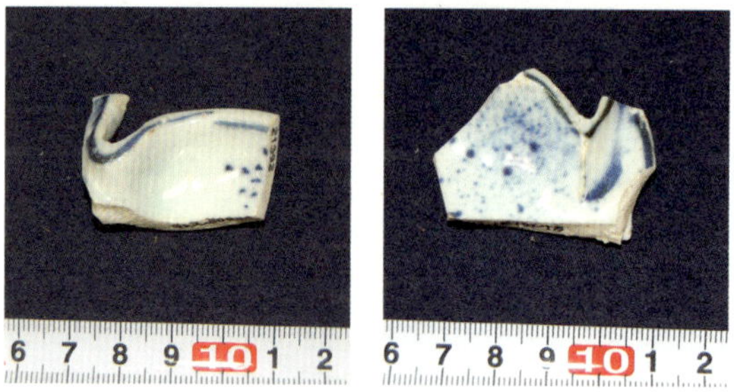

⑧古染付石榴形向付残片

⑨《参考》古染付石榴形向付
径 17.0cm × 8.8cm

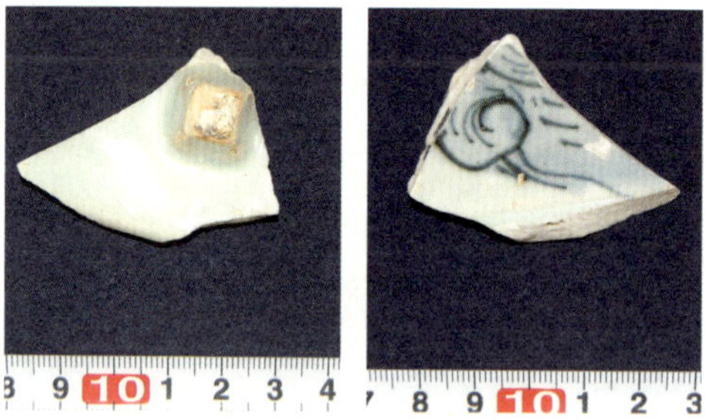

⑩古染付向付残片

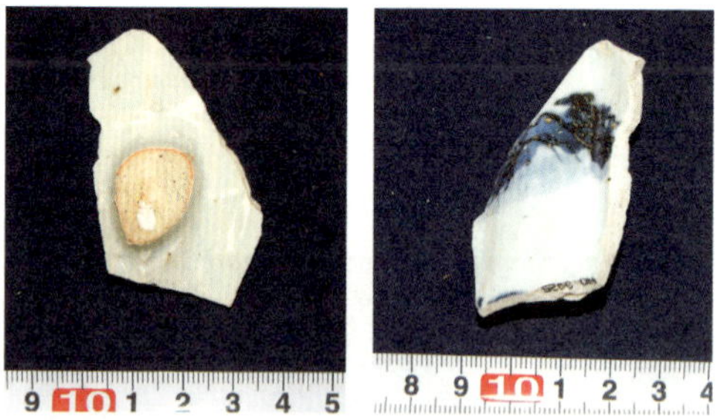

⑪ 古染付向付残片

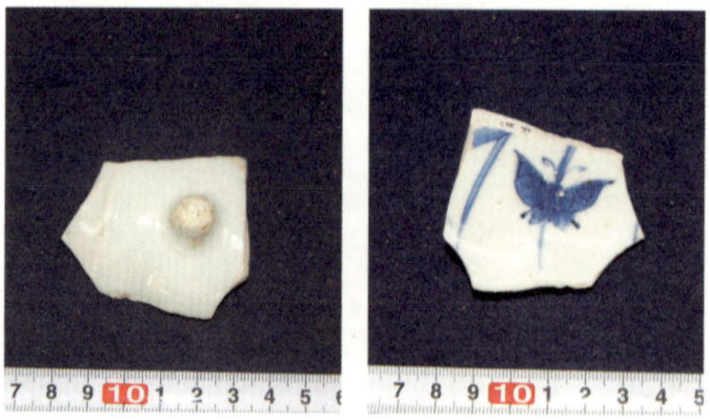

⑫ 古染付蝶纹叶型向付残片

⑬ 古染付蝶纹叶型向付复原品推定法量
径 20.0cm × 9.3cm

图 46–2　仙台成本丸遗址出土遗物（2）　仙台市教育委员会

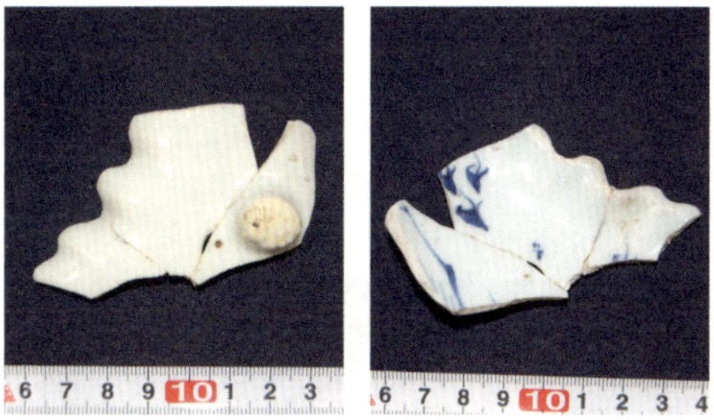

⑭ 古染付向付残片

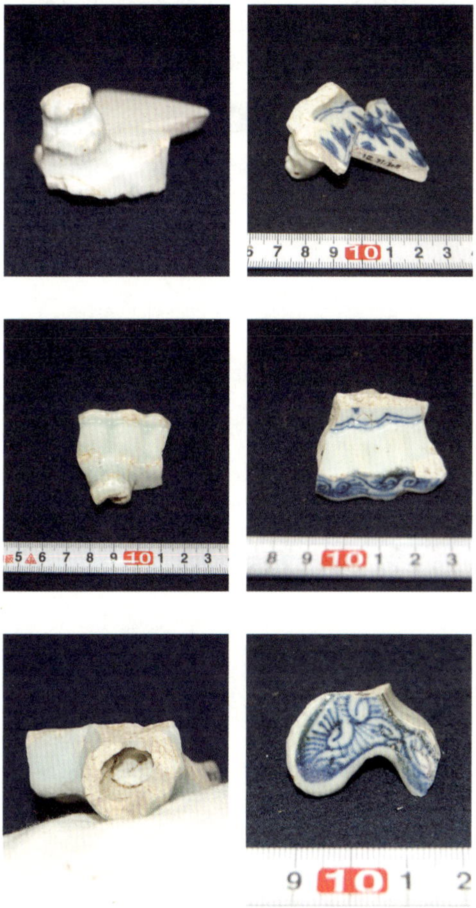

⑮ 古染付兽面足盘残片推测器　高 4.3cm

⑯《参考》古染付山水纹兽面足盘
径 21.2cm　高 5.1cm　石洞美术馆

图 46-3　仙台成本丸遗址出土遗物（3）　仙台市教育委员会

此外，在仙台城二之丸的“大台所”遗址[①]，发现带有“天启年制”铭款的天启赤绘碟（图 47）和彩绘祥瑞碟，以及器心绘有松木纹的花口祥瑞碟（图 48），保存状态良好。

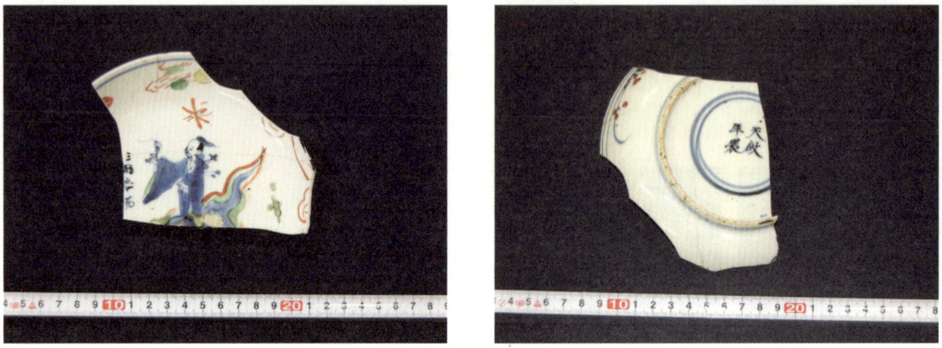

图 47　天启赤绘碟残片　仙台城二之丸遗址出土

图 48　祥瑞松木纹花口碟残片　仙台城二之丸遗址出土

（仙台城二之丸遗址出土遗物藏于东北大学埋藏文化财调查室）

有关伊达家的茶会用器倾向，若考虑其与远州的关系，那么入手如此多舶来陶瓷器也就不足为奇了。

8. 新潟县佐渡奉行所遗址

在新潟县佐渡奉行所遗址[②]出土有 17 世纪初期景德镇窑烧造的青花碟、碗，以及带有 4 个圆柱状足丁的“古染付蝶形向付”，向付出土数量为复数，应为成套保存。类似的例子藏于石洞美术馆（石洞美术馆藏 · 图 104）。

报告书指出，由《佐渡国略记》宽永八年“回船一艘大间横岛间挂数日逗

① 东北大学埋藏文化财调查室：《仙台城二之丸北方武家屋敷地区第 7 地点的调查出土遗物 1〈陶瓷器、土器、土制品、瓦〉》，《东北大学埋藏文化财调查年报 19 · 第 2 分册》，2009。

② 新潟县佐渡郡相川町教育委员会：《佐渡金山遗迹（佐渡奉行所迹）》——阵屋、役所、役宅、御会藏、寄胜藏——《伴随国史迹佐渡奉行所迹复原整备的发掘调查报告书》，2001。

留，此船中南京之皿钵各式陶瓷积来贩卖致候"可知，日本海通船方便，可进入九州交易圈。此外，《佐渡相川志》记有濑户物町。唐津船入港后，大量的陶瓷器在此卸货，于是又被称为唐津町，在沿海岸的南北延长线上随处可见中国瓷器和初期伊万里瓷器的出土。佐渡大量运入以中国陶瓷器为主的陶瓷器，有关它们的流通，值得研究的问题颇多。

佐渡奉行所遗址出土的"古染付蝶形向付"应为订造的高级品。元和四年（1620），镇目惟明就任佐渡奉行一职，他精简大久保长安奉行时代的豪华公馆，复兴佐渡金山的经营，与镇目一道就任的还有竹村嘉理。此外，还有元和年间受小判铸造邀请从江户而来的后藤正三郎一家。笔者认为，很可能就是这些上层人士中的哪位将"古染付蝶形向付"作为嗜好品带来了佐渡。

9. 京都市区遗址

在京都洛中上京区的茶屋四郎次郎宅邸的南侧，发现古染付型物香盒"古染付扇面香盒"（图 49）的器身部分。在下京区的大云院遗址，发现"古染付网干香盒"的器盖部分以及"古染付隅田川香盒"（图 50）的器身部分[①]。

图 49　古染付扇面香盒残片　京都洛中上京区出土

此外，在著名的"三条濑户物和

图 50　古染付网干香盒（右）　隅田川香盒残片（左）　京都洛中下京区出土

① 京都市埋藏文化财研究所:《昭和五十九年度 · 京都市埋藏文化财调查概要》，1987。

町”[①] 附近，出土了大量桃山陶器，此处应为陶瓷店处理废弃商品的地点，其中之一的下白山町遗址的废弃年代为元和年间。与桃山陶器一起出土的还有 17 世纪初期至中期中国青花碟、碗、香盒的器身部分，以及圈底写有“天启年制”铭款

图 51　天启赤绘碟残片　天启年制铭　三条濑户物和町下白山町出土

（图 49—51 藏于京都市埋藏文化财研究所）

的天启赤绘碟（图 51）。这些原都是商品，从中国瓷器的流通过程，可以看出瓷器贩卖商人的参与经过。

五町目遗址位于京都御苑南部，包含金森出云守宅邸遗址[②] 和街屋遗址。此地出土吴须赤绘钵一件，器心描绘的“魁”图案与传世品一致，以及精美的吴须青花碟八件。另，景德镇窑芙蓉手小钵和碟，崇祯祥瑞碟亦有出土。在江户时代宽永年间大名家本田甲斐守的京邸遗址[②] 的废弃垃圾土坑，出土了吴须赤绘精品以及精美的景德镇窑青花瓷器。在公家町遗址[③]，发现大量肥前瓷器，在 17 世纪前半期的宅邸遗构的地下，发现吴须赤绘碟，吴须青花钵、碗，景德镇窑系的芙蓉手青花大盘，作为古染付煎茶碗的小杯，以及器心书有“大明宣德年制”“大明成化年制”的中碗。

① 京都市文化市民局文化艺术部都市推进文化财保护课:《三条濑户物和町——桃山茶陶》,《京都市文化财书籍第 30 集》，2016。

② 京都市埋藏文化财研究所:《平成五年度 · 京都市埋藏文化财调查概要》，1996。

② 京都市埋藏文化财研究所:《平安左京四条二坊十四町迹》,《京都市埋藏文化财研究所调查概报 2003-5》，2003。

③ 京都市埋藏文化财研究所:《平安京左京北边四坊——第 2 分册（公家町）本文 · 图版》,《京都市埋藏文化财研究所调查报告第 22 册》。

10. 大阪城下町遗址

参与大阪城下町遗址发掘的森毅指出，记录17世纪前半期中国青花瓷器情况的同时期资料很少，只能通过18世纪初期烧土层中的出土遗物类推①。OJ92–18次调查地②SK412为1708年或1724年火灾之后烧土层中出土的废弃遗物汇总。其中包含伊万里烧、京烧、中国青花瓷器等，每套10枚或20枚，全部丢弃。这些遗物中的青花瓷器主要烧造于17世纪前半期和清代。17世纪青花瓷器中的“古染付果树纹题诗七寸碟残片”（图52）（石洞美术馆·图158）与传世品一致，出土时为一套，共10枚。仔细观察，虽然设计相同，但粗细有差，有的圈足附着大量沙粒。诗文的字体和用词也有若干不同。道修町较早形成街屋，因此该遗址的出土遗物主要为富裕商人的收藏品。万历时期的碟，天启时期的兔纹碟，崇祯时期的红边花口碟等，大小皆为五寸，应该是作为食器用于宴会。此外，在18世纪的遗留构筑物③中，发现两种“古染付鱼形向付”（图53、图54）。推测该遗构在1615年大阪夏之阵之前属武家宅邸，后成为街屋。上述遗构均属18世纪前半期产物，难以据此断定古染付的年代，但可以确定，它们是作为高级食器在富裕的商人家族传承下来。

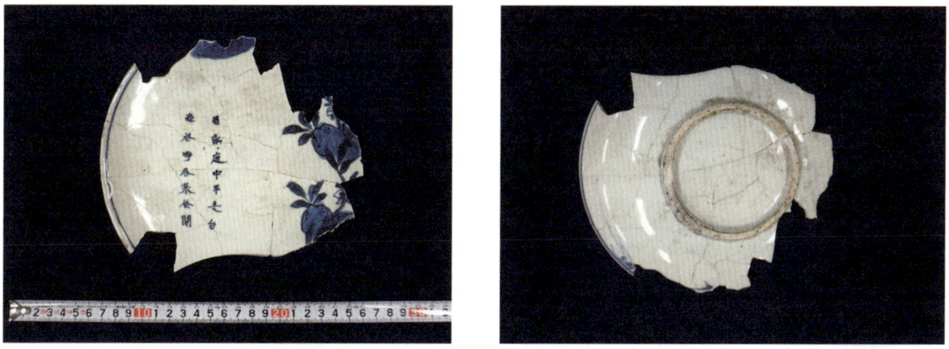

图52　古染付果树纹题诗七寸碟残片　大阪城下町遗址出土

---

① 森毅：《十六·十七世纪陶瓷器的概况和流通——以大阪资料为中心》，《历史》第149号，1995。

② 大阪市文化财协会：《大阪城下町迹 II》，2004。

③ 大阪市文化财协会：《大阪城迹 VII》，2003。

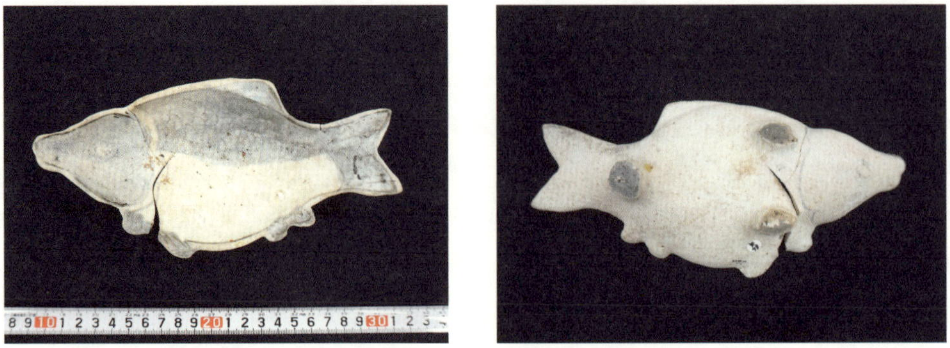

图 53 古染付鱼形向付残片 大阪城址出土

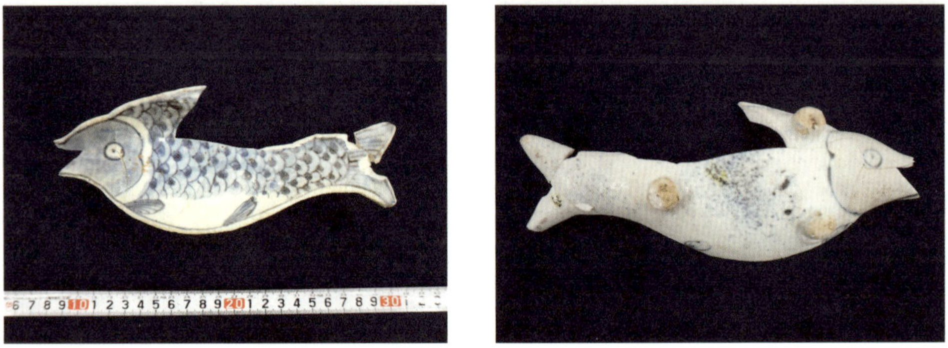

图 54 古染付鱼形向付残片 大阪城址出土

（图 52—54 藏于大阪市文化财协会）

11. 长崎市区遗址

元龟二年（1571）六町建成以后，作为织丰期南蛮贸易和江户时代初期朱印船贸易的基地，近世都市长崎迅速发展起来。自宽永十八年（1641）起，作为幕府外交政策中唯一对中国和荷兰开放的贸易港，长崎在经济和文化上占据了特殊地位。在出岛往北，即现在的国道 34 号沿线，形成街屋，随着城镇的发展，东西扩宽。下文列举了出岛以及邻近的万才町、兴善町、容町等近世街屋遗址的出土遗物。镇务由町役人（亦称乙名）主持，他们还需管理警备和户籍。万才町有町年寄所居的高岛邸①，兴善町有世代乙名所居的八尾邸②,18 世纪长崎宿老所居

① 长崎市教育委员会:《长崎家庭裁判所敷地埋藏文化财发掘调查报告书》，1992。

② 长崎市教育委员会:《兴善町遗迹——伴随日本团体生命保险株式会社长崎建筑建设的埋藏文化财发掘调查报告书》，1998。

的德见邸[①]，荣町[②]宅邸遗址出土了中国陶瓷器以及其他海外舶来高级品。此外，胜山町还有末次平藏宅邸遗址，末次平藏经营朱印船贸易，同时担任长崎代官。

在万才町高岛邸遗址，出土较多17世纪前半期的中国青花瓷器。其中一件带有三足丁的“釉里红牡丹形向付”（图55），发色优美，保存良好。

在兴善町德见邸遗址，发现较多明末清初景德镇窑系的青花瓷器。其中一件口颈部描绘郁金香纹样的“青花柑子口瓶”，与德川家的一对传世瓶相同。“青花山水人物纹手付瓶”（图56）纹样的描绘方式具有天启期特征，腰部釉彩剥落明显。报告中的“青花梅纹筒形碗”（图57）同“古染付松竹梅图筒茶碗”（石洞美术馆藏·图16）近似。出土的月牙形香盒的盒盖部分（图58）与传世品“古染

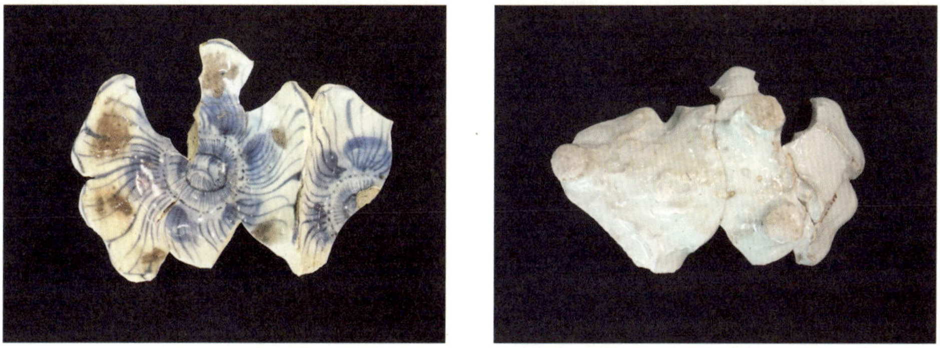

图55　釉里红牡丹形向付残片　万才町高岛邸遗址出土

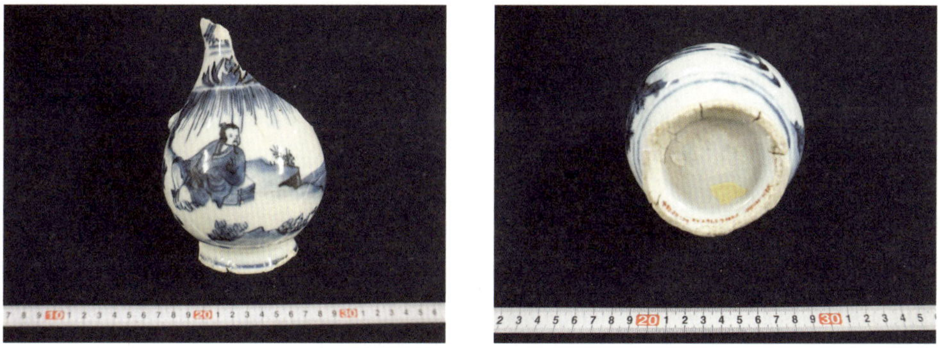

图56　青花山水人物纹手付瓶残片　兴善町德见邸遗址出土

① 长崎市教育委员会:《兴善町遗迹——伴随东邦生命保险第二长崎建筑建设的埋藏文化财发掘调查报告书》，1999。

② 长崎市埋藏文化财调查协议会:《荣町遗迹——伴随建筑建设的埋藏文化财发掘报告书》，1993。

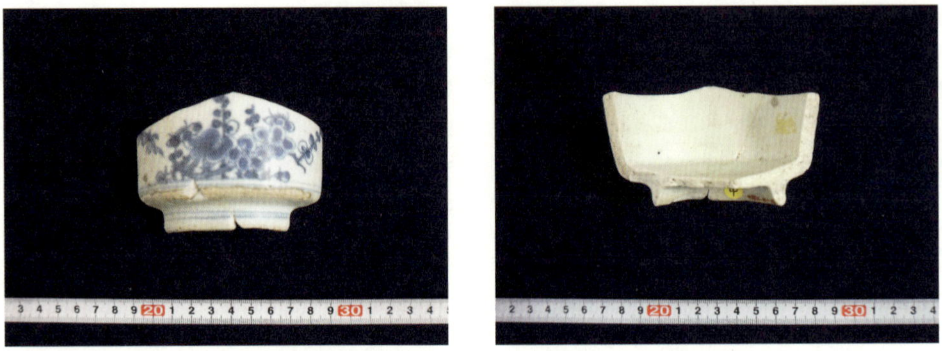

图 57　古染付梅纹筒形碗残片　兴善町德见邸遗址出土

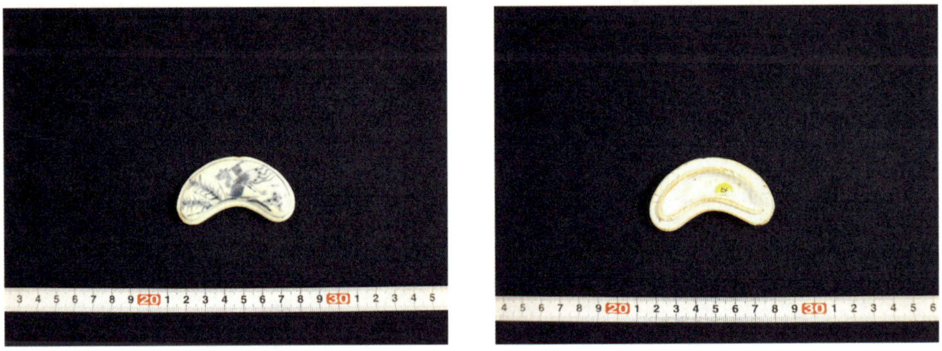

图 58　古染付月牙形香盒片　兴善町德见邸遗址出土

付海鼠形物香盒”一致。描绘花纹的小香盒的盒盖部分（图 59）与古染付煎茶碗残片，都具有天启期特征。另，祥瑞碟和具有崇祯期特征的碟也有出土，精彩纷呈。

在长州藩藏宅邸遗址[①]，随阿尔巴雷罗壶一同出土的，还有釉彩剥落的“古染付山水锷皿”，以及带拱形足丁的“古染付花鸟纹向付”（图 60）。此外，在兴善町八尾邸遗址出土的多彩陶瓷器中，有祥瑞纹样的碟，有“古染付蛙形香盒”（图 61）的器盖部分，后者与传世品一致。

在江户时代的本兴善町、后兴善町遗址[②]，遗构 SK126 表面覆盖了宽文三年

① 长崎市教育委员会:《兴善町遗迹——伴随长崎县市町村职员共济组合事务所建设计划的埋藏文化财发掘调查报告书》，2012。

② 长崎市教育委员会:《兴善町遗迹——伴随市立图书馆建设的埋藏文化财发掘调查报告书》，2007。

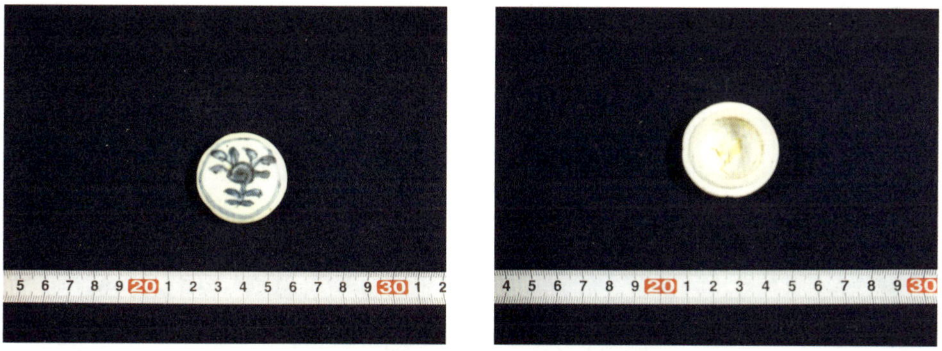

图 59　青花花纹小香盒片　兴善町德见邸遗址出土

图 60　古染付花鸟纹向付残片　兴善町德见邸遗址出土

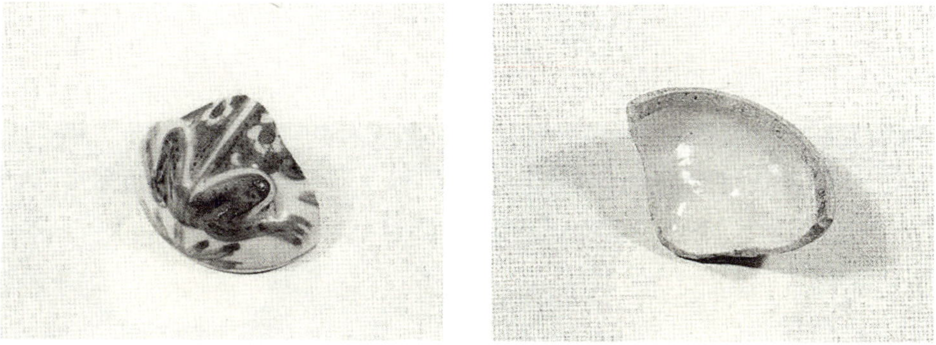

图 61　古染付蛙形香盒残片　兴善町八尾邸遗址出土

（1663）大火的整理层，遗构中的出土遗物为我们研究 17 世纪中叶该遗址的情况提供了绝佳资料。香盒的器身部分、天启赤绘碟、绘有海波纹梅纹的祥瑞手筒形碗、崇祯期菱形盒子以及以织部烧为原型的扇面形向付（图 62），该向付足丁并非圆柱状而是拱形，器身绘满海藻纹样，有镂刻，匠心独具。报告书中写为祥瑞

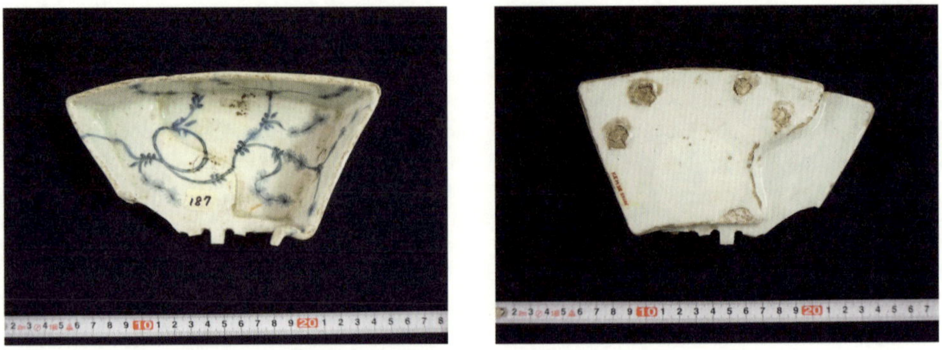

图 62　古染付扇面形向付残片　兴善町遗址出土

（图 55—62　藏于长崎市教育委员会）

手，也可认为是有釉彩剥落的天启期古染付手。

荣町遗址的调查并不详细，侧重于街屋遗址。明末清初青花瓷器出土较多，值得一提的是“古染付桃形香盒”（图 63）的器身部分，同传世品一致。另外，附有足丁的向付和崇祯期的祥瑞手筒形碗亦有出土。

五岛町遗址[①②]属旧浦五岛町，作为江户时代海陆运输的据点，很受重视，海岸对面建有各藩的仓库。调查地点为佐贺锅岛支藩的鹿岛宅邸遗址和深堀宅邸遗址。此处出土有“琉璃釉祥瑞筒形碗片”（图 64），该碗外侧琉璃地上描绘梅纹，内侧同传世的“祥瑞蜜柑形水指”“祥瑞唐子唐草纹蜜柑香盒”（图 65）一样描绘唐子唐草纹样。瓷胎洁白，吴须发色艳丽，实属精品。祥瑞的出土案例很少，此

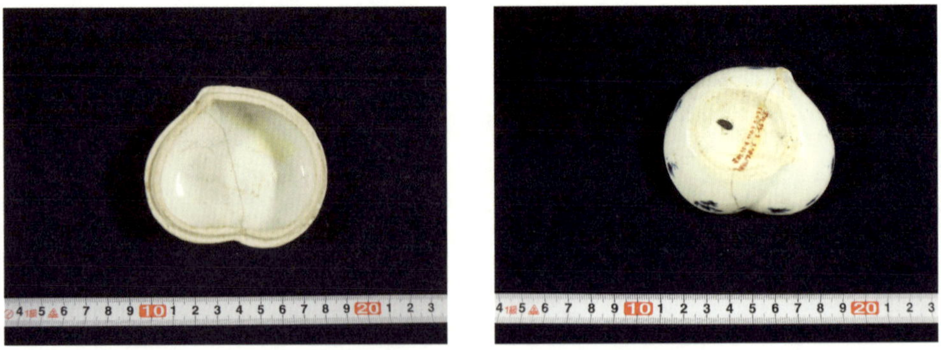

图 63　古染付桃形香盒片　荣町遗址出土　长崎市教育委员会

① 长崎市埋藏文化财调查协议会：《五岛町遗迹》，2001。

② 长崎市教育委员会：《胜山町遗迹——伴随长崎市樱町小学校新设的埋藏文化财发掘调查报告》，2003。

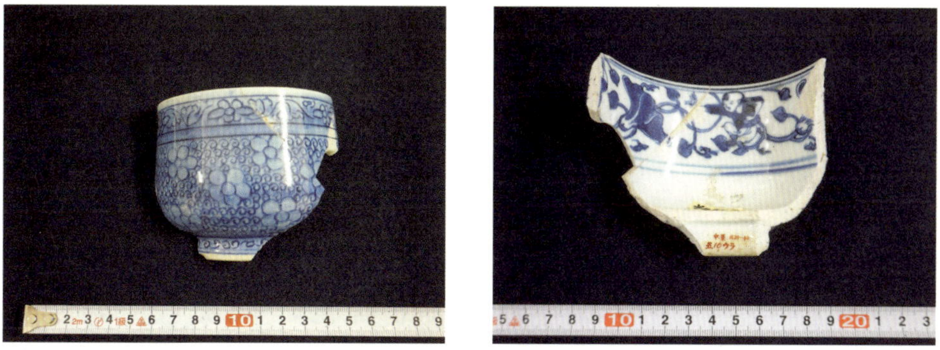

图 64　琉璃釉祥瑞筒形碗残片　五岛町遗址出土　长崎市教育委员会

图 65　祥瑞唐子唐草纹蜜柑香盒　高 4.6cm　藤田美术馆

件精品的发现，十分难得。在长崎市区其他遗址，还发现几种带足丁的古染付向付以及云堂手茶碗（图 66）。

末次平藏经营朱印船贸易的同时担任长崎代官一职，在其胜山町宅邸遗址，出土有末次平藏相关的遗物。出土遗物分为四期：I 期为 17 世纪初期的废弃物，以 1580—1610 年间的中国瓷器和肥前陶器为主；II 期为 17 世纪前半期的废弃物，除 I 期的陶瓷构成外，还包含 1610—1640 年间的肥前瓷器。相当于末次代官时代的前期；III 期为 1663 年宽文大火之后的废弃物。以 1663 年之前烧造的中国陶瓷器和肥前瓷器为主，遗物多数被毁。相当于末次代官时代的后期；IV 期为 17 世纪后期的废弃物。以 17 世纪后半期的肥前瓷器为主，相当于末次代官时代的废除期（1676 年）。

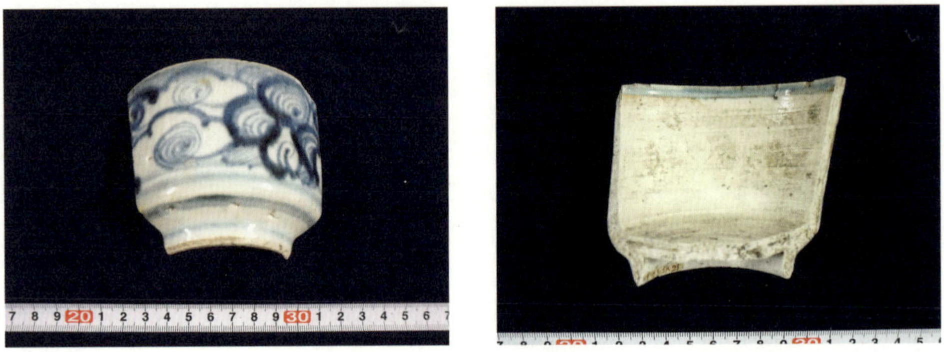

图 66　云堂手茶碗残片　长崎市区遗址出土　长崎市教育委员会

在 I、II 期地层，出土有景德镇窑烧造的碗和小碟，它们胎体较薄，青花发色良好。此外，还发现小瓶、芙蓉手碟和彩绘的袋物。报告中提及的“赤绘袋物”（图 67），其口缘部和器底侧面施有红、绿彩绘锯齿纹，腰部描绘青花菊花纹样，从青花发色来看，属天启期舶来的天启赤绘，但用途不明。III 期的出土遗物多为时任长崎代官的末次平藏家所持有的中国青花瓷器，其中有同传世古染付煎茶碗一样内外侧均描绘捻纹的小杯，以及明显是迎合日本人审美情趣的古染付碟，两者都是成套出土，同类型的器物数量都是复数。报告指出，这些器皿以复数形式成套收纳在木箱中，后被火灾所毁。作为高级食器，它们平时应该是被收纳起来，只有在庆祝仪式和宴会等正式场合才会被取出使用。古染付、祥瑞舶来的天启崇祯年间，正与初代政直、二代茂贞的活跃时期基本一致，且由远州茶会记和书信可知，那时小堀远州与末次家的交流甚密。综合考虑，古染付、祥瑞的舶来同末次家这些贸易商家族的参与密不可分。

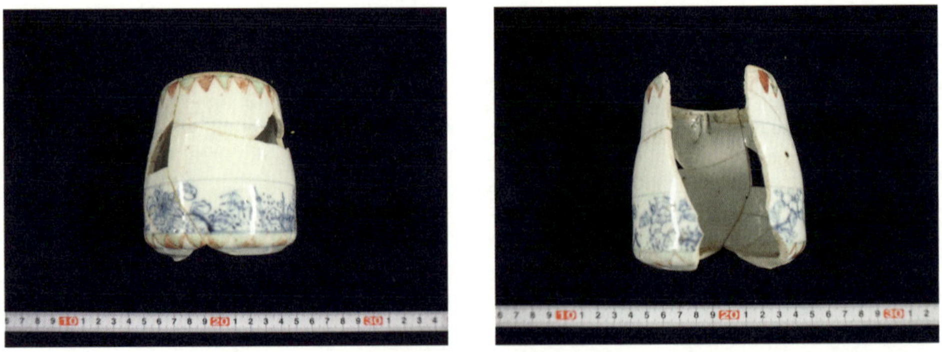

图 67　天启赤绘袋物残片　胜山町末次平藏宅邸遗址出土　长崎市教育委员会

小　结

第一章以文献资料为中心，考察茶会中青花的接纳情况。16世纪阶段，青花尚未真正被茶会接纳。17世纪以后，在将军家茶会记录《二代三代将军御会记》中，记有青花云堂手茶碗的多用，此类碗为景德镇民窑烧造，自利休时代便声名在外，被称为"纪三井寺"。此外，《二代三代将军御会记》中亦有青花香盒的记录，此类香盒推测为古染付型物香盒。小堀远州创立大名茶后，青花作为新唐物得到重用。特别是，"纪三井寺"抓住了古染付、祥瑞作为订造品舶来的契机。所以，中国青花器真正被茶会所接纳，大约是在17世纪前半期。

远州茶会记中，有关青花茶碗和古染付、祥瑞香盒的记录甚多，是研究远州参与订造情况的重要资料。《松屋会记》中青花的记述也是随处可见，它的主要受众是位于权力中心的将军家、武家，并向豪商阶层普及。

第二章以出土遗物为中心，考察古染付的受众。作为茶道重要器具，水指和花入等的传世品较多，出土品极其稀少。而型物香盒和充当火入使用的半筒形碗则是各地都有出土。由此可知，茶道器具很少有随意废弃的情况，多是作为重要的器物传承下来。订造的食器中，带有足丁的古染付型物向付的比例很高，但并不是随处都有出土，其中以仙台藩伊达家的本丸遗址出土的古染付型物向付最多，种类近十种。此外，在江户城本丸遗址出土有用于茶会或宴席的高级品，它们在上层社会很是流行。

茶器古染付的出土遗物中，最引人注目的莫过于加贺藩前田家江户宅邸遗址出土的两件：一为"古染付葡萄棚八角水指"，一为"五良大甫吴祥瑞造"铭款的盖碗。前田家与远州在茶会上交往甚密，这些遗物有可能是远州订造。

就出土地点来说，江户遗址具有压倒性优势。此次涉及的遗构不多，各地出土遗物数量也各不相同，大多数出土于江户的大名、旗本宅邸遗址。由此可见，主要受众是以将军家为主，以及大名、旗本等武家。

除此以外，在贸易口岸长崎也出土了各式各样的遗物。通过对长崎市区街屋遗址的调查发掘可知，从事贸易相关的富裕阶层拥有古染付、祥瑞等高级陶瓷器。这些商人往往同时担任长崎代官、町年寄、乙名等职位，例如末次平藏家四代，传言其财富之巨，连60万石的大名也难以与之匹敌。

在京都、大阪等大都市也出土了大量景德镇窑和吴须手的瓷器精品，古染付多见于寺院遗址和富商宅邸遗址。

常器古染付中，碟的出土数量最多。通常因火灾而被全部舍弃，所以多成套出土。至于碗一类，古染付煎茶碗的小杯可见于全国各地，其中以江户最多。除小杯外，亦出土有具有天启期特征的山水人物纹中碗，以及器心写有“大明宣德年制”、“大明成化年制”（石洞美术馆藏）、“博古斋”的中碗，能否将它们归入古染付一类，需要进一步探讨。以江户城北之丸遗址为例，此类碗很可能是作为日常器皿在上层社会使用的。

最后，有关常器古染付的出土趋势、用途的研究，则参考江户遗址中崇祯时期的情况。东京大学本乡构内遗址·医学部附属病院中央诊疗栋地点L32-1（下限为1682年），为加贺藩前田家的分支大圣寺藩7万石的宅邸遗址。据推测，遗构地下室中发现的陶瓷器乃是因1682年火灾而被全部舍弃[①]。出土的中国瓷器主要包括具有典型祥瑞特征的青花几何纹碗残片7个，以及很可能是崇祯期烧造的类似祥瑞的碟类。考察可知，中国青花瓷器都是成套购买、使用和保管。大名藩邸出土的遗物中，瓷碟（含大盘）、瓷钵、瓷杯之类较多，多为陶瓷精品，碟、钵、杯也多是成套使用、保管。碟的大小基本在6—7寸之间，参与加贺藩前田家宅邸遗址发掘调查的堀内秀树指出，它们应为大名藩邸进行年中仪式和礼仪时所用的器具，宽永时期统一购入，那一时期也流行为仪式整备必要的道具。

因此，古染付的主要烧造年代是天启期，祥瑞则是崇祯期，它们作为礼仪食器使用。从注重留白、纹样飘逸的古染付，到吉祥纹样绘满器身的祥瑞，促使这一转变的原因又是什么？虽然调查发掘资料十分丰富，但天启期和崇祯期的出土陶瓷并不像传世品那样能明确区分开来，且粗细差别也较大。如此说来，是不是应该考虑在以武家为中心的上层社会，常器古染付作为日常器、嗜好品或是宴席用高级食器的用途？

① 堀内秀树：《宴会道具用贸易陶瓷器的再评价——大圣寺藩邸出土的贸易陶瓷器L32-1》，《竹石健二先生、泽田大多郎先生古稀纪念论文集》，六一书房2009年版。《东京大学本乡构内遗迹——医学部附属病院地点》，《东京大学遗迹调查室发掘调查报告书3》，1990。

后 记

本稿是在《茶会中中国青花（染付）瓷器接纳情况——以17世纪前半期为中心》一文的基础上添加修改完成，该文刊登于《东洋陶瓷Vol.44》（东洋陶瓷学会2015）《研究笔记》。

执笔之时，受到石洞美术馆馆长弓场纪知先生等人的赐教，不胜感激。此外，在进行资料阅览、调查时，获得了东京大学埋藏文化财调查室的堀内秀树先生、京都市埋藏文化财研究所的平委正幸先生、大阪文化财研究所的清水和明先生、大阪历史博物馆的豆谷博之先生、长崎市文化观光部文化财课的扇浦正义先生、小田原市文化财课的藤挂泰尚先生、石洞美术馆的林克彦先生的鼎力相助，在此表示衷心感谢。

（日文翻译：钟允夕）

注：图片来源

图 1 《桃山陶之华丽世界》，爱知县陶瓷资料馆，2005。

图 3、5 《茶道・名碗》，德川美术馆、五岛美术馆，2005。

图 6 古田织部 400 年忌《大织部展》，大织部展实行委员会，2014。

图 7 《形物香盒》，淡交社，1986。

图 8 《形物香盒番付的世界》，野村美术馆、爱知县陶瓷资料馆，2013。

图 10—19（15 除外）《东京大学本乡构内遗址——医学部附属病院入院栋 A 地点报告编》，《东京大学埋藏文化财调查室发掘报告书 13》，东京大学埋藏文化调查室，2016，附属 DVD 收录，遗物写真。

图 20、65 西田宏子、出川哲郎，《明末清初的民窑》，《中国的陶瓷 10》，平凡社，1997。

图 36、37 《港区・爱宕下遗迹 II——港区 No.149——遗迹》《东京都埋藏文化财中心发掘调查报告・第 254 集》（第 3 分册），东京都埋藏文化中心，2011，No.149-35 遗址。

图 38、39 与图 36、37 同一报告书（第 4 分册），No.149-34・35 遗址。

图 43 《小田原城三之丸・大久保弥六郎邸迹第 IV 地点》，玉川文化财研究会，2012。

图 44 《小田原城三之丸・杉浦平太夫邸迹第 IV 地点、大久保弥六郎邸迹第 III 地点第 I、II 分册》，玉川文化财研究所，2008。

图 46② 《怀石之器》，乐美术馆、茶道资料馆，1993。

图 46⑦ 《佐藤收藏・古染付》，MOA 美术馆，1984。

图 46⑯ 河原正彦，《古染付》《资料编》，京都书院，1977。

图 61 《兴善町遗迹——伴随长崎县市町村职员共济组合事务所建设计划的埋藏文化财发掘调查报告书》，长崎市教育委员会，2012。

古染付杂感

林克彦[①]

一、古染付的定义

在略带青色的白色瓷胎上，用发蓝色的“吴须”（用氧化钴做呈色剂的颜料）描绘而成的青花瓷器，是盛装日式料理时不可或缺的器物。青花瓷器与摆好盘的料理融为一体，为我们的眼睛带来美的享受。在青花瓷器中有一种叫作“古染付”的种类。在口沿和棱线等釉较薄的地方会出现被叫作“虫噬”（虫食）的爆釉现象。用“吴须”描绘而成的纹样笔法流畅，画面奔放，“吴须”略带黑色，发色素雅，虽然与景德镇官窑的作品相比，感觉较为粗糙，但这种自由奔放的画面让人舒畅愉悦，连“虫噬”也成了器物的一种美。因此这种粗糙感反而赢得了日本人的喜爱。这种青花瓷器在日本以外的地方很难看到，日本却有着庞大的“古染付”器物，因此这种“古染付”也被认为是为日本人而特制的，在日本现在仍受到很多人的喜爱。

但是，如果被问及“古染付是什么”，却很难给予明确的回答。即使现在对“古染付”的核心部分已经有了共通的认识，但是对于有些器物，既有人认为是“古染付”，也有很多人认为不是。原本“古染付”一词最开始被使用时，究竟是有着怎样的意思，怎样的内容，在这一点上目前还处于不明了的状态。

本文以东京都足立区石洞美术馆的藏品[②]为线索，来分析几个与“古染付”

① 林克彦，日本石洞美术馆学艺员。

② 石洞美术馆是以实业家、古董艺术品收藏家佐藤千寿所收集的古染付器物为中心，现在拥有古染付 186 件及相关资料 495 件，藏有日本最多的古染付。

相关的问题。

二、古染付的研究历史

正如同物品有潮流，而且潮流会不停地随着人们喜好的变迁而变化一样，词汇和词汇的意义也随着时间的变迁而变化。因此，古染付的定义也不免随着时间的流逝而变化。在古染付的研究中，古染付定义相关问题的研究是经常被提及的。

古染付研究的滥觞是什么呢？据本人的拙见，在明治、大正时代尚没有古染付相关的系统论证，因此要从昭和六年（1931）北大路鲁山人所著《古染付百品集》上卷①来追溯古染付的研究史。

鲁山人认为“通常将明代的青花叫作古染付”，并进一步论述说：“所谓古染付（中略），感觉想要将明代所制青花瓷器叫作古染付”。关于古染付，鲁山人还说道：“主要是在景德镇烧成，以皇家御窑为中心。”也就是说，鲁山人认为古染付是包括官窑产品在内的明代青花瓷器。从鲁山人所写内容可以看出，在当时古染付尚未有一个明确的一般性定义，他只是想要表明自己对古染付定义的看法。因此，鲁山人的意见虽然不能表明当时古染付的定义，但是也明确显示出了在当时存在着“古染付指的就是明代全部的青花瓷器”这样一种想法。

鲁山人对于古染付的制作，也发表了一些见解。关于古染付所特有的“虫噬”现象，他认为是因为粗糙的胎土，导致素坯和釉料的收缩率不同，才会出现爆釉现象（虫噬）。另外，他指出古染付不进行素烧，是直接在素坯上施釉进行本烧制成的。作为证据，他指出这类器物的底足是带釉一起进行修整的。鲁山人一直从事陶器食器的制作，因此他主要是通过对古染付的观察，来具体描述古染付的制作工序。

在《古染付百品集》问世2年后出版而成的《古染付碟百选》前篇中，奥田诚一论述道：“被叫作古染付的器物多胎厚重，施厚釉，且会出现所谓的虫噬，纹样颇为飘逸。关于制作年代，之前一直被认为是明代，但是最近出现了标有明末

① 北大路鲁山人：《古染付百品集》上卷之《观〈明代古染付〉》，便利堂1931年版。

年号的器物，由此可知这种一直以来的想法都是错误的。现在认为这种类型的器物也许包括了清初的产品”。[①] 另外，山中定次郎氏所说“被称作古染付的瓷器时指从这个时代到清初所制作的青花瓷”。[②] 山中氏所说的“这个时代”指的是“明初的宣德、成化”。奥田氏和山中氏两人在古染付的年代观上有一些不同的看法，但是都认为是明代的青花瓷器，且因为出现了明末的年号铭文，认为可能延伸到清初。

而且，奥田氏将青花瓷器分为“古染付”“新渡染付”“祥瑞手”“南京染付”“吴须手”等种类，在这里尤其需要注意的是奥田将“古染付”和“南京染付”作为单独的门类区别开来。奥田氏所说的“南京染付”指的是“从清康熙到道光及以后的”。这与江户时代收藏箱上所贴“南京染付”印鉴的概念是不同的，那时的“南京染付”里包含了“古染付”。山中定次郎所选的古染付碟子中，还混有一些祥瑞风的作品，因此可以推测这个时期各个用语的内容整理没有很大的进步，各个定义还处于一种比较暧昧的状态。

关于古染付，奥田氏记述道：“所谓古染付器物，其形状富于变化，会有一些超乎想象的形状出现。所有的器物都是依靠工人别出心裁的设计。世间万象，人世百态皆融为设计的内容。古染付之所以受到喜爱，其原因也在此，可谓是老少咸宜。”文章对古染付形状的多变和纹饰的自由进行了大量描述，古染付的这个特点虽然至今仍被津津乐道，但从文章的字里行间我们可以感受到奥田氏对古染付深切的喜爱。

战前、战中小山富士夫和尾崎洵盛对古染付进行了著述。

昭和十三年（1938）刊行的《陶器图录》第八卷中，小山氏说道：“我国所谓的古染付是对明中期以后历代名窑的总称，天启时期尤为多，这主要是因为当时我国船舶往来特别频繁”，[③] 指出了古染付是明代中期以后历代民窑产品的总称。

尾崎氏认为古染付“基本是明代民窑青花中没有年款的器物”，并将古染付定义为“大多为粗器、杂器，作为出口产品而大量生产（中略），但有很多器物在洒脱飘逸等趣味上，富有官窑产品中很难看到的艺术价值。比如说，官窑皆用

① 奥田诚一：《古染付碟百选　前篇》之《关于青花》，山中商会 1933 年版。

② 山中定次郎：《古染付碟百选　前篇》至《序》，山中商会 1933 年版。

③ 小山富士夫：《陶器图录　第八卷　中国篇（下）》，雄山阁 1938 年版，第 5 页。

楷书，而古染付中则有草书或行书”。[①] 关于年代，尾崎氏认为“大抵是明代天启时所产，可以上溯到嘉庆时期的器物也不少。或者也许会有年代更久远的，但是数量稀少”，[②]“大部分为明中叶以后，特别是明末时的器物。偶尔可见明中叶以前的产品”，[③]“从明初到明末300多年间数量众多，以嘉靖、万历到明末时期为多，明代初期的产品相对较少”。[④] 尾崎氏认为古染付是以明代末期为中心，也包含了明代初期的民窑（估计是景德镇）青花瓷器。

这样来看，昭和时代的前半期，基本将古染付定义为：明代景德镇民窑所烧造的全部青花瓷器。北大路鲁山人从制作者的角度来论述了古染付的制作技法，除此之外，可以说多是从鉴赏者的角度来对古染付进行论述。

接下来，我们来看战后古染付研究的进程。

昭和三十年（1955）所刊行的《世界陶器全集》第七卷（河出书房）上刊登了藤冈了一氏《古染付与吴须》[⑤] 一文，在文中对古染付进行概括性论述的同时，也根据器物种类对古染付进行了分类，并对各个器物种类加以解说，也就是用分析性视角对古染付加以研究。

藤冈氏认为古染付有两种不同的概念，一种是“一般从文字上来看，古染付是古代进口而来的青花，多指明代的青花白瓷”，另外一种是“茶人们所说的古染付，特指的是特殊的小范围内的青花茶器，即迎合日本茶人喜好在中国制作而成的一部分青花瓷器”。

关于其第二个概念中所说的“茶人们所说古染付”，是指从桃山时代到江户初期，茶道恰逢“织部烧风靡一时，其富有特色的飘逸非常流行的时候”，明末的青花瓷器因为“虽然材料和技法粗犷，但其流畅和自由的画面，时不时的可以展现出一种奔放飘逸的妙趣，这一点形成了一种特殊的魅力”，被当时的茶人所关注，并积极地下订单，在中国制造而成。藤冈氏还说到以欧洲为首的各国向中国定制瓷器是当时的世界性风潮。

昭和三十四年（1959），是对古染付研究来说非常有意义的一年。其理由之

① 尾崎洵盛：《中国古陶瓷鉴赏》，北原出版1944年版，第173页。

② 尾崎洵盛：《陶器大辞典》之《古染付》，富山房1935年版，第563页。

③ 尾崎洵盛：《明代陶瓷》，雄山阁1942年版，第34页。

④ 尾崎洵盛：《中国古陶瓷鉴赏》，北原出版1944年版，第173–174页。

⑤ 藤冈了一：《世界陶瓷全集 第七卷》之《古染付与吴须》，河出书房1955年版，第258–265页。

一是日本东洋陶瓷学会主办了古染付展览会，另外一个理由是斋藤菊太郎氏的《古染付》一书出版了。

日本东洋陶瓷学会举办的古染付展览收集了 71 件古染付，于 7 月 21 日至 7 月 26 日在东京日本桥的白木屋举行。

在展览会的目录中[①]，小山富士夫对古染付的产地、特征、种类等进行了概括性论说。关于种类问题，是沿袭了藤冈氏的分类。在小山氏的著述中值得注意的有两点：一是关于古染付的年代，小山氏提出“明末天启（1621—1627）时制作而成，万历以前的青花，都不叫作古染付”。另外一点需要注意的是古染付中有两个不同的种类，一种是根据日本的订单制作而成的较厚的器物，另外一种是当时量产的面向中国国内的各种器物（杂器）。关于古染付的年代，小山氏曾认为是明代中期以后[②]，但是在本目录中却将制作年代限定为明末天启时期，可以推测在这期间，对古染付的年代观进行了进一步的探究。另外，从指出古染付可以分为两种这点可以看出，后来所说的“茶器古染付”“常器古染付”这种分类在这个时候就已经明确的概念化了。

同年刊行的斋藤菊太郎氏的《古染付》[③]一书，不仅是将古染付作为对象单独研究的书，而且对古染付相关事项进行了更为广泛详细的说明，可以认为这是当时古染付研究的最高点。其内容包括古染付的名称、范围、古染付烧造时景德镇民窑的状况、古染付的特征、古染付的订单等多个方面。关于一些基本的事项，则与藤冈氏和小山氏的看法基本相同。唯有两点希望引起大家的注意，一是在古染付的纹样上，斋藤使用的是当时刊行的版本（画帖）。另外，对于小山氏所说的那种较厚的订单式古染付，斋藤使用了“茶器古染付”一词。

由上可以看出，关于古染付的时代，基本被限定在了天启前后，可以将其分为“茶器古染付”和较薄的杂器两种。也就是说可以认为现代对古染付的认识在昭和三十年代的前半期就已经奠定了基础。

昭和四十七年（1972），斋藤菊太郎氏出版了《古染付・祥瑞》[④]一书，在书

---

① 小山富士夫:《陶瓷器教室・名陶系列・古染付》之《古染付》，日本东洋陶瓷学会 1959 年版。

② 小山富士夫:《陶瓷器教室・名陶系列・古染付》之《古染付》，日本东洋陶瓷学会 1959 年版，第 5 页。

③ 斋藤菊太郎:《陶器全集・第十五卷・古染付》，平凡社 1959 年版。

④ 斋藤菊太郎:《陶瓷大系・第四十四卷・古染付・祥瑞》，平凡社 1972 年版。

中，斋藤氏认为较薄的面向中国国内市场的古染付是“中国的常器”，被认为这是后世“常器古染付”这一说法的开端。另外，昭和五十年（1975）河原正彦氏刊行了《古染付》[①]一书。河原氏所著《古染付》意在“尽可能多地收录普遍认为属于古染付范畴内的器物，由此进一步明确所谓‘古染付’的范畴和特色”。因此，在书中刊录了600件以上的作品，通过照片进一步明确了古染付的范畴和种类，是一部非常精心的著作。

昭和五十六年（1981），在横滨高岛屋所举办的“古染付和祥瑞”展[②]及第二年昭和五十七年（1982）在佐贺县立九州陶瓷文化馆举办的“17世纪景德镇和伊万里”展[③]，都为古染付研究开启了新的视角，在这个意义上，这两个都是值得关注的展览会。

在“古染付和祥瑞展”中，强调了古染付对伊万里烧的影响。认为古染付有意识地模仿桃山茶陶（志野、织部等美浓烧）的器型（该展的主办人矢部良明氏说其中蕴含着桃山茶陶的造型精神），而这些古染付成了刚诞生的伊万里烧的范本，成为开发日本青花瓷器的原动力。与此相同，“17世纪的景德镇和伊万里烧”展，通过两者作品的比较来说明了包括古染付在内的景德镇窑所烧造瓷器对伊万里烧产生的强烈影响。虽然在此之前，关于古染付在日本的发展，有很多中日之间影响关系的论述，但是关于古染付对日本陶瓷器影响的相关论述却基本没有。这种影响关系的描述是否恰当另当别论，在日本国内，陶瓷器历史的发展中，有了古染付的位置，这对以后古染付的研究有着不小的影响。

类似于这样从新视点对古染付进行的研究在之后也还有，但是很难说古染付的研究有着非常大的进步。为这种状况带来了巨大变化的是在日本各地蓬勃进行的发掘调查中所出土的庞大资料。在举行“古染付和祥瑞展”的1981年，古染付的出土仅有奈良市兴福寺一乘院遗迹这一例[④]，但现在已知的古染付出土数已经数不胜数。

---

① 河原正彦:《古染付》，京都书院1977年版。

② 矢部良明监修:《桃山文化与景德镇窑的相遇——古染付与祥瑞展》，每日新闻社1981年版。

③《十七世纪的景德镇与伊万里》，佐贺县立九州陶瓷文化馆1982年版。

④ 矢部良明:《桃山文化与景德镇窑的相遇》之《古染付与祥瑞——桃山文化与景德镇窑的相遇》，每日新闻社1981年版。

从这种发掘调查所得资料可以看出，17 世纪前半期，日本所使用的中国陶瓷器是多种多样的[①]，被叫作古染付的青花瓷器只是这些多种多样的中国瓷器的一部分[②]。而且，通过欧洲和美国的研究，可以看出明末清初的中国瓷器在世界范围内的传播受到了广泛关注，也明白了古染付不过是巨大的中国陶瓷生产中极其小的一部分。我们开始认识到，在日本，古染付作为明末清初陶瓷器的代表，存在感非常强，但是在世界范围中并不是如同我们想象的那样，它只是明末清初中国陶瓷器中极其小的一部分，是面向日本的特殊陶瓷器。

在这种古染付研究的潮流下，以古染付为主要内容的研究者变少了，近年来只看到了中路延代氏和叶文秀氏的研究。

那么，古染付相关研究历经上述历程，现在对古染付究竟有着怎样的认识呢?

首先，将现在对古染付的定义进行一个简单的阐述。古染付是以明末天启时期为中心，在天启前后中国景德镇民窑所烧造的青花瓷器，可以分为茶器古染付和常器古染付两大类。但是两大类的口沿和边缘部位都有被叫作“虫噬”的爆釉现象。虽然是非常粗糙的器物，但是纹样自由奔放、轻妙洒脱，非常有趣味。茶器古染付，稍厚，其形状富于变化，有不少会令人联想到志野和织部的器型。因此，有人认为是日本的茶人将范本送到中国后下单烧造而成的。而常器古染付是固定形状的碗、碟，是针对中国国内市场而大量烧造的，但因为迎合了日本人的审美，所以向日本出口而来的器物。但两种基本都在日本以外的地方很难见到，是面向日本的器物。

古染付的定义简单来说应该就是如上所述。

古染付的年代之所以被定义在天启前后，是因为古染付的年号铭文中“天

---

① 西田宏子:《平凡社版中国陶瓷・第十卷・明末清初的民窑》之《古染付》，平凡社 1997 年版，第 85 页。

② 西田宏子:《东洋陶瓷史——其研究的现状》之《明・清过渡时期的百态》，日本东洋陶瓷学会 2002 年版，第 108–116 页。

启”居多[①]。另一方面，古染付的特征之一虫噬，虽然是因为使用了质量不太好的瓷土，胎土和釉的收缩（膨胀）率不同而造成的一种缺陷，但是虫噬自身在大量生产青花瓷器的万历时期已经出现，凭虫噬的存在来区分万历和天启的瓷器是非常难的。另外，通过与江西省东平窑所出土的资料进行比较后，有见解认为古染付的制作始于万历后半期[②]。另外，注有“崇祯”年号的器物中，有与古染付非常相近的纹样，出口至欧洲的有虫噬现象的器物中，也有绘有郁金香图案的器物，那是荷兰商会出纹样下订单，于崇祯八年（1635）以后所烧造的[③]，由此可以推断一部分古染付有可能延续至崇祯时期。由此可以得出结论，认为古染付是以天启时期为中心，在天启前后烧造而成，这是比较公认的定义。

一般认为古染付是景德镇民窑的产品，但是在景德镇正式的发掘调查中，尚无古染付产品出土[④]。现在被叫作古染付的器物，在江户时代叫作“南京染付”或者是“染付南京”，现阶段是从器物的胎土、釉色、吴须、制作方法、纹样等进行综合考察，来认定古染付是景德镇民窑的产品。虽然没有直接的证据，但是目前基本没有研究者对古染付是景德镇民窑产品这一论点存疑。

究竟是什么时候开始，将古染付分为“茶器古染付”和“常器古染付”两大类的，已经无法究明了，但是茶器古染付原本是作为茶道中所使用的古染付而得名的[⑤]。茶器古染付与志野、织部茶器相比较，是非常相似的。略厚的器壁、器型模仿各种动物或器物、桥状底足、故意而为的歪斜，上述特征在志野、织部等桃山时代的陶器中经常可见，所以认为茶器古染付是模仿志野、织部陶器而来的观点应该也是有据可循的吧。这些茶器古染付是根据茶人的订单烧造而成的。作为

---

① 关于古染付的铭文款识，除“天启”外，还有“成化”“嘉靖”，特别是“大明成化年制”的款识数量很多。但是除“天启”以外的款，并不代表这就是那个时期生产的，而只是为了提高产品档次的一种纹样。

② 河原正彦:《古染付》，京都书院 1977 年版，第 220–221 页。

③ 比如有“崇祯元年”款识的青花松纹酒杯等。参考注释部分。

④ 河原正彦:《古染付》，京都书院 1977 年版，第 222 页。

⑤ 虽然不是正式的发掘调查，但在景德镇有采集到古染付的碎片。因此，非常期待正式发掘调查中能有古染付的出土。叶文秀:《〈天启年制〉款识古染付的相关考察——以树枝纹为线索》，《野村美术馆纪要》第 12 号，野村美术馆 2003 年版，第 39–59 页。曹建文:《景德镇窑址近年来发现的古染付和祥瑞》，《陶说》第 701 号，日本东洋陶瓷学会 2011 年版，第 38–42 页。

茶器古染付是由茶人下单制作而来的证据,《槐记》中亨保十四年(1729)二月二十六日、大德寺龙光院的茶会记载道:“装饰品,南京的青花瓷器,是小堀远州喜欢的东西,这也正是他特地从大唐定做的理由。做成与放置茶壶盖的竹制品外观一模一样的青花茶具,上有两句诗词。”两句经常被引用[①],但这是小堀远州逝世八十年以后的记录,仅凭这一个记录很难断定这是茶人的订单。也有人认为是了解日本人爱好的中国商人,向景德镇下订单,让他们制造而成的[②]。关于茶器古染付的订单的主人究竟是谁仍有待今后进一步的研究。

常器古染付,略薄,口沿处会有虫噬现象,底足处附有砂砾,是大规模量产的粗杂产品。但画面多留白,用略带素雅的吴须在器物表面自由生动地进行彩绘,这种风格好像颇受当时日本人的喜爱,在日本流传有大量的器物,但是在日本以外的地方却很少见。另外,虽然一般认为常器古染付是面向中国国内的产品[③],但结合当时中国的实际情况,也不能说全部是面向中国国内的。特别是也许有以出口到日本为目标烧造而成的器物,因为事实上这些器物都大量出口到了日本[④]。

三、“古染付”的开端

前人对古染付进行了多方面的研究,从学问研究上来说,古染付的定义已经如上所述固定下来了,但是“古染付”一词在诞生时,原本是指的什么样的器物

---

① 藤冈了一:《世界陶瓷全集·第七卷》之《古染付与吴须》,河出书房 1955 年版,第 259 页。
斋藤菊太郎:《陶器全集·第十五卷·古染付》,平凡社 1959 年版,第 15 页。

② 长谷部乐尔:《彩色版中国的陶瓷器·景德镇》,淡交社 1978 年版,第 143 页。

③ 河原正彦:《古染付》,京都书院 1977 年版,第 220 页。
矢部良明:《桃山文化与景德镇窑的相遇》之《古染付与祥瑞——桃山文化与景德镇窑的相遇》,每日新闻社 1981 年版。

④ 下列文献中,都认为常器古染付并不是面对中国国内的,而是面向日本特别制作的。
满冈忠成:《古染付与祥瑞》,《大和文华》第 54 号,1971 年版,第 8 页。
叶文秀:《对古染付中书画瓷的考察》,《野村美术馆研究纪要》第 9 号,野村美术馆,第 50-68 页。
叶文秀:《天启时期民间青花瓷器与古染付画面所蕴含的思想——从吉祥到装饰》《美学·艺术学》第 17 号,同志社大学文学部美学·艺术学研究室 2002 年版,第 105-124 页。

呢？这就要从“古染付”一词诞生的江户时代的文献来进行探讨了。

根据我个人的浅见，在以下江户时代的文献中可以看到“古染付”相关的记述[①]。

稻垣休叟在文化十三年（1816）所著《茶道筌蹄》[②]的卷三《香合》（注：盛放沉香的盒子）部《染付》类中写道：“古染付　虫噬　新渡”，卷四《水指》（注：茶道中盛放热水的容器）部中写道“染付　古染付　虫噬手　祥瑞　吴州”。另外在卷五“茶碗”部中对青花有记载如下：“古染付　始于利休将纪三井寺香炉用作茶碗开始，除此之外，云堂松竹梅唐花都是古染付”，可以看出仍然是将“虫噬”作为单独的门类进行记载。《茶道筌蹄》中，关于古染付的实例只举出了纪三井寺一例，并没有其他任何古染付的具体实例。另外需要注意的一点是将古染付与虫噬手区别看待。

关于虫噬手，文化六年（1809），伏见屋甚右卫门（龟田宗振）（从事收集松平不昧的名作旧货商）在观赏完由尾张德川家传来的“宁波青花提桶御水指”[③]这一古染付提桶形水指后，说道“虫噬特别相宜”[④]。现在被叫作宁波青花的器物多数被认为是古染付，因此江户时代的虫噬手，应该是类似于现在古染付的概念。在19世纪初之前，被叫作古染付的器物也许就是以纪三井寺为代表的更古老的青花瓷器。

文政十三年（1830）出版的钦古堂龟佑所著《陶器指南》中可以看到《南京古染付的技法》和《虫噬》两部分。正如书名《陶器指南》一样，该书试图通过当时可以到手的材料，来解说不同的制作方法[⑤]，对古染付究竟是什么，并没有详细的记载。在讲完《南京青花的技法》后又讲了《虫噬》，对古染付和虫噬之间的关联进行了想象，但也只限于想象。

① 在检索江户时代文献时，参考了下列内容：中路延代：《古染付舶来的背景——由茶会进行的考察》，《帝塚大学大学院人文科学研究科纪要》，第6号，帝塚大学2005年版。

② 稻垣休叟：《茶道筌蹄》，柏原屋义兵卫1847年版。

③ 吉富真知子：《古染付提桶形水罐（宁波青花提桶御水指）》，《德川美术馆所藏茶道名品》，德川美术馆2015年版，第71页。

④ 德川美术馆编：《名品图录》，德川美术馆1987年版，第230页。

⑤ 钦古堂龟佑《陶器指南》，须原屋茂兵卫1830年版。

另外，文政十年（1827）出版的草间直方编著的《茶器名物图集》[①]的卷五十三中对“古染付”进行了略微详细的记载。比如在《祥瑞青花水指》部分中有“南京・北京古染付”的类别，更根据“洪武・永乐・宣德・成化・嘉靖・万历等年号来赏玩，今天被称为古染付的器物皆是属于上述年号的器物”，由此可以看出，当时认为古染付基本涵盖了整个明代时期。另外，在“香合”这个部分中写道“张子牛・庄子・筒乱・屏风箱等都是明末的东西，但是没有年号并不叫作虫噬手古染付”，由此可知，明末有虫噬现象的青花香合被叫作虫噬手古染付。另外，也可知青花茶碗“纪三井寺”属于古染付[②]。从稻垣休叟所著《茶道筌蹄》之后的十余年时间中，“虫噬手”与之前的“古染付”概念相混合，形成了全新的“古染付”的概念。

除上述文献外，井伊直弼（1815—1860）的茶会记中也零星可见一些“古染付”的记述[③]，如果继续深究，其他幕末的文献中应该也可以找到一些“古染付”的记载。

从上述江户时代“古染付”相关的文献来看，江户后期即19世纪前半期已经开始使用“古染付”这样的称呼了。那么，在19世纪前半期究竟发生了什么呢？

尾野善裕对出土器物和有铭文的清代陶瓷器进行了分析，各个遗迹中出土的清代陶瓷器从18世纪末期开始增加，其背景是从18世纪末到19世纪，日本茶人间特别流行向中国下订单特别定制[④]。另外，这种倾向在文化年间（1804—1818）、文政年间（1818—1830）最为显著，所订购的陶瓷器都深受“古染付”这类陶瓷器的影响。也就是说，在这个时期生产了大量古染付的仿制品，并出口到日本。关于这种流行，有人认为这是日本人的异国情趣[⑤]，也有人说这是日本人

① 草间直方:《茶器名物图集》，永岛福太郎・原田伴彦监修・校阅《茶器名物图集中》，文彩社1976年版。

② 高桥义雄:《大正名器鉴》第九篇之《纪三井寺》，大正名器编撰所1926年版（引用的是宝云舍1937年出版的普及版），里面列举了认为纪三井寺是古染付的相关文献。

③ 下村奈惠子・铃木裕子:《从茶会看近世贸易——青花・五彩・青瓷一览表》，《第34次贸易陶瓷研究会研究集会〈近世都市江户的贸易陶瓷器发表要义〉》，日本贸易陶瓷研究会、近世贸易陶瓷器调查・研究小组2013年版，第183-204页。

④ 野尾善裕:《魅惑的清朝陶瓷》之《清朝陶瓷与日本》，京都国立博物馆2013年版，第8-24页。

⑤ 野尾善裕:《魅惑的清朝陶瓷》之《清朝陶瓷与日本》，京都国立博物馆2013年版，第16-17页。

的复古情趣[①]，众说纷纭，但当时日本人确实是希望中国的匠人仿造古染付。

这个时期从中国进口而来的青花瓷器被叫作“新渡”“今渡”[②]。那么与“新渡”“今渡”相对应的“古渡”又应该是什么呢？正是这个“古渡”才是当时人们希望模仿的对象，而且并不是祥瑞及吴州等，毫无疑问应该就是最初的“古染付”。但遗憾的是，“古渡”究竟是什么样的器物呢，并没有任何相关的文献进行记载，也无法明确阐述其内容。从19世纪前半期文献的记述推测来看，与“古染付”相对的“古渡”指的应该是17世纪前从中国进口而来的有虫噬现象的青花瓷器。而且，明代末期（天启·崇祯），作为茶器大量进口而来的青花瓷器应该是其主要构成部分。或许可以将有“古渡”记载的江户末期所有资料查阅一遍，或者是对18世纪末至19世纪前半期进口而来的“古渡”仿制品进行调查研究，应该可以弄明白与古染付相对应的“古渡”，即最原始古染付的形态。

将以上内容加以总结，可以说最初的“古染付”，是江户后期文化、文政年间两个概念（一种指的是以纪三井寺为代表的更为古老的青花瓷器——古染付，另一种是虫噬手）混杂后产生的概念，“古染付”是当时日本人所向往的中国器物，是与新渡青花相对的一个概念化器物。因此可以说“古染付”不仅是指明代末期的器物，还包含着更早的青花瓷器。

从之后古染付概念的变迁来看，在昭和三十年以前，虽有或多或少的变化，但多传承了江户时代“古染付”的概念。

另外，从最初的“古染付”概念的诞生经过来看，可以说“古染付”并没有严格的定义，只是对江户前期之前进口而来的中国青花的概念化的粗略概括。

四、古染付的制作技法

古染付中即使是高度不足100厘米的小器也是用拼接法（将产品分成几个

① 河添房江：《唐物的文化史——从舶来品看日本》，岩波书店1977年版，第210–214页。

② 下村奈惠子·铃木裕子认为，“新渡”“今渡”之前多被划归为17世纪中期到18世纪初期高丽茶碗的范畴内，在19世纪，开始逐渐认为属于青花的范畴，是作为与17世纪进口而来的“古染付”相对应的词汇。源自高桥义雄：《纪三井寺》，《大正名器鉴》第九篇，大正名器编撰所1926年版，第184页。

部分分开制作，然后再拼接制成的技法）制作而成的。为什么小器也要用拼接法呢？

在本章，通过对古染付的观察来谈一谈古染付的制作技法。

如上所述，古染付可以分为“茶器古染付”和“常器古染付”两类。茶器古染付因为是模仿日本桃山时代的茶陶——志野、织部，所以制作的略厚，而常器古染付则是传承了一贯的制作方法。

在茶器古染付中，石洞美术馆的藏品中数量最多的是向付（异形碟）（注：盛放料理的各种盘碟）。这种向付都是使用外模按压成型的。比如说青花狮子形向付（图 1、图 2）及青花鸡形向付，充分利用了按压成型的特性，在外模的内面生动地雕刻了动物图案。这些向付器具中很多都有三至四个足，这些足有圆柱状的，也有山状的，都是按压成型。估计是大量生产同形等大器物时所使用的方法。

另外，向付多五个或十个为一组，但一组并不一定是同一个外形。比如五个一组的青花虾向付和五个一组的青花蝶形向付都是由三种不同的外形构成。另外

图 1　染付狮子形向付　五客

图 2　染付狮子形向付　五客（底里）

五个一组的青花蝶竹图笋形向付和五个一组的青花狮子形向付（图 3、图 4）是由两种不同的外形构成[①]。一看青花狮子形向付，就知道虽然外形不同，但是应该是同一个陶工所绘[②]。由此可知，一个作坊内会根据同一主题准备几种不同的外模，不管选择哪个外模来成型，应该会有好几个陶工来分头进行绘制。景德镇采取分工合作制[③]，流水线式制作陶瓷器，所以并没有考虑过究竟是由哪个外模制作而来的。

石涧美术馆的藏品中有一组五个青花鱼形向付，是通用同一外模压制而成的稍大型向付。在内面雕有立体的鱼目，但五个碟子中有四个，在按压成型的鱼目左侧用青花进行了彩绘。进行彩绘的陶工像是刻意避开了鱼目的位置来进行青花彩绘。另外一个则是在鱼目上进行了青花彩绘，应该是负责给这个向付进行彩绘的陶工是一个特别认真的陶工吧。从这一例便可以看出从事成型和进行彩绘的陶

① 图 1 上方的两个是用同一个模具，下方的三个用的是同一个模具制作而成的。

② 图 1 上方的两个和左下的一个应该是由同一个陶工进行的彩绘。

③ 佐久间重男：《景德镇窑业史研究》之《明代陶瓷与历史性背景》，第一书房 1999 年版，第 3–33 页。

图 3　染付鱼形向付　五客

图 4　染付鱼形向付　五客（底里）

工并不是同一人，同时，即使不看那些自由奔放的彩绘图案，也能够感受到当时陶工的自由。

另外，看五个一组的向付时，会发现即使是同一个陶工所绘的图，也或有一些明显的不同。大概是因为进行彩绘的陶工并不认为进行完全一样的彩绘才是最好的。这也与器型上的同形同大形成了对照，这里也可以看出古染付的趣味。

接下来对花插、水罐等其他茶器古染付的制作技法进行探讨。

例如，青花蟹童子图袋形花插是一个仿钱褡造型的花器。在腹部中间位置，将瓶身的上下两部分连接起来。另外一个青花葡萄架水罐也是在腹部附近进行拼接而成。这样通过拼接而成型的器物还有很多。

另外，青花鱼藻文水壶（图 5）的主体部分也是拼接而成的，把手和壶嘴是纵向分成两个部分后继续拼接而成的。把手和壶嘴的各个部分也都是通过模具按压成型的。

图 5　染付鱼藻文水壶

令人觉得有趣的是青花山水图茶水罐（图 6），这个器物中，在罐体的中间部分和下部最粗的部分有两处拼接痕迹。高 9.3 厘米的一个小器，专门分成三个部分制作，再拼接而成。另外，青花吹墨海浦文四方筒（图 7）也值得关注。这种四方的器型乍一看应该是通过板子镶嵌而成（切下板状的粘土板，再镶嵌粘合成型），但事实上是在器身横向中间部位将上下两部分拼接而成。这种四方形状的筒明明用镶嵌法更容易成型，为什么用横向拼接法呢？

通过对这些拼接器物的观察，可以发现在进行接合之前，各零部件或上或下总有一部分是略微外扩的。这大概是因为从磨具上取下来时造成的。比如算盘珠状的器物这种上下狭窄，中间部分较粗的形状，从模具中取下来是非常困难的，因此基本上很难看到这种形状。也就是说，古染付中进行横向拼接的各个部分都是通过模具按压成型的[①]。

通过对各种器物的观察，可以发现不仅是向付，花插、水罐、水壶及其他的属于茶器古染付的多数器物，都是通过模具按压成型制成的。这应该是为了大批量生产同形等大的器物所采用的方法。茶器古染付中除去火罐等器型，器壁都没有被修得很薄，都较厚，因此模压成型对于生产属于陶器风格的较厚瓷器来说是

① 关于茶器古染付拼接成型的技法，多数是根据坂井咲子的指导得来的认识。

图 6 染付山水人物茶水罐

图 7 染付吹墨海浦文四方筒

一个较好的方法。

那么，常器古染付又是用什么方法制作而成的呢？

属于常器古染付的碗、碟类，通过观察，可以发现使用了辘轳，器物上有辘轳纹。与此相对，有些器物的表面（内面）有布纹压痕。这些布纹压痕应该是在进行模压时，为防止素坯与模具粘连，在素坯与模具之间所夹的布造成的，因此有布纹压痕的器物应该是使用内模拍打而成的。在古染付碟中，有一些器物既有辘轳纹，也有布纹压痕，可以推测这些器物是通过辘轳成型后，再通过内模拍打制成的。有很多碗、碟上的布纹压痕不明显，原因在于常器古染付多是在辘轳成型后，再通过内模敲打成型制成的[①]。

另外，观察常器古染付的底面，可以发现多数为圈状足，足底内有无数放射状的线。这是用刨子（利坯刀）修底足造成的痕迹，由此可知是通过修底足来造出高足。另外，这些利坯痕还从底足附近向口沿附近延伸，由此可知是通过对器物内部的修整来使器壁变薄。

也就是说多数常器古染付，是通过辘轳成型→拍打成型→修坯这种技法来制成的。这种成型方法在茶器古染付中基本没有。所以可以说茶器古染付和常器古染付不仅在外观上存在形状和厚度的差异，其制作方法也是完全不同的。在这个

① 古染付的碟子类都通过内模敲打成型的技法，是根据村田森氏的指导得来的认识。

意义上，将古染付分为茶器古染付和常器古染付还是非常有效的分类。

正如鲁山人所说[①]，古染付不管是茶器还是常器，都是不进行素烧，直接在素坯上施釉进行本烧而成的。

五、古染付的纹样

关于古染付的纹样，有各种评价，如自由奔放、飘逸、有野趣等。但从图案上来说，可以分成两大类[②]。一是花鸟吉祥纹样，还有一种是富含隐逸思想的山水图（包括渔翁、钓鱼人等）。

古染付中所绘吉祥纹饰各种各样[③]，但是可以说不管哪个器物的纹样，都蕴含着一些吉祥的愿望。在这里无法对所有的吉祥纹样进行叙述，详情请参照石洞美术馆所举办的展览——“古染付——本国人的憧憬 他国人的祈愿”的图版作品解说[④]。在这里只对几个代表性的纹样进行简单的介绍。

鱼藻纹（图 5、图 8），是在水藻中描绘出游鱼的纹样，在绘画中也叫作藻鱼图。在中国，鱼有着多种意义，可以是女性的象征，成群及数量众多给人一种丰饶的感觉，也象征着男子的出人头地。另外，“鱼”与“余”同音，因此有富余、富裕的寓意。

鱼藻纹正是将这种多元化的寓意寄托在各种姿态的鱼身上，创作而成的一个纹样。另外，鱼藻纹将鱼游曳自如的姿态生动自然地表现出来，从这一点来看，

---

① 北大路鲁山人:《古染付百品集》上卷之《观〈明代古染付〉》，便利堂 1931 年版。

② 在文中虽然将古染付的纹样大致分成了两类，但是西田宏子将古染付的纹样分成了人物、以山为中心的风景、动物及其他四类，刘朝晖将明末清初青花瓷器的主题分为山水、花鸟、戏曲小说、神话传说四类。西田宏子:《中国的陶瓷》第十卷之《古染付》，平凡社 1997 年版，第 120–121 页。刘朝晖:《瓷画、版画和文人趣味——转变期青花瓷器装饰与社会风潮研究》，《中国古陶瓷研究》，第五辑，紫禁城出版社 1999 年版，第 45–47 页。

③ 关于吉祥纹样的寓意，主要参考下列文献：野崎诚近:《吉祥图案解题 中国风俗相关研究》，中国土产公司 1928 年版。《吉祥——蕴含在中国美术中的意义》，东京国立博物馆 1998 年版。今井敦:《中国陶瓷的设计和寓意》，《东洋陶瓷》第二十九号，日本东洋陶瓷学会 2000 年版，第 9–26 页。宫崎法子:《解读花鸟 · 山水——中国绘画的深意》，角川丛书 24，角川书店 2003 年版。

④ 佐藤千寿 · 林克彦:《作品解说》，《古染付——本国人的向往，彼国人的愿望》，石洞美术馆 2017 年版，第 223–298 页。

与文人们喜爱自由不受拘束的心情相契合。

古染付中动物的纹样也很多。鹿（图 14）既是寿星翁的坐骑，又与“禄”同声同音，是寓意着“禄”的吉祥纹样。山羊（图 9）在中国叫作“羊”，而“羊”与“阳”同音同声，另外“羊”还是“祥”的简略字，因此是表示吉祥的纹样。除此之外，狮子（图 1、图 2）、大象（图 15）、牛、虎、兔、马、猴（图 14）、

图 8　染付鱼藻文钵

图 9　染付山羊形向付

猪等都蕴含着吉祥的意思。

植物纹样有牡丹（图 10）、菊花、莲花、兰花、梅花（图 11）、杏花、芦花等互相交织，还有桃子、石榴、瓜、葡萄等果实类的植物，以及松、竹等深受文人喜爱的植物。比如牡丹被叫作百花之王，有各种吉祥的寓意。牡丹既是富贵的象征，被叫作富贵花，也借百花之王的名义象征着一品官（最高官）。桃是长寿的象征，松竹梅（图 11）被叫作岁寒三友，在寒冬时节开放的梅花，在寒冬时节依旧青翠的竹子和在寒冬时节依然挺拔耸立的松树，这些年年岁岁不变的姿态，象征着人们之间不变的友情。瓜是藤蔓类植物，其蔓不断伸长，不断结出很多果实的样子，寓意着子孙的繁荣。这些植物中也都有着吉祥的寓意。

图 10　染付牡丹唐草文银杏形钵

除此之外，还有各种各样蕴含着吉

图 11　染付松竹梅图筒茶碗

图 12　染付御所车马图手付六角钵

图 13　染付山水图八角皿

祥寓意的纹样，如龙、凤凰等传说中的动物，鸡和喜鹊、鹰、鸭、孔雀等鸟类，蝴蝶、蝈蝈儿、蜂、蝉等昆虫，鲤鱼、螃蟹、长须虾、法螺贝等水中的生物，刘海蟾、钟馗、达摩、罗汉等佛家、道家人物，还有童子、寿山石、灵芝等。其中还有如同“福”和“吉”这种直接的吉祥文字。

还有很多会在上述吉祥纹样上加上表示长久不断的唐草纹（图 10）、卍字锦（纱绫形）、方格花纹、古钱套（七宝相连的纹饰）、雷纹等。

也有一些与吉祥无关的纹样，如斗笠、车马（图 12）、日式装束的人物和风物等，但会画上鸡冠花和中国官员（图 12）等来增添一些说得通的中国式吉祥寓意。

中国所谓的吉祥，应该指的是子孙昌盛、荣华富贵等日本人也想实现的愿望吧。但是，在古染付中，祈求科举及第的吉祥纹样非常多。像蟹、鸭、芦花、鲤鱼龙门、杏花、狮子、猪、蝈蝈儿、官员等都是象征着科举及第的纹样。日本引入了很多中国的制度，但是并没有引入科举制度，因此日本人对这些纹样确实是无感的。

另一方面，与吉祥纹相对的山水图（图 13）是深受中国士大夫喜爱的图画，包含着他们想要舍弃浮世繁杂，去理想世界生活的隐逸思想[①]。同时期日本的有田及周边所烧造的初期伊万里烧，也喜爱描绘山水图案，但初期的伊万里烧山水图中很少描绘人物，古染付中却多加以人物作为点缀。这主要是因为在日本只是将其作为山水图来欣赏，而在中国却经常将自己投射到图中的人物中，希望自身能够实现山水图中所蕴含的愿望。特别是元代以后，文人多追求隐逸，开始将自己的形象画入山水画中[②]，古染付中的山水图也深受这种山水画的影响。

图 14　五彩猿鹿文皿

在这里还想讲一下天启五彩。天启五彩是在青花瓷器上用红、黄、茶、黑、绿等多种颜色来进行彩绘的器物，是与只用“吴须”来描绘的古染付相对的一种天启时期景德镇民窑所烧造的器物。

天启五彩可以分为两大类。一种是最初就打算进行釉上彩绘的器物，还有一种是烧造结束后产生了瑕疵，为了遮掩瑕疵，再进行釉上彩绘的器物。五彩猿鹿图碟就是前者的代表，在预定的纹样中，用吴须描绘出土坡、桃树叶子、喜鹊的轮廓线，再用釉上五彩描绘出猿、鹿、蜂、桃等。仅有吴须所绘的画面是无法完成构图的，只有通过釉上彩绘才能构成一个纹样。因为只有吴须无法构成画面，所以才认为从一开始就打算进行釉上彩绘。

图 15　赤绘象形向付

五彩象形向付（图 15）和五彩波纹轮花状向付就是为了遮盖瑕疵而进行釉上彩绘的代表。五彩象形向付与青花象形向付相同，是通过外模按压成型，但

① 宫崎法子:《解读花鸟·山水——中国绘画的深意》，角川丛书 24，角川书店 2003 年版，第 91–97 页。
② 宫崎法子:《解读花鸟·山水——中国绘画的深意》，角川丛书 24，角川书店 2003 年版，第 94–97 页。

是在鼻头上产生了瑕疵，所以通过施绿釉描绘了竹子纹样掩盖住了瑕疵。五彩波纹轮花形向付也是用绿釉来遮盖瑕疵，为了看不出修补的痕迹，画上了唐草纹。这些都是古染付瓷器中通用的纹样，并不是一开始就打算进行釉上彩绘。因此，可以认为是为了遮盖瑕疵才进行釉上彩绘的器物，但是这些釉上彩绘和青花纹样形成了绝妙的平衡，器物整体纹饰协调。由此可见进行釉上彩绘的陶工水平之高超。

另外，进行釉上彩绘的天启五彩数量很多，但其中山水图案的天启五彩却屈指可数。这大概是因为瓷器上的山水画还是以吴须一色为佳。文人们用日常所用的笔和墨创作而成的水墨山水画中蕴含了他们儒家式的价值观、质朴的美以及对精神世界的推崇[①]。为了反映水墨山水画中的思想，古染付的山水图案也只用吴须一种来代替笔和墨进行描绘。

由上可知，古染付中的纹饰在日本人看来是自由奔放、飘逸潇洒的，但是这些纹样中都蕴含着中国人的具体祈愿。

六、古染付诞生的背景

在数量众多的中国青花瓷器中，宣德、成化古染付被评价为："从中国文人雅客的陶瓷观来看，应当将宣德、成化青花放在首位，日本的喜爱者认为古染付和吴州远美于其他。"[②] 因此，在 17 世纪前半期，向日本出口了大量的古染付。即使历经了四百年，仍然被很多人所喜爱。那么这种深受日本人所喜爱的古染付[③]是怎么诞生的呢？

古染付诞生在明代末期，当时新大陆上所生产的大量白银通过葡萄牙大量流入了中国的江南地区，即古染付的产地。另外，还有大量白银从日本流入中国，大量的白银使经济规模大幅扩大，进入了真正的商品经济时代[④]。在这种商品经济

① 宫崎法子：《解读花鸟・山水——中国绘画的深意》，角川丛书 24，角川书店 2003 年版，第 24–28 页。

② 真清水藏六：《东洋青花瓷》，《陶瓷》第六卷第四号，东洋陶瓷研究所 1934 年版，第 31–32 页。

③ 在本文，古染付指的并不是整个明代的青花瓷器，而特指天启前后时期烧造的青花瓷器，以此作为古染付研究的对象。

④ 大木康：《明末迷失的知识分子》，讲谈社选书 45，讲谈社 1995 年版，第 32–39 页。

迅速发展的背景之下，以苏州为根据地的新安商人异常活跃，展开了繁盛的海外贸易。

这种经济上的繁荣和发展，提高了普通百姓的教育水平，科举参加人数也大幅度增加，未考中者即无法踏入仕途的知识分子也随之增多。这类知识分子以富饶的江南为背景，通过专攻文人画等各种各样的手段来谋生[①]。

在这个时代还需注意的一个现象是白话小说的繁荣。被称为四大奇书的《三国演义》《水浒传》《西游记》《金瓶梅》都创作于明代末期。这个时期江南的出版业也非常发达，通过木版印刷，出版了众多的书籍。当时世论的形成和思想的流行都是以出版物为媒介来进行的[②]。

再来看看当时景德镇窑的状况，万历十一年（1583）以后，因为御窑厂被要求生产大量的御用器物，所以其中大半都是通过官搭民烧来烧造的。因为数量过于庞大，所以上等的瓷土日渐枯竭，所以使用了大量质量较差的瓷土作为替代品。正因为使用了这些瓷土，所以才有了会发生虫噬现象的粗杂器。另外，大量的瓷器生产让陶工异常疲惫，这种大量生产的情况随着神宗万历皇帝的薨逝而得以缓解。从繁重的工作中解脱出来的景德镇窑创作出了自由奔放和轻松愉快的器型，并留下了潇洒风雅的釉上绘画[③]。

明末时期，景德镇民窑根据订单烧造的瓷器，大量出口到欧洲、中东、东南亚、日本等地，是非常重要的出口商品[④]。景德镇的情况、江南经济的发展和新安商人的活跃都是古染付诞生的背景。

有很多人认为古染付的画面受到了当时出版的画谱和白话小说的影响[⑤]。之所以会有这种想法正是因为当时出版业的繁盛。但是，只要看过成套的古染付的向付和碟子，就会发现即使是同一个画面也不会画得完全一样，所以应该并不是参考画谱直接描摹的。

古染付的画面中之所以会有很多山水图和祈求科举及第的吉祥纹样，这毫无

---

① 宫崎法子：《解读花鸟·山水——中国绘画的深意》，角川丛书 24，角川书店 2003 年版，第 97–98 页。

② 大木康：《明末迷失的知识分子》，讲谈社选书 45，讲谈社 1995 年版，第 183–191 页。

③ 斋藤菊太郎：《陶瓷大系 第四十四卷 古染付 祥瑞》，平凡社 1972 年版，第 86–88 页。

④ 西田宏子：《东洋陶瓷史——其研究的现状》之《明·清过渡时期的百态》，日本东洋陶瓷学会 2002 年版，第 108–116 页。

⑤ 斋藤菊太郎：《陶瓷大系 第四十四卷 古染付 祥瑞》，平凡社 1972 年版，第 24 页。吉富真知子：《古染付手桶形水罐（宁波青花手桶御水指）》，《德川美术馆所藏茶道名品》，德川美术馆 2015 年版。

疑问是受明末的科举应试者的增多和无法中举人数增多的影响。山水图中则包含了饱受科举制度折磨深感疲惫的知识分子的厌世观，吉祥纹样中则蕴含了科举应试者及其亲族们对科举及第的强烈愿望。

换个视角来看看日本当时的状况，当时由于侘茶的流行使得桃山时代的志贺、织部茶陶风靡一时。有很多先学认为茶器古染付是模仿志野和织部的陶器制成的，但究竟是仿造根来漆器制成，还是仿造志野、织部的陶器制成，还有待以后的研究。

关于茶道和古染付的关系，中路氏有着详细的记述①，可供参考。书中指出了从桃山时代到江户时代，茶道所喜爱器物的变化以及促成其变化的政治、经济的变化。

简单来说，古染付诞生时，景德镇由于生产量大的缘故，优质的瓷土枯竭，所以不得已生产了会产生虫噬现象的器物，后来这种大批量生产得以取消，陶工得以生产出自由奔放、轻松愉悦的器物。另外，当时江南地区经济的发展、木版印刷的繁荣、科举应试者的增多及与此相应的知识分子的增加都是古染付出现的背景。

另外，在日本，以志野、织部为代表的桃山时代茶陶非常流行。另外，在当时茶道器物喜好的变迁中，从中国舶来的青花瓷器刚好符合了日本人的喜好。

在这些背景下，景德镇收到订单生产日本人所喜爱的瓷器，而景德镇也很好地完成了这些订单。

这样诞生而来的古染付，带着当时景德镇自由的空气，虽然看着粗糙，但是自由奔放，令人轻松愉悦，在江户时代前期日本人的眼中非常有魅力，同时也成为文化文政时期日本人所憧憬的器物。文化文政时期，由于教育的普及和学问的繁荣，出现了很多的文人，市民文化也得以发展，处于一种比较自由的状态中。在这样的时代里，带有中国江南地区自由风气的古染付被一再追捧，因此“古染付”一词的诞生并不是偶然现象。

---

① 中路延代：《古染付舶来品当初的鉴赏层和鉴赏情况》，《古染付——本国人的向往，彼国人的愿望》，石洞美术馆 2017 年版，第 31–60 页。

七、古染付研究的将来

古染付，这一深受日本人喜爱的器物，由于其定义的模糊，以及在中国陶瓷史上属于少数的特殊产品，所以一直以来并不为学术研究所重视，但是已经有许多先学努力去理解古染付。我们继承了这些先学所留下的遗产，接下来又该怎样推进古染付的研究呢？本文就接下来的古染付研究略作探讨。

如上所述，烧造古染付的窑口被认为是景德镇民窑，但是制作古染付的作坊、烧造古染付的窑址等在正式发掘调查中尚没有任何发现。今后，在已得资料的基础上，应当继续努力寻找窑址和作坊的遗迹。如果能够发现窑址和作坊的遗迹，通过分析，古染付相关研究应该会有长足的进步。衷心的期盼这一天早日到来。

另外，日本国内通过发掘调查出土了大量的古染付以及相关资料，但是对这些实物和资料的分析并不是十分充分。通过这些分析，虽然关于古染付究竟截止到什么时候这种范围问题还是非常纠结，但是至少可以认定茶器古染付是一个有效的分类。所以接下来通过古染付与其他器物的分析比较，来继续分析茶器古染付在当时的日常器物组合中占据着什么样的位置也是非常重要的问题。

茶器古染付应该确实受到了桃山时代茶陶的影响，但同时代其他器物的影响，却无人提及。如上所述，古染付中确实是有模仿日本根来漆器的器物，所以今后应该继续研究桃山时代茶陶以外其他器物对古染付的影响及相互关系。

另外，关于常器古染付，有人认为是面向中国国内的产品，也在东南亚频繁发现类似的产品[①]，在其他很多地方都可以看到明末清初时期景德镇民窑的产品，那么就有必要再次探讨常器古染付这一分类是否成立。弄清这个问题，需要花费大量的时间和劳力，但是不经过这个过程，就无法确认常器古染付这个分类在学术研究中的有效性。

关于古染付的纹样，古染付的画面并不是之前常见的固定纹样，而是直接在

① 比如在石洞美术馆的藏品中，有与常器古染付类似的印度尼西亚苏拉威西岛望加锡附近出土的青花云鹤纹碟。

瓷器上进行画面创作[①]。特别是古染付中所画的山水图案，只有通过对中国山水画的理解才能懂其中的意思。虽然古染付的画面也许很难在中国绘画史中占据一席之地，但是通过与绘画进行比较来看古染付的纹样，应该可以得到更多的见解。

关于古染付的年代，以天启为中心，延续到崇祯时期的认识已经固定下来了。那么能否将其进一步细化呢？比如2006年在美国纽约China Institute Gallery举办的“Trade Taste and Transformation”展的图录中，将包括古染付在内的明末清初时期出口到日本的景德镇民窑产品按生产年代，将各个作品按每隔5年至15年的分类来进行展示[②]。我虽然并没有掌握能够明确这些古染付具体年代的资料，但是通过对古染付进行详细的分析，明确各个作品的详细制作年代，那么就可能捕捉其变化的规律。

这样看来，古染付相关研究中需要做的还很多。也许会花费很多时间，但是还是想要通过这些研究，进一步加深对古染付的理解。

关于“古染付”一词，河原正彦氏说道，“古染付”一词也许“从学术性来讲，并不是表示其特性的非常准确的词汇”[③]。那么，如果学术研究继续推进，“古染付”一词是否会被废除，被一个更符合其内容的名称所取代呢？

“古染付”一词，原本就是江户时期文化文政时代的人们对非常向往的青花瓷器的爱称。现在人所说的“古染付”一词，与最开始的“古染付”的意思和范围都有所不同，但是通过“古染付”一词所唤醒的模糊印象，不管是在江户时代，还是在现代爱好者中都是相通的。估计这个意义深远的“古染付”一词，今后与学术上的“古染付”不同，会被更多古染付爱好者使用，作为一个喜爱古染付的人，也不禁希望今后这个名称能够一直保留下去。

（日文翻译：吴艳）

---

① 矢部良明：《桃山文化与景德镇窑的相遇》之《古染付与祥瑞——桃山文化与景德镇窑的相遇》，每日新闻社1981年版。

② Julia B. Curtis “TRADE TASTE & TRANSFORMATION：Jingdezhen Porcelain for Japan，1620–1645”，China Institute Gallery 2006.

③ 河原正彦：《古染付》，京都书院1977年版，第209页。

本文是在拙著《古染付杂感》（《古染付——本国人的向往，彼国人的愿望》，石洞美术馆2017年版，第6–21页）的基础上进行修改延展而来。

广彩的起源及早期面貌

郭学雷[①]

提及广彩瓷器，其工细殊绝、绚彩华丽、金碧辉煌的装饰风格，是最为人们熟知的。但这大多是乾隆时期及其以后的广彩瓷器给我们留下的印象。这一深度融合了中西文化、技术的重要外销瓷器品种，不仅深刻影响了西方人的社会生活，同时对中国瓷业的生产方式及装饰面貌都有不同程度的影响。令人遗憾的是，其起源及早期面貌仍混沌不清。

众所周知，广彩是应外销之需产生的瓷器品种，大量优质的广彩瓷器多藏于海外；而且，从目前掌握的证据来看，广彩的产生，深受广东铜胎画珐琅（以下均简称广珐琅）工艺的影响[②]。因此，要研究广彩的起源，并了解其早期面貌，就不仅要系统考察海外丰富的广彩遗存，更需细致审视广珐琅与广彩之间的关系。

西方学者有关中国纹章瓷的研究，多涉及广彩的起源问题。纹章瓷多为欧洲贵族定制，其纹章授权和家族档案史料大多保存完好，加之一些有明确纪年的器物和东印度公司档案等文献，使得多数纹章瓷的具体生产年代，大都清晰可考。这就为与纹章瓷装饰工艺颇为密切的广彩的起源及相关问题的研究，提供了重要的科学断代标尺和有关证据。

一、目前对广彩创烧年代的认识

大致有三说。

康熙说。以宋良璧先生的研究为代表[③]。宋先生认为广彩生产始于康熙，雍正

① 郭学雷，深圳博物馆副馆长、研究员。

② 广东民间工艺博物馆编:《赵国垣广彩论稿》，岭南美术出版社 2008 年版，第 15、16 页。

③ 宋良璧:《广彩瓷器概述》，收录于《广彩瓷器》，文物出版社 2001 年版。

已初具风貌，成熟于乾隆。他还指出，乾隆时期广彩的生产已十分繁盛，在此之前必然有一个发展成熟的过程，并认为广彩瓷器的生产开始于“海禁”结束后的康熙中后期。康熙中晚期至雍正早期，是广彩的初创阶段，无论是师傅、颜料、素瓷都是从景德镇来，或依景德镇彩瓷纹样，或来样加工，岁无定样，故广彩的特色不太显著，国内流传下来的实物很少，或者见到也不清楚是广彩。国内学者大多承袭此说。

雍正说。荷兰约赫姆·克勒斯博士，依据对纹章瓷的观察指出：18 世纪 30 年代初，广州的彩绘工人已开始在景德镇素瓷上彩绘或部分彩绘，尽管规模不大。并进一步指出，有证据显示最早在 1733 年，纹章瓷的彩绘不是在景德镇而是在广州完成[①]。英国维多利亚与艾伯特博物馆的孟露夏博士，则认为 18 世纪 20 年代后，欧洲对中国瓷器的需求大量增加，瓷器部分上彩工序开始逐渐转到广州进行，乃至最终在 18 世纪中叶一部分瓷器在广州绘制[②]。

乾隆说。欧洲学者克里斯蒂安·J. A. 约尔格，在《瓷器和中荷贸易》一文中指出：根据荷兰东印度公司的记录，景德镇素瓷在广州的绘制，可能始于 1745 年至 1750 年左右。中国传统文献也大多支持乾隆说，如民国初年刘子芬著《竹园陶说》载：

> 《陶雅》则称或谓嘉道间广窑瓷地白色略似景德镇所制，审其言实即粤人所称河南彩或曰广彩者。盖其器购自景德镇，彩绘则粤之河南厂所加工者，故有河南彩及广彩的名称。此种瓷器始发于乾隆盛于嘉道。

显然，对于广彩创烧的时间，学界仍存分歧。不过，无论是从实物还是文献来看，乾隆时期广彩瓷器已相当成熟，并大量出口。至于其创烧的上限，能否早至雍正或康熙年间，还须对广彩的工艺来源，并结合纹章瓷及其他相关证据的考察，才能得出较为符合客观实际的结论。

① Jochem Kroes, *Chinese Armorial Porcelain for the Dutch Market*, Publisher：W Books 2008，p.79.

② 孟露夏：《中国瓷器贸易中的批量出口与定制》，《瓷之韵——大英博物馆、英国国立维多利亚与艾伯特博物馆藏瓷器精品》，中华书局 2012 年版，第 17 页。

二、广彩的工艺来源

探讨广彩的创烧年代，首先要搞清楚广彩工艺的来源问题。对此，海内外的前辈学者早已有清晰认识。

广彩工艺美术大师赵国垣认为：一个行业的形成，是和那个时代的社会生活、所用材料、科技水平有关的，特别是和兄弟行业的影响有关。广州彩瓷本来与烧瓷（广珐琅）是同一行业的，后因外销的需要才各自发展成各有特色的两种出口工艺品，这是广彩行业的早期发展情况[①]。

1904年出版的英国波西尔（S.W.Bushell）著《中国美术》，在详述我国珐琅发展时曾指出："中国铜器上之笔绘珐琅，通称洋瓷，盖表明其技艺之学自外人也，又名广东珐琅，因广东省城为制此瓷之中心点也。广东工人常自景德镇购瓷器及制铜器，运至省中，用同样一彩色珐琅以装饰之，唯此器不名洋瓷，而名曰洋彩，盖洋彩瓷之省称也。"书中在述及英、荷诸国在广州定制纹章瓷器及其他物品时又称："所造之物品，有为瓷器上绘珐琅者，有为铜器上绘珐琅者，有时种类相异之物品为同一之装饰。"

英国纹章瓷学者大卫·霍华德也注意到，从1728年始，纹章瓷和外销瓷的装饰明显受到铜胎画珐琅的影响，这种影响大约持续到1745年（乾隆早期），并指出，不透明的粉彩是从铜胎画珐琅中分离出来的，从1720年10月26日 Jesuit Father de mailla 的信来看是显而易见的[②]。

---

① 广东民间工艺博物馆编：《赵国垣广彩论稿》，岭南美术出版社2008年版，第15、16页。

② David Sanctuary Howard，*Chinese Armorial Porcelain*，Faber and Faber Limited，London，1974，p. 44.

我国古文献中，也有“广窑”仿烧“洋瓷”[①]（即广珐琅）之记述。如民国刘子芬《竹园陶说》载：

> 蓝浦陶录据地志所载，广东之阳江县产瓷器，遂谓尝见炉瓶盏碟盘碗壶盒之属甚绚彩华丽，盖仿洋磁烧者。陶雅则称或谓嘉道间，广窑瓷地白色略似景德镇所制，审其所言实即粤人所称之河南彩或曰广彩者。海通之初，西商之来中国者先至澳门，后则径趋广州，清代中叶海舶云集，商务繁盛，欧土重华瓷，我国商人投其所好，乃于景德镇烧造白器运至粤垣，另雇工匠仿照西洋画法加以彩绘，于珠江南岸之河南开炉烘染，制成彩瓷，然后售之，西商盖其器购自景德镇，彩绘则粤之河南厂所加者也，故有河南彩及广彩等名称，此种瓷品始于乾隆，于嘉道今日粤中出售之，饶尚有于粤垣加彩者，因其杂用西洋彩料，与饶窑五彩稍异，间有画笔极工彩亦绚烂夺目，与雍正粉彩类似者。阳江窑早已消灭，亦未闻能制彩瓷也。

其实，乾隆时期人们的观念当中，原本就是将广彩视同珐琅工艺的。1963年，纽约曾出版一本乾隆时期绘制的陶冶图彩色图集[②]。该图集描绘了景德镇瓷器经船运“过滩”和肩挑“度岭”后[③]，在广州加彩和用明炉低温烤花的过程（图1）。其中一幅描绘广州作坊瓷器加彩的画面，其上方榜题“珐琅”。而且，图中所示广州使用的烤花明炉，也与景德镇的暗炉有别，称“大炉”，是源自西方烧制铜珐琅的窑炉。

---

① （清）陈浏：《匋雅》上卷载：“范铜为质，不嵌铜丝，满浇釉汁，加以彩绘，厥为洋瓷，质系华瓷，笔法迥异，参用西算，有界画厥为洋彩铜地而瓷画者洋瓷也，瓷地而界画者洋彩也。”（民国）许之衡：《饮流斋说瓷》云：“洋瓷有两种。一为泰西流入之洋瓷，本不入考古家赏鉴。然清初流入之品有极精者，如绘女神像自由神之属，诙诡可喜至旧至精者亦堪藏庋一二也。一为吾国所造铜胎挂瓷之品，市人通称亦曰洋瓷，实则此类彩绘大半本国华风尤以绘西厢等故事为多，其兼仿洋彩者反居少数，则呼曰洋瓷称名殊嫌不当，大抵互市伊始洋瓷流入有铜胎者，遂印市人之脑，由是凡瓷之铜胎者，不问其为本国制与否，概以洋瓷呼之，相沿成习牢不可破耳。洋彩。雍乾之间洋瓷逐渐流入，且有泰西人士如郎世宁辈供奉内廷，故雍乾两代有以本国瓷皿摹仿洋瓷花彩者，是曰洋彩。画笔均以西洋界算法行之，尤以开光中绘泰西妇孺者为至精之品，至于花鸟亦喜开光，又有不开光者，所用颜色纯似洋瓷，细辨之则显然有别，且底内往往有华字款也。”

② Walter A. Staehelin，“The Book of Porcelain”，The Macmillan Company New York，1963.

③ 景德镇瓷器装船后，从昌江启航，经鄱阳湖，溯赣江而上，再从陆路越大庾岭，到达广东南雄，然后顺北江而下抵广州。此处“过滩”是描绘穿越赣江十八滩的情形，而“越岭”则指陆路翻越大庾岭。

图 1　陶冶图中的广彩彩绘作坊及窑炉　乾隆时期绘制

三、广彩创烧的时间及早期面貌

既然广彩工艺源自对广珐琅的仿烧，那么细致考察广珐琅对广彩的影响，便是探索广彩创烧时间最有效的途径。为此，须先对广珐琅的早期情况作一考察。

先来看康熙年间广珐琅的情况。据康熙五十五年广东巡抚杨琳的奏折可知[①]，当时广珐琅生产已有一定基础，被送进宫的潘淳、杨士章等人，不但能自行炼料，也有能力烧制珐琅。遗憾的是，或因康熙末年的广珐琅尚处初始阶段，产量有限，故鲜有传世品存世。不过其大致面貌，仍有迹可寻。从杨琳的奏折内容可知，康熙五十五年（1716）时，广州已能烧造“金纽”“时辰表”“鼻烟壶”“铜画片”等珐琅小物件。至五十七年（1718），还能生产“积红杯盘”“盖碗”了。实物方面，最重要的是中国国家博物馆藏一对清康熙“辛丑”款铜胎画珐琅花蝶纹杯（图 2–1）。其做工精细，装饰典雅，工艺已相当成熟。两杯内底分题“辛丑署月偶写怡情官舍月峡渔父笔”及“辛丑初秋画于仙城官舍五石山人笔”。“仙

① 中国第一历史档案馆、广州荔湾区人民政府合编：《清宫广州十三行档案精选》，广东经济出版社 2002 年版，第 7、8 页。

图 2–1 “辛丑”铭广珐琅花卉纹杯 1721 年 中国国家博物馆藏

城”是广州别称。参酌北京故宫和台北故宫所藏康熙时期的珐琅制品（图 2–2），可知这对杯的彩料和花卉等特点，明显具有康熙朝特点，“辛丑”应为康熙六十年（1721），这是目前所见唯一带有纪年和产地信息的康熙末年广珐琅制品。此外，2005 年伦敦苏富比拍卖一对广珐琅西洋人物盘，其锦地纹、四开光形式，与康熙年间青花装饰有着共同的时代特征（图 3），而且其深沉偏紫的胭脂红，也明显与康熙朝宫廷珐琅彩的特点一致。

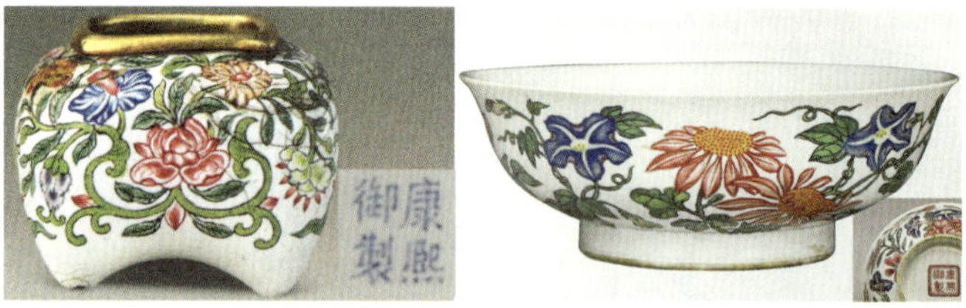

图 2–2 左：铜胎画珐琅花卉纹盂 清康熙 北京故宫博物院藏
右：瓷胎画珐琅花卉纹碗 清康熙 台北故宫博物院藏

图 3 左：广珐琅西洋人物盘 清康熙 2005 年 7 月 13 日伦敦苏富比拍品
右：青花博古图盘 清康熙 荷兰阿姆斯特丹国立博物馆藏

以上文献和实物表明，康熙末年的广珐琅技术已趋成熟。那么，与广珐琅工艺关系密切的广彩，是否也创烧于此时呢？考察景德镇外销瓷器可发现，康熙末年，已有珐琅彩中最具标识性的胭脂红与景德镇传统五彩混合使用的情况。如1717年荷兰、法国和英格兰同盟国确立之时，荷兰定制的费毅斯兰等一批城市、省的纹章瓷上，胭脂红与传统五彩中的矾红、蓝、绿、黄彩及釉下青花同饰一器（图4）。此外，纹章瓷的纪年材料也证实，1720—1722年的景德镇外销瓷中，已有胭脂红的应用。如John Lambert定制的纹章盘[①]，纹章一周为复杂的胭脂红装饰（图5）。据霍华德的考证，该纹章瓷的定制时间不晚于1722年[②]。另一件装饰了胭脂红的Charles Townshend和Harrison家族联姻纹章瓷，为男女主人1723年结婚时定制。不过，对于上述几件年代可考的胭脂红装饰纹章瓷，西方学者均认定其不可能在广州上彩，而且，殷弘绪1722年的书简内容，也支持上述观点。书简描述景德镇使用的一种来自广州和北京的深紫色彩料[③]，无疑即

图4　青花粉彩费毅斯兰纹章盘　清康熙
比利时布鲁塞尔皇家艺术历史博物馆藏

图5　东印度公司以及南洋公司总裁
John Lambert定制的纹章盘　1722年

① John Lambert是东印度公司以及南洋公司总裁。

② John Lambert他死于1722年2月。下订单的时间不可能晚于1722年3月之后，订单可能在南海泡沫事件的完全影响之前的1720或1721年已经发出，因为他的儿子当时出任总裁，承受了严重的财政损失。

③ 殷弘绪1722年的书简内容：There is another colour called Tsiu from which they make a deep violet colour. There is some found in Guangzhou [Canton], and some comes from Beijing[Peking], but the latter is much the best. Like the other colours just describedthis is used only on the porcelain which is re-fired.

图 6 “又辛丑年制”款洋彩杨梅花卉纹碗 1721 年 大英博物馆藏

指珐琅彩中的胭脂红。

既然康熙末年的景德镇已有来自广州的珐琅彩的应用，那么，作为开珐琅工艺之先河，为宫廷提供珐琅技术、原料、人才，并促成宫中的珐琅烧成关键性发展的广州[①]，此时是否也开始了利用景德镇素白瓷，进行异地加饰珐琅彩的尝试呢？大英博物馆藏“又辛丑年制”款洋彩杨梅花卉纹碗（图 6）及 2011 年伦敦苏富比拍卖的一件“又辛丑年制”款洋彩寿桃花卉纹碗（图 7 中），为我们提供了重要线索。值得注意的是，大英博物馆藏“又辛丑年制”款碗（图 6）的内壁所绘花卉及外壁满施胭脂红的特点，与英国著名收藏家阿尔弗雷德·克拉克夫妇（Mr.&Mrs.Alfred Clark）旧藏的几件 18 世纪早期广珐琅的绘画技法、装饰风格，包括器物外壁满施胭脂红釉的做法，均颇为一致，明显有模仿广珐琅工艺的遗痕（图 7 上）。而且，从下文可确认的一批雍正外销欧洲的广彩精品来看，盘碗类外壁亦大多施胭脂红釉（西方学者称 ruby back），这一特征可说是早期广彩精品的一大特点。以上两件外壁饰胭脂红釉的“又辛丑年制”款珐琅彩碗，或正是康熙五十七年两广总督杨琳奏折所提“积红杯盘”一类。此外，伦敦苏富比拍卖所藏“又辛丑年制”款洋彩寿桃花卉纹碗（图 7 中），其折枝寿桃花卉西洋技法的晕染、彩料等特点，与西方人普遍认定的雍正广珐琅的同类装饰几近一致（图 7 下）（该碗的年代与雍正仅隔 1 年），描绘花叶的“广翠”也颇具广州地方特色，其在康熙宫廷珐琅彩和景德镇彩瓷上绝少利用，是广珐琅具有标识性的颜色。综上可知，以上两件“又辛丑年

① 施静菲：《日月光华——清宫画珐琅》，台北故宫博物院 2012 年版，第 36 页。

图 7　上：广珐琅花卉纹盘　18 世纪早期　阿尔弗雷德·克拉克夫妇旧藏
中：“辛丑年制”款洋彩寿桃花卉纹碗　1721 年　2011 年 11 月 9 日伦敦苏富比拍品
下：广珐琅仕女婴戏图盘局部　清雍正　2014 年 4 月 16 日伦敦佳士得拍品

制”款珐琅彩花卉纹碗，极有可能就是最早的广彩瓷器。此外，在海外收藏中有一些外施胭脂红釉的洋彩盘，风格与上述两件“辛丑年制”款碗颇为一致，也应是早期的广彩遗存，如吴培先生在海外征集的一件被定为雍正的洋彩花卉纹盘，其年代可能上溯至康熙末年（图 8）。

至于雍正时期的广珐琅，因海内外均缺乏相关研究，故其整体面貌尚不十分清楚。不过，在欧美博物馆、收藏家及艺术品拍卖机构中，常可见到一类被西

图 8　洋彩花卉纹盘　清康熙　吴培藏

方学者认定为雍正或雍正乾隆之际的广珐琅制品。其造型有折沿盘（图 9 左、图 11 左、图 11 中、图 18 右）、直口盘（图 12 左、图 16 中）、撇口盘（图 16 左）、八方盘（图 14 左）、小碟（图 22 左）、提梁壶（图 26）等；这批广珐琅装饰特色鲜明，以各类锦地纹（西方人称 Diaper）最具特色，以黑线勾勒锦地轮廓，再罩以粉、淡粉、绿、黄、紫等色；流行菱形、葵形、海棠形、树叶形等开光；彩料以胭脂红、黄、绿、蓝、广翠为主，色阶丰富，设色艳丽、对比强烈，其中以胭脂红和广翠最具特色。

重要的是，海外公认的雍正外销瓷中，确有一批明显仿烧上述广珐琅的制品。如荷兰阿姆斯特丹国立博物馆藏雍正洋彩仕女婴戏图盘，与香港佳士得 2014 年拍卖的广珐琅仕女婴戏图盘，两者的构图、绘画技法、彩料等细节惊人相似，或出一人之手（图 9）。2012 年 10 月美国旧金山 Bonhams 拍卖的广珐琅花鸟纹盘、2013 夏季美国亚洲拍卖会拍品广珐琅花蝶纹盘，与阿姆斯特丹国立博物馆藏雍正洋彩花鸟纹盘，其宽折沿的锦地开光、花鸟装饰也如出一辙（图 11）。2015 年 5 月伦敦苏富比拍品雍正广珐琅纹章盘，与维多利亚与艾伯特博物馆藏雍正洋彩花

图 9　左：广珐琅仕女婴戏图盘　清雍正　2014 年 4 月 16 日伦敦佳士得拍品
中：洋彩仕女婴戏图盘　清雍正　荷兰阿姆斯特丹国立博物馆藏
右：洋彩仕女婴戏图盘　清雍正　维多利亚与艾伯特博物馆藏

图 10　左：洋彩仕女婴戏图盘　清雍正　维多利亚与艾伯特博物馆藏
右：洋彩仕女婴戏图盘　清雍正　美国皮博迪·埃塞克斯博物馆藏

图 11　左：广珐琅花蝶纹盘　清雍正　2013 年夏季美国亚洲拍卖会拍品
中：广珐琅花鸟纹盘　清雍正　2012 年 10 月 29 日美国旧金山 Bonhams 拍品
右：洋彩花鸟纹盘　清雍正　荷兰国立阿姆斯特丹博物馆藏

鸟纹盘、1733 年荷兰东印度公司成员 Jan Blonkebijle 定制的纹章盘（盘上有纪年铭文），其装饰风格、彩料特点也大致雷同（图 12）。2013 年香港佳士得秋拍所见广珐琅鸳鸯牡丹纹盘、2012 年 6 月伦敦 Dreweatts & Bloomsbury 拍卖行拍品铜胎广珐琅人物图盘，与阿姆斯特丹国立博物馆藏雍正洋彩仕女婴戏图盘的色彩、装饰手法，特别是宽折沿的锦地开光特征完全相同（图 13）。2013 年 11 月伦敦苏富比拍品雍正洋彩富贵功名图八方盘，其造型和装饰的母本明显从广珐琅中而来（图 14）。大英博物馆藏洋彩仕女婴戏图盘的树叶形开光、外壁满施胭脂红釉的手法，也带有鲜明的广珐琅遗痕（图 15）。英国维多利亚与阿尔伯特博物馆藏洋彩花蝶纹盘的主题图案（图 16 右），同样借鉴了广珐琅的流行设计（图 16 中，图 22 左）。此外，还有 1733 年荷兰 Cornelis Schnelis、Judith Bartholomeussen 夫妇定

图 12　左：广珐琅纹章盘　清雍正　2015 年 5 月 13 日伦敦苏富比拍品
中：洋彩花鸟纹盘　清雍正　维多利亚与艾伯特博物馆藏
右：荷兰 Jan Blonkebijle 定制纹章盘　1733 年　美国弗吉尼亚博物馆藏

图 13　左：广珐琅鸳鸯牡丹纹盘　清雍正　2013 年香港佳士得秋拍拍品
中：广珐琅人物图盘　清雍正　2012 年 6 月伦敦 Dreweatts & Bloomsbury 拍卖行拍品
右：洋彩仕女婴戏图盘　清雍正　阿姆斯特丹国立博物馆藏

图 14　左：广珐琅花蝶纹八方盘　清雍正　2014 年 4 月纽约佳士得拍品
右：洋彩富贵功名图八方盘　清雍正　2013 年 11 月 6 日伦敦苏富比拍品

图 15　左：广珐琅仕女图盘　清雍正　2015 年 3 月 17 日纽约苏富比拍品
右：洋彩仕女婴戏图盘　清雍正　大英博物馆藏

图 16　左：广珐琅花蝶纹盘　清雍正　2014 年 4 月 16 日伦敦佳士得拍品
中：广珐琅花蝶纹盘　清雍正　2012 年 11 月 7 日伦敦苏富比拍品
右：洋彩花蝶纹盘　清雍正　英国维多利亚与艾伯特博物馆藏

制的联姻纹章盘、1730 年 Thomas Bootle 定制的洋彩纹章盘、2008 年 6 月巴黎苏富比拍品清雍正洋彩花卉纹盘等，均可看到明显来自广珐琅的影响（图 17—图 19）。

那么，以上仿烧广珐琅的外销瓷是否广彩呢？大英博物馆（藏品号 Franks 689）及美国

图 17　左：广珐琅雄鸡牡丹纹剃须盘　清雍正　2011 年 11 月美国 Millea Bros. 有限公司拍品
右：荷兰 Cornelis Schnelis 和 Judith　Bartholomeussen 联姻纹章盘　约 1733 年　Chinese Armorial Porcelain for the Dutch Market 收录

图 18 左：Thomas Bootle 定制广珐琅纹章汤盘器盖 约 1730 年 霍华德著《中国纹章瓷》第二部收录

右：Thomas Bootle 定制洋彩纹章盘 约 1730 年 霍华德著《中国纹章瓷》第二部收录

图 19 左：广珐琅花蝶纹盘 清雍正 法国 Bertrand de Lavergne 拍品

右：洋彩花卉纹盘 清雍正 2008 年 6 月 12 日巴黎苏富比拍品

国家美术馆各藏一件与上述器物装饰风格相同的“岭南绘者”铭瓷盘，给出了肯定的答案（图 20–1）。两盘内壁均饰龟背锦地纹一周，盘心开光内饰花卉，左侧空白处题“岭南绘者”，尾部摹红色白文“白石”印，盘外壁满施胭脂红釉。至于其年代，从同类装饰风格的荷兰 Gerrit Fiers 船长 1731 年定制的纹章盘（图 20–2 中）①、大英博物馆藏比利时 Dux 家族雍正时期定制纹章盘（图 20–2 右）② 可知，“岭南绘者”铭盘是雍正时期制品无疑。值得一提的是，荷兰阿姆斯特丹国立博物馆藏一件雍正洋彩花篮纹盘（图 21），与“岭南绘者”铭盘所绘花篮的用色、线条、晕染等特征高度一致，盘外壁同样满施胭脂红釉，而且其画面下方竟

① Jochem Kroes 博士考证其为荷兰 Gerrit Fiers 船长 1731 年首次到广州时定制。

② 据大英博物馆 Jessica Harrison-Hall 考证，该器是雍正制品。

图 20-1　左："岭南绘者"铭洋彩花卉纹盘　美国国家美术馆藏
右："岭南绘者"铭洋彩花卉纹盘　大英博物馆藏

图 20-2　左：花押字母洋彩花卉纹盘　清雍正　大英博物馆藏
中：荷兰 Gerrit Fiers 船长定制纹章盘　约 1731 年　Chinese Armorial Porcelain for the Dutch Market 收录
右：比利时 Dux 家族纹章盘　清雍正　大英博物馆藏

图 21　洋彩花篮纹盘
清雍正　荷兰阿姆斯特丹国立博物馆藏

然还描绘有颇具岭南特色的荔枝，使我们有理由确信，它们均为岭南广州所绘。

无独有偶，2008 年纽约苏富比拍品"白云山人"印款富贵功名图盘，是早期广彩的又一重要例证（图 22 右）。其盘心的轮花形开光，也明显借鉴了广珐琅的设计（图 22 左）。白云山是广州著名的风景胜地，该器摹绘"白云山人"印款，虽较"岭南绘者"的落款略显含蓄，但仍具鲜明的岭南印痕。

不仅如此，荷兰阿姆斯特丹国立博物馆藏

图 22　左：广珐琅花蝶纹盘　清雍正　2002 年 6 月 20 日伦敦佳士得拍品
右：洋彩富贵功名图杯、盘　清雍正　2008 年 4 月 25 日纽约苏富比拍品

图 23-1　“功名富贵”铭茶盏、盘
1724 年　荷兰国立阿姆斯特丹博物馆藏

一套“功名富贵”铭茶盏、盘（图 23-1），为早期广彩的确认与年代的判定，提供了更为直接的证据。该套茶盏及托盘，均绘雄鸡牡丹。托盘内的轮花形开光，同样借鉴了广珐琅的装饰。托盘画面左上空白处，题“功名富贵　甲辰花朝写于岭南珠江精舍”。尾部所摹红色白文“白石”印款，与前述“岭南绘者”铭盘印款相同，可知两器同为一人所为。据“甲辰花朝写于岭南珠江精舍”铭文确知，该器为广州加彩无疑。至于“甲辰”为何年，与之装饰风格类似的英国 Goodwin 家族纹章瓷盘（图 23-2 左），其年代霍华德先生考证为 1730 年前后。据此，可知该套“功名富贵”茶盏、盘，在广州准确的绘制

图 23-2　左：英国 Goodwin 家族纹章瓷盘　清雍正　大英博物馆藏
中：洋彩仕女婴戏图盘　清雍正　英国维多利亚与艾伯特博物馆藏
右：洋彩功名富贵图盘　清雍正　英国维多利亚及艾伯特博物馆藏

年代为雍正二年（1724）。

此外，美国著名收藏家 Doris & Leo Hodroff 夫妇旧藏一件“大清雍正年制”款茶盏，其外壁饰模仿广珐琅的锦地纹，也可为上述同类装饰的仿烧广珐琅器物的年代（图 24），提供可靠证据。

至关重要的是，荷兰阿姆斯特丹国立博物馆藏“博弈图”瓶（图 25），为研究和了解早期广彩瓷器，提供了更为关键的证据和重要信息。该瓶腹部饰对弈仕女，绘工精细考究，人物传神，颇得清宫廷仕女人物画神韵。与对弈仕女相对的另面，以墨彩题“博弈图甲辰花朝写于岭南珠江精舍”，尾部摹红色白文“唐金

图 24　左：洋彩锦地花卉纹茶盏　清雍正　Doris & Leo Hodroff 夫妇收藏
右：荷兰东印度公司管理员 Sergius Swellengrebe 定制洋彩锦地开光纹章茶盏　约 1731 年
Chinese Armorial Porcelain for the Dutch Market 收录

图 25　洋彩“博弈图”瓶　1724 年　荷兰阿姆斯特丹国立博物馆藏

图 26　广珐琅花鸟提梁壶　清雍正
2014 年 1 月 24 日纽约苏富比拍品

堂”印款。值得注意的是，该器所题“甲辰花朝写于岭南珠江精舍”，也见于前述“功名富贵”茶盏，结合对比其书体等特征，可知两器应同为一人所绘。至于“唐金堂”是何许人？据清宫档案载[①]：乾隆六年（1741）四月十二日，内大臣海望再次向广东地方当局点名征召画珐琅匠人曾五莲、唐金堂、李慧林三人。三人中，除曾五莲、唐金堂因故未到外，另补党应时、胡礼运二人偕李慧林赴京应役。参酌该文献可知，“博弈图”瓶的“甲辰”系雍正二年无疑。因下一“甲辰”为乾隆四十九年（1784），假设唐金堂征召进宫时年龄为 30 多岁，乾隆四十九年时，其年龄已高达 80 以上了，这样的高龄还能绘制如此细腻精美的瓷器，显然是不可能的。由上可知，“博弈图”瓶，是一件颇为难得的作者、时代、产地均明确可考的广彩重器。其作者“唐金堂”，为广州雍正、乾隆年间著名珐琅艺人，号“白石”，“珠江精舍”应是唐金堂从事珐琅绘事的艺斋之名，乾隆初年他曾被征召进宫，虽因故未赴宫中，但说明当时其在广州珐琅工艺方面，已是颇具影响力的人物。须指出的是，“岭南绘者”“功名富贵”“博弈图”三件铭款广彩瓷器，或同为唐金堂所绘，而且从艺术风格及用笔特征来看，英国维多利亚与艾伯特博物馆、荷兰阿姆斯特丹国立博物馆、美国皮博迪·埃塞克斯博物馆等收藏的几件精美的仕女婴戏图盘（图 9、图 10），均可能出自唐金堂之手，其绘画工艺之精，艺术水平之高，完全颠覆了人们对广彩的传统认知。另据黄清华、黄薇夫妇相告，他们在英国考察期间，在英国著名古玩商 S.MARCHANT&SON 处，也曾见到类似藏品，可惜铭文具体内容不详。

必须指出的是，在英国大英博物馆、维多利亚与艾伯特博物馆等欧美博物馆中，仍有大量的早期广彩的制品可以分离出来，其中以英国大英博物馆的收藏最

① 第一历史档案馆:《养心殿造办处各作成做活计清档·珐琅作》，乾隆六年三月初五日。

为丰富（图 27—图 32）。这些早期广彩瓷器，总体质量明显高于乾隆时期的制品，除前述所见品种外，还有蓝彩描金、墨彩描金（图 31、图 32），布局或疏或

图 27　洋彩花篮纹茶杯
清雍正　大英博物馆藏

图 28　洋彩锦地开光花卉纹茶杯
清雍正　大英博物馆藏

图 29　洋彩仕女图杯盘一组
清雍正　大英博物馆藏

图 30　洋彩岁岁平安图盘
清雍正　大英博物馆藏

图 31　蓝料彩描金人物图盘
清雍正　大英博物馆藏

图 32　墨彩描金人物图盘
清雍正　大英博物馆藏

图 33　荷兰 Gerrit　Fiers 船长定制纹章茶罐　约 1731—1733　Chinese Armorial Porcelain for the Dutch Market 收录

密，装饰面貌丰富多变。其中的一些原本认为是景德镇加彩的雍正时期的蛋壳瓷花鸟、山水等外销瓷精品，如美国大都会博物馆藏花鸟纹盘、荷兰阿姆斯特丹国立

图 34　荷兰 A.van Edenburg 定制纹章茶壶及托盘　约 1732 年　Chinese Armorial Porcelain for the Dutch Market 收录

图 35　洋彩绶带鸟花卉纹潘趣碗　清雍正　美国收藏家 Doris & Leo Hodroff 夫妇旧藏

图 36　荷兰 Gerrit Fiers 船长定制纹章盖罐　1731—1733 年　Chinese Armorial Porcelain for the Dutch Market 收录

图 37　洋彩书卷开光富贵功名图盘　清雍正　2009 年 6 月 11 日　巴黎苏富比拍品

博物馆藏雍正洋彩花鸟纹盘、法国吉美博物馆藏雍正花鸟纹盘及苏富比拍品雍正洋彩山水图盘等（图 38、图 39），其胎体细薄坚致，釉面光洁细润，画面留白较多，画风清雅脱俗，绘工考究精良，器之外壁多满施胭脂红釉，明显具有广珐琅遗痕。其所用珐琅彩料，明显与清宫旧藏有别，色彩艳丽明快，色阶丰富，特别是普遍喜用的广翠，具有鲜明的广彩特征。这类器物应当正是民国刘子芬《竹园陶说》中所指“间有画笔极工彩亦绚烂夺目，与雍正粉彩类似者”的广彩精品。此类器物有的还署有青花“大清雍正年制”三行六字款。这种形式的款识，从未见于北京和台北两地故宫旧藏的雍正官窑珐琅彩瓷器上，应是景

图 38-1　洋彩花鸟纹盘　清雍正　美国大都会博物馆藏

图 38-2　左：洋彩花鸟纹盘　清雍正　法国吉美博物馆藏
右：洋彩花鸟纹盘　清雍正　荷兰阿姆斯特丹国立博物馆藏

图 39　广珐琅山水图盘　清雍正　2015 年 3 月 17 日纽约苏富比拍品　中：广珐琅山水图盘　清雍正　2014 年 11 月 5 日伦敦苏富比拍品　右：洋彩山水图盘　清雍正　2011 年 11 月 9 日伦敦苏富比拍品

德镇专门针对广州加彩外销生产的一类高档瓷器。

讨论至此，原本扑朔迷离的广彩起源问题，已是水落石出了。不过，据笔者的观察，仍有大量高水平的广彩瓷器，被遮罩在景德镇瓷器的光环之下，以至于广彩的艺术成就和历史地位被严重低估。所以根据以上可确认的早期广彩瓷器，对早期广彩的面貌作一梳理总结，就显得尤为重要了。

早期广彩面貌最突出的特点是中西合璧。广彩的起源，是在西方贸易需求的刺激下，景德镇制瓷业与欧洲技术、文化深度融合的结果，这种融合更多体现在来自欧洲的珐琅工艺、绘画技法、审美习惯、社会习俗等对景德镇瓷器工艺和广彩装饰的影响。具体表现在以下几个方面：

第一，以景德镇瓷业技术为基础的欧洲来样定制。景德镇瓷业技术，虽基础雄厚，但广彩瓷器的母体——景德镇素白瓷的造型，却完全是来自欧洲的设计。表象上看这不过是中国固有传统技术与外来造型的结合，但事实上，其已融入欧洲饮食习惯和消费模式的影响。18 世纪初，欧洲上层社会在饮食和用餐习惯上开始流行法国风尚，更多地采用多道菜式或交错菜式，餐具开始有了新的高度专业化的分类[①]。不过，早期广彩流行的年代，尚处于这种风尚的起始阶段，器物造型相对比较单一，常见主要有餐具类的折沿盘（图 9 右、图 11 右）、直口盘（图 19 右）、八方盘（图 14 右）；饮用类的茶盏及托盘（图 23–1、图 27、图 28）、茶罐（图 33）、茶壶及托盘（图 34）、咖啡杯及托盘（图 22 右）；酒器类的潘趣碗（图 35）；陈设类的花瓶（图 25）、盖罐（图 36）等。

第二，以景德镇瓷器为载体的西方珐琅技术的应用。广州的工匠利用对外贸易港口的地利之便，把源自欧洲的广珐琅工艺，移植到了从景德镇运来的素白瓷器上，创造出一种全新的釉上彩瓷品种，开创了一种于产地之外批量加彩外销瓷器的全新贸易模式。早期广彩的原料为珐琅彩，又称“洋彩”，其技术、彩料、装饰并非来自景德镇，而完全是从广珐琅借鉴而来，甚至其可能就是由广珐琅艺人在同一作坊中完成，因而形成早期广彩具有鲜明的广珐琅工艺的遗痕，如各色锦地纹装饰，菱形（图 20–1）、叶形（图 15 右、图 30）、书卷形（图 37）、纨扇形（图 11 右）等各式开光，碗盘外壁的胭脂红釉，均来自广珐琅的影响（图 6、

① 孟露夏：《中国瓷器贸易中的批量出口与定制》，《瓷之韵——大英博物馆、英国国立维多利亚与艾伯特博物馆藏瓷器精品》，中华书局 2012 年版，第 15 页。

图 7、图 15 右、图 19 右、图 38 左）。而且，早期广彩全部采用与铜胎画珐琅相同的彩料，色彩艳丽，对比强烈，有堆脂感，以胭脂红、水绿（广翠）、绿、蓝、黄、白、黑、金为主，其中以大面积胭脂红的使用、织金工艺（图 10 右、图 29、图 32）、墨地装饰（图 23–2 右）、蓝料彩描金、墨彩描金及广翠（水青）最具特点。

第三，外来欧洲造型与中国传统装饰的完美融合。尽管早期广彩瓷器的造型，均为欧洲流行风格，但其装饰仍以中国传统题材占主导地位。即便是纹章瓷，其边饰也均为中国传统的锦地纹、花卉等装饰。这一时期流行的中国传统题材，大致可分人物、花鸟、山水三大类。人物以唐金堂的仕女婴戏为代表，其绘画风格明显受清初宫廷仕女人物画的影响，擅长刻画细节，极尽奇巧之能事，华丽的衣纹、陈设器具之细节，刻画得惟妙惟肖，代表了广彩的最高工艺水平（图 10、25）。花鸟则以雄鸡牡丹（功名富贵）最具岭南特色，也最为流行（图 22 右、23–2）。牡丹（富贵）与佛手（福寿）、石榴（多子）、菊花（寿客）（图 19 右）、莲花（高洁）、蝴蝶（图 16 右）、绶带鸟（图 11 右）、白头翁鸟等不同的组合，形成各具特色、富于变化的吉祥寓意图案。有的花鸟精品明显具有宋人遗韵，格调高雅，气韵生动，色彩艳丽，艺术表现力极佳，堪与同时期的雍正官窑作品比肩（图 38）。山水画的题材，既有清初山水画影响下的大山大水之巨构（图 39 右），也有近距离的渔家港湾小景（图 40）。有的山水构图、皴法，明显可见王翚、王原祁等清初四王山水画的影响。不过，以上中国传统题材的表现，也不同程度地融合了一些西洋绘画的技法。如人物场景的透视，人物面部、衣纹的晕染，花卉的阴阳向背，都有明显西洋绘画技法的痕迹。此外，中国传统题材之外，也有少量西洋人物等装饰，纯以西洋技法绘制，具有浓郁的异国情调。（图 41）。

图 40　洋彩山水图盘　清雍正
2013 年 11 月 6 日伦敦苏富比拍品

图 41　洋彩西洋人物图茶盏、盘　清雍正
美国弗吉尼亚博物馆藏

四、广彩产生的原因

搞清了广彩的起源及早期面貌，接下来可对广彩产生的原因作一分析。

广彩产生的原因，显然与中国瓷器外销欧洲和欧洲特殊的审美取向有关。瓷器装饰西洋画法的引入，中国传统五彩的平涂装饰技法，已无法与之相适应；而从欧洲引入的画珐琅技术，既色彩丰富，又善于表现阴阳向背等立体效果，最能契合欧洲绘画的技术要求和审美趣味。同时，此时开始风行的欧洲纹章瓷的定制，也迫切需要一种完美呈现纹章丰富色阶的全彩色解决方案。如康熙末年荷兰人在景德镇定制的，一批最早装饰源自珐琅彩中胭脂红的城市纹章瓷（图 4），虽工艺尚显粗陋，却是迎合西方之需，对全彩色纹章瓷的最早尝试。这或表明欧洲对全彩色纹章的需求，确有可能是推动广彩工艺产生的诱因之一。

广州作为海外贸易的重要港口，得领风气之先。从清宫档案来看，康熙五十五年宫中珐琅作已能熔炼成器，且制作精工①。同年的广州，也已掌握画珐琅技术，并向宫中推荐珐琅匠人，在宫中效力。至迟在康熙六十年，宫廷已开始瓷胎画珐琅的生产②，而且赏赐给曾为宫廷推荐能烧珐琅物件匠人的广东巡抚杨琳。据此可知，广州铜胎画珐琅技术在陶瓷上的应用，很容易借鉴宫廷成熟的经验。前揭两件最早的广彩瓷器“又辛丑年制”花卉纹碗，同出现于宫廷开始生产瓷胎画珐琅的康熙六十年，绝非偶然，这应与广州同宫廷珐琅工艺的互动密切相关。在此背景下，广州工匠应外销之需，借鉴广珐琅技术和宫廷已有经验，以景德镇素白瓷为母体，创造出一种全新的外销瓷品种，也就在情理之中了。

广彩的创烧，很可能还与 18 世纪初英国海上力量的崛起有关。从目前所能发现的早期广彩来看，主要集中在英国，以大英博物馆和维多利亚及艾伯特博物馆的收藏最为丰富。荷兰虽也有重要的发现，但从掌握的相关历史信息来看，在

① 康熙五十五年九月八日陈元龙谢恩奏折“皇上恩赐微臣御制珐琅五彩红玻璃鼻烟壶一、八角盒砚一、水丞一、圆香盒宝器四种。……恩赐珐琅宝器四种，并非内廒工匠所造，乃经圣心指授，从格物致知之理，推求原本烧炼而成，从未颁赐臣僚。”

② 康熙六十年七月二十五日，杨琳又上折感谢赏赐的葫芦香座、葫芦瓶、葫芦碗、绿石砚以及珐琅瓷碗一个。见中国第一历史档案馆编:《康熙朝汉文朱批奏折汇编》第 8 册，第 827 页。

广彩初创的阶段，也就是1701年之后的近30年内，荷兰东印度公司突然完全放弃了向中国购买瓷器，将注意力投在了茶叶贸易方面[①]。而此时的英国东印度公司，凭借海外贸易的拓展，使英国空前富裕起来，成为当时世界上最强大的国家。此时，无论是传统贵族还是商业新贵，他们的消费，已不再限于对基本需求的满足，而已上升为一种身份诠释方式和提高社会地位的行为，对衣食住行和休闲娱乐等的炫耀性消费能力十分强劲，开始追求时尚，讲究品位，攀比和模仿成风。而此时的欧洲也正掀起一股“中国热”的风潮。在此背景下，英国东印度公司率先于1715年在广州设立贸易站，成为最早获得在广州开设贸易权力的机构。法国、荷兰虽分别于1728、1729年在广州设立贸易站，但此时已距广彩创烧的康熙末年过去七八个年头了。由此可知，广彩的创烧，应与英国的崛起和海外的拓展密切相关。

五、结　语

综上所考，广彩瓷器作为广珐琅技术移植到景德镇白瓷上的全新釉上彩瓷品种，或初创于康熙末年，雍正初年，技术已相当成熟，已开始批量生产并销往欧洲。广彩的诞生，开创了一种于产地之外批量加彩外销瓷器的全新贸易模式，因其有广珐琅优良的工艺及工匠基础，故创始之初便显得异常精美、成熟，有些人物、花鸟、山水精品的艺术水平之高，犹如鹤立鸡群，堪称广彩艺术的巅峰之作。广彩瓷器的创烧，可能还对景德镇粉彩的流行产生了深刻影响，成为中国陶瓷史上的一座重要里程碑。

① 钱江:《十七至十八世纪中国与荷兰的瓷器贸易》,《南洋问题研究》1989年第1期，第84页。

中国纹章瓷发展概述

郭学雷[1]

伴随着地理大发现时代的来临，东西方文化、贸易的交流进入全盛时期，世界日益成为一个相互影响、密切联系的整体。在东方，西学东渐已成为不可逆转的历史进程；而此时的欧洲，也正以前所未有的广度和深度，兴起一股“中国热”的风潮。

作为欧洲贵族荣耀与身份象征的中国纹章瓷，便是这一背景下的产物。这一大约风行了一个多世纪，被认为是东方魅力和西方理想完美结合的特殊瓷器品种，深度融合了中西文化、技术，深刻影响了西方人的社会生活，同时对中国瓷业的生产方式及装饰面貌都有不同程度的影响。

因纹章瓷主要为欧美等国定制，藏品多散于海外，故相关研究成果均出自西方学者。纹章瓷的研究，始于 1925 年收藏家阿尔杰农·都铎·克雷格（Algernon Tudor–Craig）的开拓性著作[2]；半个世纪后，大卫·霍华德（David Sanctuary Howard）的《中国纹章瓷》巨著出版[3]，至今仍是西方有关中国纹章瓷研究最权威、系统的著作；稍晚出版的美国收藏家埃丽娜·戈登（Elinor Gordon）著《中

① 郭学雷，深圳博物院副馆长、研究员。

② Algernon Tudor–Craig, *Armorial Porcelain of the Eighteenth Century*, Published by The Century House, London 1925. 该书共收录 1000 件作品，有历史可考的器物超过 250 件。

③ David Sanctuary Howard, *Chinese Armorial Porcelain*, Published by Faber and Faber, 1974. 该书收录了 3000 件为英国和美国市场定制的纹章瓷，配有说明和考证出历史来源的有 1950 件。该书系统梳理了 15 世纪以来，欧洲至亚洲新航路的开辟、贸易据点的建立、欧洲各国东印度公司的建立及美国与中国贸易的兴衰等与纹章瓷生产、外销相关的历史背景；细致考察了纹章瓷转运和彩绘的重要港口——广州的情况；还探讨分析了英国拥有贵族纹章的家族及其定制纹章瓷的一些细节；首次建立了纹章瓷科学的分类体系，并在详细考证多数纹章瓷定制者身份的基础上，建立了纹章瓷的断代标准，对纹章瓷的生产及彩绘工艺的发展作了深入考证。

国外销瓷收藏》，是研究和了解美国纹章瓷的重要著作 ①;20 世纪 80 年代，葡萄牙学者 Nuno de Castro 所著《中国瓷器和帝国的纹章》，填补了葡萄牙纹章瓷研究的空白 ②。进入 21 世纪，霍华德的第二部中国纹章瓷巨著付梓印行，使纹章瓷的著录和相关研究得到进一步拓展 ③；随后荷兰 Jochem Kroes 博士的《荷兰定制的中国纹章瓷》巨著，是首部系统著录和研究荷兰纹章瓷的权威著作 ④。

尽管西方学者在纹章瓷研究方面已是硕果累累，但其大多是基于西方学者视角的观察与研究。而受实物、语言、纹章学和欧洲家族史料等的限制，国内学界在此领域鲜有涉猎和了解。鉴于此，笔者认为很有必要在综合海外学者研究成果的基础上，对中国纹章瓷发展的大致脉络及其特点作一梳理总结，以便让更多国内学者了解海外该领域的研究成果，以期对国内相关的研究有所助益，并在此基础上，重点对与纹章瓷关系密切的广彩的起源及早期面貌作出探索。

---

① Elinor Gordon, *Collecting Chinese Export Porcelain*, Published by John Murray Publishers Ltd，1978. 该书是埃丽娜·戈登夫妇的中国外销瓷藏品集，其藏品曾在美国 William Penn Memorial 博物馆展出。书中除各类外销瓷外，还收录了大量英国、欧洲大陆国家及美国纹章瓷。其中关于美国纹章瓷的著述涉及美国纹章瓷流行的“菲茨休”装饰、辛辛那提社团（the Society of Cincinnati）的定制、美国商船装饰、美国家庭定制、美国鹰的设计等内容。

② Nuno de Castro, *Chinese Porcelain and the Heraldry of the Empire*, Published by Civilizacao, Oporto, 1988. 该书的研究涉及葡萄牙的海外拓展、货船详细信息、与中国的陶瓷贸易及葡萄牙纹章瓷的历史、特点等内容。该书共收录 230 多件 16 世纪中叶至 19 世纪末的葡萄牙不同历史时期定制的纹章瓷，是了解葡萄牙纹章瓷，特别是了解早期纹章瓷历史的重要著作。

③ David Sanctuary Howard, *Chinese Armorial Porcelain*, Publisher：Heirloom & Howard Ltd. 2003. 该书首次对纹章瓷的定制方式、纹章的样本来源，纹章瓷的替代品、后期的仿制以及纹章瓷的复兴做了专题研究；细致考察了与纹章瓷同时流行的贝雕筹码、藏书票及马车上的纹章装饰，并探讨了它们之间的相互关系；对苏格兰定制的纹章瓷及与瑞典东印度公司的作用作了深入探讨；并对 20 世纪中国纹章瓷收藏市场的资源、价格等特点和未来趋势作了综合分析。

④ Jochem Kroes, *Chinese Armorial Porcelain for the Dutch Market*, Publisher：W Books 2008. 该书在勾勒出中国与欧洲瓷器贸易概况的基础上，探讨了纹章瓷的可能的定制方式及定制纹章瓷的各种缘由；简要介绍了广州与荷兰的贸易关系，十三行的管理运行模式及荷兰商馆的雇员人数、组成、分工细节；对荷兰定制纹章瓷的总数量，不同时期所占的比率及演变趋势作了统计与分析；对法国、丹麦、瑞典、普鲁士、奥地利、葡萄牙等欧洲国家定制纹章瓷的大致状况和定制数量作了归纳；对存世的荷兰纹章瓷收藏状况作了介绍；在霍华德分类的基础上，对荷兰纹章瓷的装饰风格重新进行了分类；对纹章瓷的用途组合、造型、价格作了考察；重点对该书收录的 455 件中国为荷兰市场定制的纹章瓷作了详尽考证。

图 1　意大利锡釉彩陶贡萨迦和埃斯特的联姻纹章盘　1524 年意大利陶艺人 Nicola di Gabriele Sbraghe 制作　英国剑桥大学菲茨威廉博物馆藏

中国纹章瓷创烧之前，在意大利锡釉陶[①]（maiolica，tin-glazed pottery）上，已开始流行纹章装饰。如 1524 年意大利陶艺人 Nicola di Gabriele Sbraghe 制作的珀琉斯和西蒂斯希腊神话盘，盘中央就绘有贡萨迦和埃斯特的联姻纹章（图 1）[②]；另一件意大利罗维戈（Rovigo）的土著画师 Francesco Xanto Avelli 1532 年绘制的神话陶盘上，绘有意大利佛罗伦萨的璞琪（Pucci）家族纹章[③]；美国华盛顿国家美术馆藏一件 1524 年绘制的意大利陶盘，盘心则有萨沃纳（Savona）的 Vigerio 家族纹章。

一、16—19 世纪葡萄牙人的定制

据葡萄牙学者估计，葡萄牙定制的纹章瓷，包括葡萄牙本土，巴西，印度的果阿邦、第乌及澳门等殖民地，共计 250—300 套纹章瓷。其中 16—17 世纪，仅约 26 套；18 世纪超过 130 套；19 世纪约 60 套。

中国最早的纹章瓷。中国最早纹章瓷的生产，是伴随着葡萄牙人在中国沿海的贸易拓展开始的。或许是受了 16 世纪早期意大利锡釉陶装饰纹章风气的影响，葡萄牙人开始在中国瓷器上定制属于他们自己的纹章瓷。

据现存遗物来看，早期纹章瓷的定制者，主要是葡萄牙在东方殖民地的官员

① 这类陶器产自意大利，是世界最好的釉彩装饰陶器，是一种先用锡料烧制出极白的不透明底色，再绘制彩料的技术。这种陶器重量轻巧，格调高雅，表面平滑，底色白皙，最擅长各种色彩绚丽的彩料装饰。Maiolica 无中文译名，日语称“锡釉陶器”，英语 tin-glazed pottery。该名称来自意大利语的中世纪地名——Majorca（马略卡岛）。

② Julia E. Poole, *Fitzwilliam Museum Handbooks*, Italian Maiolica, Cambridge University Press, 1997. p.58. 该盘系为曼图亚（Mantua）的第四代侯爵弗朗西斯科·贡萨迦（Francesco Gonzaga）的遗孀伊莎贝拉·埃斯特（Isabella d' Este）(1474—1539）定制。

③ Julia E. Poole, *Fitzwilliam Museum Handbooks*, Italian Maiolica, Cambridge University Press, 1997. p.66.

（如果阿邦、马六甲、澳门）、航海家和商人。早期纹章瓷全部为青花瓷，多装饰葡萄牙国王若奥三世的纹章，同时贵族纹章瓷的定制也首开先河。这批最早的纹章瓷，是1541年（若奥三世在位）定制，存世仅几件，分三种类型。

第一类为撇口墩式碗。如土耳其托普卡普宫殿博物馆藏一件此类碗，内口沿一周题“PEMTEMPO DE PERO DE FARIA DE 541”，碗心绘葡萄牙皇室纹章，外腹饰一葡萄牙皇室纹章（倒置）和两浑天仪，浑天仪上题“Empero”（葡语皇帝）（图2）①。

第二类为直口墩式碗。此式碗的外腹与第一类装饰相同，外壁口沿一周题基督教祈祷辞“AVE MARIA GRATIA PLENA”（意为万福玛利亚，基督教祈祷辞）（图3）②。

第三类为直口双耳碗。仅见一件，其内壁口沿一周题“EM TEMPO DE PERO DE FARIA 1541”③。该碗是中国纹章瓷中最早的私人定制，碗心装饰马六甲海军少校安东尼奥·德·阿布雷乌（António de Abreu）的纹章（图4）④。

还有一批大致定制于16世纪中期的大

图2　青花葡萄牙皇室纹章碗　1541年　土耳其托普卡普宫殿博物馆藏

图3　青花葡萄牙皇室纹章碗　约1541年　美国皮博迪·埃塞克斯博物馆藏

① 土耳其托普卡普宫殿博物馆藏。

② Castro de Nuno, *Chinese Porcelain and the Heraldry of the Empire*, Published by Civilizacao, Oporto, 1988. p.6.

③ 意大利那不勒斯 Duca de Martino 博物馆藏品。

④ 阿布雷乌受命于葡属第二任印度殖民地总督阿方索·德·阿尔布克尔克（Afonso De Albuquerque）。1541年任马六甲的海军少校。该纹章瓷碗的内壁口沿一周书“EM TEMPO DE PERO DE FARIA 1541”，Pero de Faria 时任马六甲的总督，曾是阿布雷乌的指挥官（1537—1543）。

图 4　青花安东尼奥·德·阿布雷乌纹章碗　1541 年　意大利那不勒斯 Duca　de　Martino 博物馆藏

盘，与前述一批早期纹章瓷的装饰风格类似，在盘的外壁或内壁装饰皇室纹章、浑天仪和耶稣会标志。如美国大都会博物馆藏一件青花大盘，即属一例（图 5）。而大约同时期的一批壶、瓶类则仅在器腹两侧饰单一皇室纹章，单一浑天仪或耶稣会标志（图 6、图 7）。也有个别瓶的腹部环饰 4 个浑天仪。

葡萄牙早期的定制，虽多以皇室纹章为饰，但其似乎并非为皇室定制，而多为葡萄牙海外殖民者所拥有。这类皇室纹章，更多体现的是海外殖民者对葡萄牙皇权的宣扬。在 Beja 公爵成为葡萄牙曼纽尔一世国王之前，浑天仪最初是约翰二世授权他使用的个人纹章，通常其被视为曼纽尔国王的个人标志。不

图 5　青花葡萄牙皇室纹章盘　明嘉靖　美国大都会博物馆藏

图 6　青花浑天仪图执壶　明嘉靖　葡萄牙里斯本的 Medeiros de Almeida 基金会藏

图 7　青花葡萄牙皇室纹章执壶　明嘉靖　美国大都会博物馆藏

过，至若奥三世时，浑天仪已成为皇室纹章的重要配饰，而且，从此时浑天仪飘带上常见的“Empero”（国王）铭文可知，浑天仪已由最初曼纽尔国王的个人标志，演变为葡萄牙皇权的象征了。同时因浑天仪还被认作是葡萄牙人航海成就的象征，其装饰于纹章瓷上，可能还体现了葡萄牙人在全球探险和开拓新大陆过程中，引以为傲的科技支撑。此外，耶稣会的标志，则显然是彰显了葡萄牙人在海外拓展进程中，以基督教推进殖民进程的意图。

值得注意的是，葡萄牙这批早期纹章瓷的皇家纹章，全部倒置，这或是反映了定制属暗地里私下交易，因中间商的沟通不畅和语言障碍造成的错误。因该批纹章瓷定制的时间，正是葡萄牙人在广州被逐后，不久转赴浙江宁波双屿港为基地期间①，故海外学者认为该批纹章瓷定制的地点可能在宁波。

此时，葡萄牙海外殖民地官员、航海家和商人等贵族，逐渐参与定制纹章瓷，开始形成风尚。如葡萄牙航海家、商人安东尼奥·贝秀多（Antonio Peixolo）②，于16世纪中期定烧的青花执壶，是早期贵族纹章瓷中最精美者（图8）；又如万历年间马六甲和霍姆兹的首领（1584—1587）Matias de Albuquerque③ 定制的纹章瓷盘，纹章铺满整个盘子内部，装饰奇特（图9）；再如曾任阿布兰特什的要塞司令（1571—1572）和开往澳门航线总队长（1581—1582）的Dom Joao de Almeida定制的纹章瓷盘（图10）和象形军持。

图8　葡萄牙航海家安东尼奥·贝秀多青花纹章执壶　明嘉靖　葡萄牙里斯本的Medeiros de Almeida基金会藏

① 自嘉靖五年（1526）至被浙江巡抚兼浙闽海防军务提督朱纨命令将双屿港付诸一炬的二十七年（1548）。

② 他曾与合伙人安东尼奥·达·莫塔和弗朗西斯科·支莫特一起来到中国从事贸易。由于被禁止进入广州，他们前往泉州，沿着南中国海岸继续他们的贸易活动，并于1542年到达日本。

③ 他曾任1591—1597年间的第十五任印度总督。

图 9 马六甲和霍姆兹首领 Matias de Albuquerque 定制纹章瓷盘 明万历 葡萄牙里斯本国家古代艺术博物馆藏

图 10 阿兰特斯要塞司令定制青花纹章盘 明万历 Dr. Abel Lacerda 基金会藏

图 11 葡萄牙国王腓力二世青花纹章扁壶 明万历 大英博物馆藏

此时还有非常著名的西班牙国王（1556—1598）和葡萄牙国王（1581 年起）腓力二世纹章瓷扁壶（图 11）[①]。西方学者认为，这种纹章可能是模仿了西班牙的 8 雷亚尔（8-reales）银币的背面图案[②]。

耶稣会的定制。16 世纪末，澳门圣保罗学院[③]曾定制一类青花耶稣会标志罐（图 12）[④]。同时期澳门的奥斯定会（the Order of Saint Augustine）的女修道院也曾定制青花大罐，其腹部饰有奥斯定会的双头鹰纹章（图 13）。[⑤]17 世纪 50 和 80 年代，耶稣会的印度果阿邦学院还曾定制一批青花罐，腹部装饰耶稣会或十字架标

① 此类器物在大英博物馆、日本出光美术馆、美国皮博迪埃·塞克斯博物馆均有收藏。腓力二世（1527—1598）于 1556 年登基为西班牙国王，后于 1580 年成为葡萄牙国王。

② 这种银币是最早的全球性货币，是日后美元的基础。

③ 圣保罗学院是远东地区第一所西式大学（1594—1762），不少外国传教士来此学习中文，是传教士进入中国的重要基地，对推动欧洲和中国的宗教与文化交流曾发挥重要作用。

④ 该罐两个菱形开光内有椭圆形徽章，中间饰十字架，下面救世主字母组合“HIS”。徽章四周环四小天使。其余四开光内，分别题澳门圣保罗学院的缩略字母 C、S、P、M。大英博物馆藏。

⑤ 奥斯定会，天主教托钵修会之一。该会 1589 年成立。

图 12 澳门圣保罗学院定制青花耶稣会标志罐 明万历 大英博物馆藏

图 13 澳门奥斯定会女修道院定制青花双头鹰纹章罐 明万历 葡萄牙开斯卡斯 G.Alpoim Coll 藏

志，本书收录的基督教十字架青花盖罐即属此类。18 世纪初，葡人还曾定制一批方济各会[①]纹章瓷瓶，器腹纹章为十字架前交叉的男女单臂，颇具特色（图 14）。18 世纪 20 年代还有 Order of St.Dominic 女修道院定制的早期粉彩纹章瓶[②]。

图 14 葡萄牙定制方济各会纹章瓶 清康熙 葡萄牙里斯本国家古代艺术博物馆藏

殖民地官员的定制。葡萄牙与中国贸易的增长，在 16 世纪的下半叶，即 1557 年葡萄牙在中国占领澳门作为永久贸易基地之后。进入 17 世纪，葡萄牙殖民地印度、巴西、澳门等地官员的定制显著增多。

17 世纪初，有皇家骑士、印度舰队

① 天主教托钵修会的一种。1209 年由意大利人方济各教皇批准创立。该会初期规定会内不置恒产，会士托钵乞食为生。

② Castro de Nuno, *Chinese Porcelain and the Heraldry of the Empire*, Published by Civilizacao, Oporto, 1988, p.102.

司令部及圣詹姆斯兵团（Order of Saint James of the Sword）指挥官 Alvrao Vilas Boas 定制的纹章酒瓶（图 15）①。另有皇室贵族，葡萄牙锡尼什港要塞总司令，巴西帕拉州的将官，巴西马拉尼昂的统治者 Antonio de Albuquerque Coelho de Carvalho 的一批定制。该批纹章瓷定制于 1710 年前后，均为青花瓷器（图 16）。相同风格的纹章瓷还有他的私生子，澳门的统治者 Antonio de Albuquerque Coelho 及另外一个私生子的定制②。马德拉群岛的统治者（1690—1697），巴西的统治者和将官（1702—1705），印度第 62 任统治者、37 任总督（1702—1712）Dom Rodrigo da Costa，于 18 世纪初定制的剃须盘（图 17）。葡萄牙 Veiros，Avis，Alandroal，Pernes 和

图 15 葡萄牙印度舰队司令部指挥官 Alvrao Vilas Boas 定制纹章酒瓶 明万历 葡萄牙里斯本 Medeiros de Almeida 基金会藏

图 16 巴西马拉尼昂的统治者 Antonio de Albuquerque Coelho de Carvalho 定制青花纹章瓷盘 清康熙 私人藏

图 17 印度总督 Dom Rodrigo da Costa 定制青花纹章剃须盘 清康熙 葡萄牙开斯卡斯 G.Alpoim Coll 藏

① 葡萄牙里斯本 Medeiros de Almeida 基金会藏。

② Castro de Nuno, *Chinese porcelain and the Heraldry of the Empzre*, Published by Civilizacao, Oporto, 1988，p. 48，49.

图 18 葡萄牙 Veiros, Avis, Alandroal,Pernes 和 Alcanede 要塞总司令 Meneses 定制青花纹章瓷壶 清康熙 葡萄牙开斯卡斯 G.Alpoim Coll 藏

Alcanede 要塞总司令 Meneses[①] 定制的瓶、壶纹章瓷，其鸟形顶饰和 7 个城堡环绕组成的盾徽颇具特点（图 18）。最著名的是若昂五世的顾问，阿尔加维的地方长官和将官，1749—1755 年间的巴西总督，阿托吉亚（Atouguia）的第 10 代伯爵 Dom Luis Peregrino de Ataide 的一批定制，造型有盘、壶、盖钵等（图 19），全部装饰青花五彩，风格精致华丽，是珍贵的早期彩色纹章瓷。印度第 66 任统治者和第 40 任总督（1720—1723）Francisco Jose de Sampaio Melo e Castro，于 1720 年定制的一批纹章瓷，有五彩、青花、伊万里风格等多种装饰风格，体现了康熙晚期纹章瓷的一些特色（图 20）。

图 19 若昂五世顾问，阿尔加维地方长官 Dom Luis Peregrino de Ataide 定制青花五彩纹章瓷壶 清康熙 葡萄牙里斯本国家古代艺术博物馆藏

图 20 印度第 40 任总督 Francisco Jose de Sampaio Melo e Castro 定制伊万里风格纹章罐 清康熙 葡萄牙里斯本国家古代艺术博物馆藏

① 全名 Dom Pedro de Lancastre Silveira Valente Castelo Branco Vasconcelos Barreto e Meneses，葡萄牙波尔蒂芒第五代伯爵，Sortelha 的庄园主。Castro de Nuno，*Chinese Porcelain and the Heraldry of the Empire*，Published by Civilizacao，Oporto，1988，p.52.

图21 葡萄牙若昂六世纹章花盆 清嘉庆 葡牙里斯本的Medeiros de Almeida基金会藏

葡萄牙王室流亡巴西期间若昂六世及其随从的定制。1807年拿破仑征服葡萄牙，放逐葡萄牙王室。葡萄牙若昂六世（KING JOAO VI）逃到巴西，使这块殖民地成为葡国的政治中枢，为殖民地时期的巴西带来一大转变。在此期间，若昂六世和他的随从定制了大量纹章瓷（图21）。

二、17—18世纪荷兰人的定制

16世纪末，葡萄牙的海上霸权地位趋于衰落，代之而起的荷兰海上力量崛起。1675—1725年间，荷兰海上贸易势力达到顶峰[①]。在17世纪的绝大多数时间，荷兰人主导了与亚洲，包括中国和日本的贸易，与中国的贸易更占有显著优势[②]。18世纪，由于餐饮方式的改变和瓷器价格的下降，欧洲对瓷器的需求激增，荷兰与中国的瓷器贸易盛况空前，但由于英国的竞争等因素，荷兰瓷器贸易从18世纪后期开始走下坡路，最终在18世纪末走向衰落。

大约在17世纪晚期，荷兰东印度公司仿效葡萄牙人的做法，开始在中国定制贵族、商人及公司职员的纹章瓷，希望参与到这种新风尚中来。得益于荷兰曾经的海上霸权地位，其成为除英国之外最大的纹章瓷消费国，定制数量多达600—700套。本书收录荷兰纹章瓷16件。

青花、伊万里风格及五彩纹章瓷。荷兰人在定制中国纹章瓷之前，已于17世纪70年代前后，在日本有田窑为东印度公司和贵族定制青花纹章瓷了。17世纪末，景德镇瓷业从明末清初的战乱中得以恢复，荷兰人遂开始在中国定制纹章瓷。

荷兰早期的纹章瓷几乎是一色的青花瓷器。如出身银匠，从东印度公司巴

① 18世纪30年代开始，英国逐渐在与荷兰的亚洲争夺中占了上风。

② 1602年荷兰东印度公司成立，1619年荷兰建立巴达维亚殖民地，1624年荷兰占据台湾，1639年荷兰获得欧洲对日贸易垄断权。大约在1620年，荷兰已拥有11000艘舰船和25万海员。

达维亚的低级商人、经任日本公司的首领，最终升任荷兰殖民地总督的 Johannes Camphuijs（1690—1695）定制的青花盘（图 22），纹章单臂持锤的顶饰，即为其银匠出身的象征；又如出身犹太贵族家庭的 David Emanuel de Pinto 定制的青花盘（图 23）；再如曾任荷兰东印度公司孟加拉港第一任主管、巴达维亚税务主管的 Jacob Pelgrom，于 1700—1710 年定制的一批青花盘（图 24），至今尚有 35 件存世；此外，Van Der Stel 家族在 1720—1730 年的定制，也是青花纹章瓷盘（图 25）。本书收录的 18 世纪 30 年代荷兰东印度公司巴达维亚议员 Isaac Van Schinne 定制纹章盘，亦属青花一类。

图 22　荷兰殖民地总督 Johannes Camphuijs 定制的青花纹章盘　清康熙　Chinese Armorial Porcelain for the Dutch Market 收录

图 23　David Emanuel de Pinto 定制青花纹章盘　清康熙　Chinese Armorial Porcelain for the Dutch Market 收录

图 24　荷兰东印度公司孟加拉港主管 Jacob Pelgrom 青花纹章盘　清康熙　Chinese Armorial Porcelain for the Dutch Market 收录

图 25　Van Der Stel 家族定制青花纹章盘　清康熙　Chinese Armorial Porcelain for the Dutch Market 收录

图 26　荷兰殖民地总督 Johannes Camphuijs 定制素三彩纹章攒盘　清康熙　美国皮博迪·埃塞克斯博物馆藏

图 27　Johan De Vassy 少校与 Anna Lucretia De Beaufort 联姻五彩纹章盘　1702 年　Chinese Armorial Porcelain for the Dutch Market 收录

17 世纪末，已出现釉上彩装饰的纹章，如荷兰殖民地总督 Johannes Camphuijs 定制的素三彩攒盘，是最早的釉上彩纹章（图 26）。18 世纪初，始见五彩纹章。如法国血统的军人 Johan De Vassy 少校与 Anna Lucretia De Beaufort 的联姻纹章瓷盘，其上题“EN PEINE CROISSANT 1702”铭文，是目前所见最早的全部采用釉上彩装饰的五彩纹章瓷器（图 27）。

1710—1720 年代，开始流行青花五彩品种，如下节将要介绍的一批为城市和省定制的纹章瓷（图 30、图 31），这是一批最早的全彩色纹章。同时伊万里风格也开始流行①。早期中国模仿日本伊万里的装饰，大面积使用青花、矾红和金彩，颇具奢华感。如 Van Overveldt 家族 1710—1720 年定制的纹章盘及 Corbeau 家族 1710—1720 年定制的八方纹章盘（图 28）。18 世纪 20 年代以后，伊万里装饰风格趋于简化，如 Van Gelligum 家族 1720—1730 年定制的纹章盘（图 29），画面留白增多，金彩应用明显减少，早期伊万里的奢华感已显著减弱了。

① 明末清初，受战乱影响，景德镇窑业生产一度中断，荷兰人转而向日本定烧瓷器，其中以日本有田烧造的伊万里风格瓷器最富盛名，在欧洲颇受欢迎。在景德镇瓷业恢复的康熙年间，应欧洲市场所需日本伊万里风格装饰被引入了景德镇，造成这一时期景德镇伊万里装饰风格的流行。

图 28　Corbeau 家族定制的伊万里风格八方纹章盘　清康熙　Chinese Armorial Porcelain for the Dutch Market 收录

图 29　Van Gelligum 家族定制伊万里风格纹章盘　清康熙至雍正　Chinese Armorial Porcelain for the Dutch Market 收录

大约到 18 世纪 30 年代，青花、五彩、伊万里纹章瓷已完全被新兴的粉彩[①]（当时人称珐琅彩或洋彩）纹章瓷所取代。该书收录的 18 世纪 30 年代的荷兰不明家族纹章盘，即是一件典型的新兴粉彩纹章瓷。

与荷兰纹章瓷相似，这一阶段英国、葡萄牙等国的纹章瓷，也大致经历了青花、伊万里风格、五彩纹章瓷到新兴粉彩的发展、演变过程。

城市和省的纹章瓷。18 世纪早期荷兰定制的纹章瓷，以那些装饰荷兰、法国、英格兰等城市和省的纹章大盘最具特色，目前所见有阿姆斯特丹、麦哲伦、利云、哲特兰、费毅斯兰、卢森堡、乌得勒支、英格兰等不同城市和省的纹章。据西方学者的考证[②]，这类纹章瓷盘是在 1713 年乌得勒支条约[③]签订之后，在 1717 年荷兰、法国和英格兰确立同盟国[④]之时制作的。这类盘属于当时同盟国确立的纪念装饰品，不具有实用性。这些盘子大多在 30—40 厘米，装饰可分两类。

① 根据台北故宫博物院廖宝秀女士的研究，粉彩是民国以后才出现的叫法，其原本的称谓是洋彩或珐琅彩，所谓洋彩就是模仿西洋绘画技法描绘的珐琅彩瓷。清光绪陈浏《匋雅》上卷载：“范铜为质，不嵌铜丝，满浇釉汁，加以彩绘，厥为洋瓷，质系华瓷，笔法迴异，参用西算，有界画厥为洋彩铜地而瓷画者洋瓷也，瓷地而界画者洋彩也。”又，民国许之衡《饮流斋说瓷》云：“洋彩。雍乾之间洋瓷逐渐流入，且有泰西人士如郎世宁辈供奉内廷，故雍乾两代有以本国瓷皿摹仿洋瓷花彩者，是曰洋彩。画笔均以西洋界算法行之，尤以开光中绘泰西妇孺者为至精之品，至于花鸟亦喜开光，又有不开光者，所用颜色纯似洋瓷，细辨之则显然有别，且底内往往有华字款也。”文中洋瓷指画珐琅。

② 柯玫瑰、孟露夏：《中国外销瓷》，上海书画出版社 2014 年版，第 60 页。

③ 此条约终结了西班牙王位的争夺。

④ 当时荷兰、法国和英格兰三国联盟对抗西班牙的崛起。

图 30 青花五彩阿姆斯特丹纹章盘 清康熙 荷兰阿姆斯特丹国立博物馆

图 31 青花五彩卢森堡纹章盘 清康熙 比利时布鲁塞尔皇家艺术历史博物馆藏

图 32 青花粉彩费毅斯兰纹章盘 清康熙 比利时布鲁塞尔皇家艺术历史博物馆藏

一类是景德镇传统的青花五彩，装饰以五彩为主，因当时尚无釉上蓝彩，故釉下青花只是整体图案中的一个配色而已，而且盘的内壁均为龟背锦地的莲瓣开光，开光内饰高士、仕女、博古花卉等，盘心饰纹章。如为阿姆斯特丹及麦哲伦市定制的纹章盘即属此类（图 30）。

另一类是青花和粉彩工艺结合的品种，是研究早期粉彩（即洋彩或珐琅彩）工艺起源的重要材料。这类以青花描绘锦地纹并勾勒开光，开光内饰中国传统高士、梅竹图案，盘心饰纹章。其最大的特点是，除了粉彩中标志性的胭脂红以外，明显存在传统五彩与新兴粉彩混搭的情形，体现出粉彩瓷器初创时期的从传统五彩到粉彩的过渡特点。如费毅斯兰的定制（图 32）。此外，此类风格中有一件卢森堡的定制（图 31），其釉上彩装饰仍完全采用传统五彩，表明景德镇粉彩创烧的初始阶段，其曾一度与传统五彩并行发展的状况。

值得注意的是，这类纹章城市或省的名称常出现拼写错误，或者纹章与城市名称张冠李戴。如费毅斯兰的名称“Friesland”错拼成“Erieglandt”（图 32）；而麦哲伦的纹章瓷盘，其飘带却错题阿姆斯特丹的名称。这一状况反映出这类错误，可能是由通过中间商间接定制造成的。

伪纹章（Pseudo-Armorial）的流行。荷兰纹章瓷中，许多属西方学者所称的伪纹章。伪纹章的流行，与荷兰纹章定制者的地位较低有关，因为他们大多都不属于拥有特定纹章的贵族阶层，于是伪纹章便开始大行其道。

所谓伪纹章，一类是指仅在形式上类似传统贵族纹章的特殊纹章。因其模仿传统贵族纹章的盾牌、飘带、顶饰等要素构成，故在表象上酷似传统贵族纹章。如从荷兰东印度公司底层商人，最后升任公司理事长、顾问的 Elia Guillot 的定制（图 33）。

图 33　荷兰东印度公司理事长、顾问 Elia Guillot 定制的纹章盘　清乾隆　Chinese Armorial Porcelain for the Dutch Market 收录

另一类又可称为通用纹章，其与传统纹章专属某一家族的情况不同，是为某一团体、机构或人群均可使用的通用式样。当时的一些著名机构、团体曾定制此类纹章，如有涉及军队、海军、婚姻群体的设计。这种通用纹章定制者的个人信息，主要通过装饰于纹章中代表定制者的花押缩略字母来区分。如一类专为荷兰定制的婚姻纪念纹章盘，其纹章的设计可能拷贝自 17 世纪的图书插图。盘心以墨彩绘一拱形圆顶建筑，圆形大厅内为爱神维纳斯主持的新郎、新娘的婚礼情形。通常在大厅两侧的塔柱上为婚姻男女双方的家族纹章。但对于不属于拥有特定纹章贵族阶层的人士，他们巧妙地将家族盾牌替换成了男女主人名字的缩略字母、结婚日期或双鸽、箭袋、弓等象征婚姻的设计元素（图 34、图 35）。又如荷兰共济会成员定制的结婚纪念纹章茶叶罐，纹章为共济会的通用式样，只是在顶饰增加了相对的双鸽，共济会纪念碑式样的基座上题写

图 34　荷兰定制的婚姻纪念伪纹章盘　清乾隆　Chinese Armorial Porcelain for the Dutch Market 收录

图 35　荷兰 1741 年定制结婚纪念伪纹章盘局部　Chinese Armorial Porcelain for the Dutch Market 收录

男女主人的缩略字母，最下方署结婚的时间（图 36）。亦有一类将军事和婚姻元素结合在一起的设计，如原本中心位置的盾牌，被鼓替代，四周环以旗、矛、枪、号等军事元素，顶部为象征婚姻的两个天使（图 37）。又如本书收录的荷兰婚礼定制纹章盘，也属专为婚姻设计的伪纹章。该纹章没有个人定制者的缩略字母，应是适应所有普通消费者的一类通用纹章。

图 36　荷兰共济会成员定制的结婚纪念纹章茶叶罐　1790 年　Chinese Armorial Porcelain for the Dutch Market 收录

图 37　荷兰真伪纹章对比　左：传统鹰纹盾牌纹章　右：将鹰纹盾牌替换成了鼓、头盔和枪、号等的伪纹章　Chinese Armorial Porcelain for the Dutch Market 收录

三、18 世纪英国人的定制

早在工业革命之前，英国东印度公司就凭借海外贸易，使 18 世纪的英国富裕起来。工业革命之后，靠出口带来的财富，英国富有阶层空前扩大，无论是传统贵族，还是商界新贵均获得极大发展，他们从上一个世纪的诸多限制和国内战争等一系列问题中摆脱出来，首次实行贵族议员主导的议会统治，成为大英帝国真正的主人。

纹章瓷的黄金时代。18 世纪的英国，是世界上最强大的国家。土地贵族更为富有，商人和金融家也积累了大量财富，从大贵族到小地主、从乡绅到中间阶层都变得非常富有。此时，无论是传统贵族还是商业新贵，他们的消费，已不再限于对基本需求的满足，而已上升为一种身份诠释方式和提高社会地位的行为，对衣食住行和休闲娱乐等的炫耀性消费能力十分强劲，开始追求时尚，讲究品位，攀比和模仿成风。而此时的欧洲也正掀起一股“中国热”的风潮，饰有英国家族纹章的中国瓷器，可谓恰逢其时，成为最能彰显贵族荣耀和诠释身份的东方产品。纹章瓷的定制比普通外销瓷贵十倍以上，无疑只能是当时少数富有或拥有特殊地位与权利的人，才可以享有并用以炫耀、攀比的奢侈品。

在此背景下，18 世纪之前尚未大规模展开的纹章瓷定制，开始发生重要转折。18 世纪的英国，进入了中国纹章瓷定制的黄金时代，成为 18 世纪中国纹章瓷定制数量最多，总体质量最高的国家。据霍华德的估算，18—19 世纪，英国纹章瓷的定制数量接近 6000 套。绝大多数定制于 1715—1805 年。特别是 1740—1750 年间，英国在中国定制的纹章瓷数量增加了一半。

定制者的身份。英国纹章的定制者包括牧师、官员、乡绅、商人、公司和社会团体。特别是大量拥有职业便利的东印度公司的成员，发挥了引领风潮和中间商的委托定制作用。据霍华德的研究，1730 年之前的纹章瓷定制者，大多是东印度公司的董事、殖民地的首领、东印度公司的船长、押运员。开往广东的东印度公司商船的船长、押运员等一半以上的东印度公司高级官员会为自己或亲属定制纹章瓷，许多官员还拥有自己支配的瓷器货舱，几乎所有的纹章瓷都通过他们个人委托定制，而与公司常规的大宗贸易无关。如 1721 年肯特郡的郝思蒙顿家族定制的伊万里风格纹章盘，就是在广州担任货物管理员兼东印度公司议员的约翰·郝思蒙顿，为其兄弟丹尼尔·郝思蒙顿定制（图 38）。又如伦敦杜波依斯家族的定制，是查尔斯·杜波依斯在 1723 年，通过在广州担任初级货物管理员的儿子或侄子定制（图 39）。

图 38　英国丹尼尔·郝思蒙顿定制伊万里风格纹章盘　清康熙　英国维多利亚与艾伯特博物馆藏

英国纹章瓷的大量定制，还得益于 18 世纪的商业新贵的迅速壮大。商业新贵也

图 39　英国查尔斯·杜波依斯定制五彩纹章盘　清雍正　英国维多利亚与艾伯特博物馆藏

受到前所未见的尊重，他们逐渐将财富转化为荣誉，甚至通过与贵族联姻等途径获得贵族封号，由此造成新兴商业新贵定制的纹章瓷明显增多。一些陌生的纹章瓷出现通常与新兴富裕阶层有关，在 18 世纪的最后四十年间，每年都有 20 到 40 套产生。而对于早期还未获得纹章授权的押运员，则拷贝荷兰人的纹章来为我所用。该书收录的一件伊万里风格的纹章盘，就是英国亨廷顿郡（Huntingdonshire）的富商约翰·哈特利（Yohn Hartley）定制。英国东印度公司"德拉威"号（Delaware）格兰威廉姆·斯蒂芬斯船长纹章马克杯、英格兰银行家之子约翰·维兰德与安联姻纹章盘，都属商业新贵的定制。

在这样的背景下，纹章的设计与应用方面，也是自身设定标准、自己做主的一个时代。该世纪许多新颖的纹章设计，反映出新贵阶层超越传统的急于炫耀新成就的迫切心态。已有学者指出，当我们审视这些新奇的纹章时，没有证据证实这个家庭的存在，既没有官方的授权，也无纹章参照设计的记录，甚至大量纹章存在拼写和设计错误。

不过，英国纹章瓷，大多明显具有贵族身份的特质。英国西摩公爵纹章杯、盘，英国巴西大使汉密尔顿公爵纹章盘，就是典型的贵族定制。许多贵族纹章，是 18 世纪才获得的授权。多数家族在获得纹章授权或新纹章时，会定制新的纹章瓷。英国伦敦市长兄弟 Fludyer 准男爵纹章调料杯，就是 Fludyer 在 1759 年被授予准男爵时，授权新纹章后定制的。牧师的定制，则以大英博物馆藏威廉·塔尔博特牧师定制的青花八角纹章盘最为著名（图 40）。绝大多数贵族或富商家庭结婚时，通常都会在结婚的那一年定制纹章瓷作为纪念，有时会提前定制。仅本书收录的英国联姻纹章，就多达 13 件。

图 40　威廉·塔尔博特牧师定制的青花八角纹章盘　清康熙　大英博物馆藏

英国海外殖民地官员的定制，也非常普遍。英国孟加拉行政长官助理威廉姆·戴维斯与安妮联姻纹章盘，即是一例。此外，18 世纪英国的公司、团体、餐厅、邮局都有来自中国的纹章瓷。如为利物浦一家私人社会团体（The Society of Bucks）定制的潘趣碗（图 41）及英国东印度公司都曾定制过纹章瓷（图 42）。

瑞典东印度公司的定制。通过瑞典东印度公司的定制，是英国纹章瓷的一个特殊现象，通常有三种情形：

图 41　利物浦 The Society of Bucks 定制纹章潘趣碗　清乾隆　美国埃丽娜·戈登夫妇旧藏

图 42　英国东印度公司定制纹章果篮、盘子　约 1800 年　英国维多利亚及艾伯特博物馆藏

一是流亡瑞典的英国人的定制。曾任瑞典炮兵大队总管的古斯塔夫斯·大卫·汉密尔顿的定制即属此类①。其中有些流亡瑞典的英国人被封贵族，并在海外贸易中发挥重要作用。如科林·坎贝尔因伦敦南海公司破产，逃往低地国家，后帮助创立瑞典东印度公司，并长期担任公司主管，于 1732 年通过瑞典东印度公司定制一套纹章瓷（图 43）。

另一种是英格兰家庭通过歌德堡英国社团的定制②。如来自林肯郡的霍尔家族的一些成员，其定制的汤盆、盘等（图 44）③，装饰格兰瑟姆的霍尔家族纹章，即为瑞典市场流行的麦森风格。在哥德堡和苏格兰阿伯丁、赫尔之间也有非常紧密的联系，通过这些港口，大量的英格兰约克郡家庭通过哥德堡定制中国纹章瓷④。这类纹章瓷的装饰风格和诸多造型，明显带有瑞典纹章瓷的风格。

第三类是苏格兰人的定制。这类定制与苏格兰的特殊历史和苏格兰人在东方

① David Sanctuary Howard, *Chinese Armorial Porcelain*, Published by Faber and Faber, 1974, p. 781. X1.

② 在哥德堡有一个与东方的贸易联系非常强大的英国社团。

③ David Sanctuary Howard, *Chinese Armorial Porcelain*, Published by Faber and Faber, 1974，p. 384. N1.

④ 18 世纪中期以来，英国人同哥德堡港的繁盛贸易一直都在进行，特别是苏格兰和北英格兰家庭，因从这里到哥德堡的路途非常近。

图 43　瑞典东印度公司主管科林·坎贝尔定制纹章盘　约 1732 年　瑞典哥德堡市博物馆藏

图 44　林肯郡的霍尔家族定制纹章盘　清乾隆　伦敦 Bonhams2006 年 6 月拍品

贸易中的特殊地位有关[①]。据霍华德的考察，仅在 1730—1770 年间，就有许多苏格兰人在瑞典东印度公司任职。特别是苏格兰人科林·坎贝尔，长期担任瑞典东印度公司主管，直到去世。所以考察苏格兰人在这一历史时期的命运变迁，对于了解英国纹章瓷贸易的历史和相关信息至关重要。如苏格兰潘默尔伯爵的纹章盘（图 45），可能是通过瑞典东印度公司的詹姆斯·曼纽尔船长在广州定制（1741 或 1744 年）。另一件苏格兰德拉姆（Drum）的 Irvine 的纹章盘（图 46），可能是通过他在瑞典东印度公司当管理员的兄弟或侄子定制。

图 45　苏格兰潘默尔伯爵的纹章盘　清乾隆　霍华德著《中国纹章瓷》第二部收录

图 46　苏格兰德拉姆的 Irvine 家族纹章盘　清乾隆　霍华德著《中国纹章瓷》第二部收录

① 苏格兰人口虽只占英国人口的 12%，但定制纹章瓷的家庭，却占到总定制家庭的 21%。有趣的是，1800 年以后，英国本地瓷业崛起，加之高额的进口税，使得中国纹章瓷进口大幅减少，而此时苏格兰人在英国定制纹章瓷中所占的比例却有所增加，高达 28%。这是因为苏格兰人的纹章瓷大多通过瑞典东印度公司定制，而较少受到国内市场变化的影响，而历史上的詹姆斯党叛乱，导致大批苏格兰人流亡到瑞典，这些生活在瑞典的苏格兰人，与他们苏格兰的亲属保持着密切的贸易联系。

四、18 世纪末至 19 世纪美国人的定制

18 世纪末，欧洲主要国家已掌握了成熟的瓷器生产技术，逐渐停止了中国瓷器的进口。而此时的美国，独立战争刚结束，对中国瓷器等产品消费需求旺盛，美国东海岸投资者随加入了与中国的海上贸易。1784 年，第一艘美国商船“中国皇后号”抵达广州。从此，中美贸易获得空前发展，纹章瓷的定制也进入美国时代。

菲茨休（Fitzhugh）装饰。“菲茨休”装饰风格的瓷器，最早出现于 18 世纪 60 年代[①]。但其名称之由来，要晚至 18 世纪 80 年代，与英国威尔士 Fitz Hugh 家族成员在广州定制此类瓷器的历史有关[②]。之后，逐步演变为一种流行的纹章瓷装饰，在美国颇为风行。

“菲茨休”装饰，中间为一大型圆徽章，环以四组中国传统花卉、书卷的组合装饰，外围一周为锦地、蝴蝶、花卉等组成的装饰带，或单一的锦地纹装饰带（图 47）。中心的圆徽章常被鹰、缩略花押字母或各类纹章取代。

图 47　青花菲茨休纹盘　约 1780 年　埃蒙德菲茨休少校遗产

“菲茨休”在 18 世纪八九十年代的美国开始流行，一直沿用至 19 世纪，有多种变化的早晚类型。早期类型，均为青花瓷器。后期再度流行的品种有釉上的矾红、绿、褐色、深紫、

① David Sanctuary Howard, *Chinese Armorial Porcelain*, Published by Faber and Faber, 1974, p. 151.

② 关于“菲茨休”称谓，英国收藏家 Algernon Tudor-Craig 认为，源自一位美国老船长的妻子对这类瓷器输出港“Foochow”（福州）的误读。但美国学者并不认可该观点。36 年之后，J.B.S.Holmes 则认为“菲茨休”的称谓，源自 18 世纪英国“Fitz Hugh”家族在中国定制瓷器的历史。William Fitzhugh 船长和他在英国东印度公司服务的三代家族成员，在中国定制了数以万计的瓷器，“Fitzhugh”风格瓷器的名称，由此伴随着 Fitzhugh 家族定制的此类风格瓷器传播开来。

图 48　矾红彩菲茨休美国之鹰纹章汤盆　清嘉庆　美国皮博迪·埃塞克斯博物馆藏

黄黑及两色结合装饰（图 48、图 49）。本书收录的美国之鹰纹章盒、美国之鹰纹章盘，均饰矾红彩，也属于 19 世纪初流行的“菲茨休”晚期类型。有的仅在器物口沿等部位饰锦地、蝴蝶、花卉等组成的装饰带，称之为“菲茨休”边饰。如华盛顿定制的辛辛那提瓷器，即属此类装饰（图 51）。

“菲茨休”装饰也并不仅限于美国流

图 49　后期类型的菲茨休各色装饰盘　清嘉庆　美国收藏家埃丽娜·戈登旧藏

行，本书就有两例英国定制的“菲茨休”纹章瓷。如 18 世纪 70 年代英格兰议员詹姆斯·拉罗什与伊丽莎白·雷切尔·安妮联姻纹章盘，属仅装饰“菲茨休”边饰的早期风格；而 19 世纪初的英格兰基德尔（或亚历山大）家族纹章盘，则属于晚期风格一类。

辛辛那提社团成员的定制。美国纹章瓷中，最有价值的，莫过于18世纪末，辛辛那提社团成员[①]的定制。该社团成员的定制，始于美国“中国皇后号”与中国的首次贸易。辛辛那提社团军官委员会秘书塞缪尔·肖（Samuel Shaw），被选为此次航行的押运员和商业代理。难得的是，塞缪尔的首次中国行，为我们留下了丰富而详尽的记述，是了解和研究当时中美贸易的珍贵文献。其中便有他首次定制辛辛那提社团纹章瓷的内容。塞缪尔本人在1786—1788年间，也曾为自己定制一套辛辛那提社团纹章瓷。该纹章为一正面老鹰，头部饰一大一小花环，胸前置椭圆徽章。纹章下方的缩略字母“SS”，表明其为塞缪尔·肖（Samuel Shaw）定制（图50）。华盛顿作为该社团最重要的成员，在其第一任总统期间的1786年，定制了一套饰辛辛那提社团纹章的主餐瓷器（共302件）。不过华盛顿的辛辛那提社团纹章，与普通成员的通用纹章不同，似专为其设计。其形象为侧身飞跃的女神雅典娜，一手执号而吹，一手提着悬垂的辛辛那提纹章（图51）。该纹章与塞缪尔·肖日记中“美国的辛辛那提，在密涅瓦（雅典娜）的引领下”有关定制辛辛那提纹章的描述完全相合。据此，西方学者普遍认为，华盛顿定制的辛辛那提社团纹章瓷，应是塞缪尔·肖首次中国之行定制。耶鲁大学艺术博物馆还收藏一件亨利·诺克斯少将定制的辛辛那提社团纹章瓷咖啡壶。纹章下方铭文“HKL”意指该器为亨利和露西定制（图52）。

图50　塞缪尔·肖定制辛辛那提社团纹章瓷杯　清乾隆　美国皮博迪·埃塞克斯博物馆藏

图51　华盛顿定制的辛辛那提社团纹章瓷汤盆　约1786年　美国收藏家埃丽娜·戈登旧藏

① 辛辛那提社团，1783年创立，最初成员为参加过美国独立战争的大陆军团的美国和法国军官，成员可以世袭。最初有2000会员。社团名字，取自公元前5世纪的传奇人物罗马议员辛辛那塔斯（Lucius Quinctius Cincinnatus）。

图 52　亨利·诺克斯少将定制的辛辛那提社团纹章瓷咖啡壶　清乾隆　耶鲁大学艺术博物馆藏

图 53　美国商船纹潘趣碗　清乾隆　美国皮博迪·埃塞克斯博物馆藏

图 54　美国塞勒姆港的“Friendship”号盘子　清嘉庆　美国皮博迪·埃塞克斯博物馆藏

美国商船图案。装饰美国商船图案的瓷器，虽有仿效欧洲海洋国家在中国定制此类装饰瓷器之嫌，但仍不失自身特色与特殊价值，它已成为那个繁盛贸易时代的生动记录。

这类瓷器的特点之一是数量大。18 世纪末至 19 世纪初，数以千计商船装饰的瓷器被销往美国。尽管总体艺术性有所下降，但直到 1820 年还保持着相当的数量。这些商船图像，大多拷贝自英国雕版画，仅由广东工匠加饰美国国旗和其他符号而已（图 53）。

特点之二是不乏一些著名商船的装饰。1820 年定制的塞勒姆港的“Friendship”号盘子，船的形象非常写实，最具代表性（图 54）。另饰有著名“Grand Turk”帆船图案的潘趣碗，现藏美国皮博迪·埃塞克斯博物馆。该船是 1786 年首次从塞勒姆港开往中国的商船。此外，还有一件饰有传奇的“American”号的盘子。1804 年“American”号曾到访中国，为塞勒姆港的乔治·克劳宁希尔德（George Crowninshield）拥有。

特点之三是彰显国力。美国商船装饰的流行，与美国对造船业和海上贸易的重视有关。美国皮博迪·埃塞克斯博物馆藏一件非常重要的海船图案的潘趣碗（图 55），碗的一侧绘船的框架结构，其上题“The Strength & Wealth of the Nation”（国家的力量和财富）；另一侧绘美国鹰、星条旗盾徽和星条旗帜、大炮等武器组成的纹章。该碗的船纹装饰，彰显国力和宣扬造船业对美国国家重要性的意图非常明显。

美国家庭的伪纹章。美国定制的家庭纹章瓷，多属伪纹章一类，很少使用盾徽。特别是美国独立战争后，这已成为一个明显大众化的趋向。

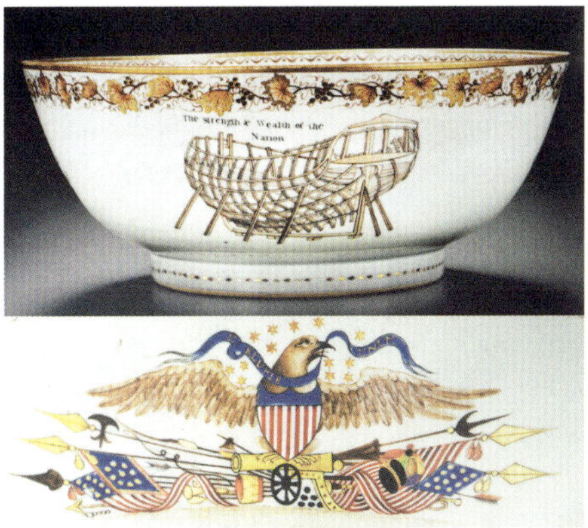

图 55　美国纹章与船纹潘趣碗　清嘉庆　美国皮博迪·埃塞克斯博物馆藏

传统的家族纹章逐渐被风景画的新设计所取代。如本书收录的美国“WMF”家庭纹章盘、美国不明家庭纹章瓷盘。这类纹章瓷主要流行于 18 世纪最后 20 余年至 19 世纪三四十年代，多数可以通过缩略花押字母确认家庭身份。还有一些独具美国特色的定制，如纽约州和新汉普郡的纹章，华盛顿纪念碑、华盛顿故居芒特弗农（Mount Vernon）蒙蒂塞洛的纹章瓷等。此外，以美国纽约州纹章为主体，加入定制者的缩略字母，也是 18 世纪末颇具美国特色的设计。如该书收录的一组纽约州纹章杯、碟，纹章中心设计一花环，其内书定制者夫妇姓氏缩写字母组合“F.J.D.C.L”。

美国鹰。美国鹰是纹章瓷中最具美国本土特色的设计。美国纹章瓷中的鹰纹，最早见于 1800 年的定制。早期鹰的设计，双翅很短，神态刻板，被美国学者 Homer Eaton Keyes 称为麻雀类型的鹰纹（图 56）。这类鹰纹，在鹰头部上方有一弧形或圆环设计，其内饰若干金星。鹰之双爪分执箭镞与橄榄枝（也有分别执美国旗与黄龙旗，图 57）。鹰的胸前为一盾牌，饰星条旗或花卉，有的留白饰定制者的花押或缩略字母，即所谓伪纹章的设计。

图 56　美国鹰纹章咖啡杯、盘　清嘉庆　美国皮博迪·埃塞克斯博物馆藏

19 世纪早期，一类形象更为真实的鹰纹用在美国官方大纹章上。受其影响，纹

图 57 美国鹰纹章象耳瓶 清道光 美国温特图尔博物馆藏

章瓷中又新出现了两种鹰纹设计，两者双翅翼展均很长，一类是双翅展开的对称设计（图 48、图 55），一类呈侧身回首的上升姿态①。有的利用“菲茨休”装饰做边廓，中心以鹰纹替代典型菲茨休装饰的大徽章，成为当时流行式样。

五、其他国家的纹章瓷

法国纹章瓷的定制，始于 18 世纪早期，大多由与法国东印度公司有关的人员或家族定制，包括船长、银行家、皇室、地方行政官员和陆军、海军军官。最初的 20 年，仅定制了为数不多的几套伊万里风格纹章瓷。1750 年之后，加入了许多布列塔尼贵族家庭的定制，数量超过 80 套。18 世纪的法国，纹章瓷定制总的数量为 400 至 500 套，与英国数千件的定制形成巨大反差。这种状况，与法国贵族家庭通常将家族纹章装饰在银器上的风气有关，而普通的富裕阶层大多使用鲁昂软瓷器装饰纹章②。18 世纪初，法国国王曾下令融化银器以振兴法国经济，中国纹章瓷遂成为宫廷和贵族日用银器的替代品。这一状况，直到法国硬质瓷开始生产，才有所改变。本书收录的法国国王路易十五纹章调味瓶托座、法国海军少

① Elinor Gordon, *Collecting Chinese Export Porcelain*, Published by John Murray Publishers Ltd, 1978, p.155.

② 柯玫瑰、孟露夏：《中国外销瓷》，上海书画出版社 2014 年版，第 59、60 页。

将 Sercey 纹章马克杯，均是这一时期的定制。

1750 至 1760 年代早期，普鲁士也有自己的东印度公司（在艾姆登），简称 KPACVE。此间大约定制有 20 套纹章瓷，特别是皇家和王子家庭的定制，其中以普鲁士国王的定制最为著名。本书即收录一件普鲁士国王腓特烈二世纹章调味瓶托座。

瑞典也是纹章瓷较多的国家。其东印度公司成立于 1731 年，大约定制了 300 到 350 套纹章瓷，大部分为瑞典贵族定制。最大的一批收藏（约 230 件），今天仍保存在瑞典上议院、斯德哥尔摩的贵族庄园以及歌德堡城市博物馆。本书收录的瑞典海军中将 Henrik Wagenfelt 与 Johanna Lagermarck 结婚纪念纹章盘、瑞典 Bergskollegium 国家矿业董事主席 Fredrik Gyllenborg 纹章茶杯、盘，均属贵族定制一类。此外，瑞典共济会成员的纹章瓷，是 18 世纪末的定制。

丹麦人的定制，以交织花体缩略字母的纹章瓷最为流行。从丹麦东印度公司 1730 年成立，大约有 90 套个性化定制。根据 Grandjean 的研究，至少 58 套是交织的花体缩略字母，大约 30 套装饰盾牌。

明清外销瓷中的基督教瓷器

黄　静①

在明清时期的中国外销至欧美的陶瓷器中，有一部分是与基督教有关的器型或纹饰的器物。这些器物主要来自于西方的定制，主要包括有教堂使用的圣水器（包括瓶、碗、缸等）、耶稣会标志器物（瓶、罐等）、耶稣题材和圣经故事纹饰的器物、耶稣和圣母塑像等等。通过这些器物，可以让我们窥见明清时期基督教传入中国的一些历史现象，以及基督教的传入对中国制瓷业所带来的影响。

在世界范围内，天主教、东正教、新教被统称为基督教，都以“圣经”为经典。基督教自欧洲东传进入中国，历史上有四次高潮。第一、二次分别是在中世纪时期，分别是在中国的唐代和元代。这两次并没有带来思想文化上的内容。第三次是在明末清初，由西方传教士带来基督教教义的同时，也带来了学术思想、科学技术等元素，主要有历法、火炮等，由此开启了中国正式接触“西学”的端倪。第四次是在清代晚期的 19 世纪，传教者主要是英、美的基督教（新教）神职人员，他们来华传教的同时，还兴办学校、医院等，推进了公共教育和西医学术在华的传播。

一、历史上的基督教东传

基督教第一次传入中国，是在公元 7 世纪时的唐代，当时只是基督教中的一个派别，唐人称之为景教。

景教为唐人对基督教聂斯脱利派（Nestorian）的称呼（也有译为聂斯脱里）。聂斯脱利派起源于 5 世纪时小亚细亚与叙利亚，由基督教君士坦丁堡主教聂斯脱

① 黄静，广东省博物馆研究员。

利（Nestorius，381—451）创立。受到聂斯脱利观点的启发，该派强调基督的神人二性各自独立，强调基督也有人性的一面。这种观点一出，即受到以亚历山大主教和罗马主教为首的基督正统教派的强烈反对，并斥之为异端，聂斯脱利被流放到埃及，其信徒多受迫害，大批逃亡至中东和波斯。在阿拉伯征服波斯后，聂斯脱利派的学者在阿拉伯文化的形成中扮演着杰出的角色。聂斯脱利派的教义也传至印度、中国、埃及和中亚一带，某些地方的民族甚至被完全同化。现代该派的代表是东派教会，亦称波斯教会，西方通称之为叙利亚教会或聂斯脱利派教会。据《大秦景教流行中国碑》记载，贞观九年（635），该教阿罗本等人来到唐朝，受到皇帝的礼遇。此时的基督教在我国史书中记作“景教”，在当时又被称作“波斯经教”，礼拜寺也被称作波斯寺，后改称大秦寺。景教来到长安后建寺传教，随后向各地传播。高宗时景教发展至高峰，于各州置景寺，“法流十道”，“寺满百城”。[①] 唐朝统治者虽然把道教奉为国教，但同时又执行了比较开放的民族宗教政策，加上景教传教士和上层保持了良好的关系，得到了皇室的支持，使景教在唐朝得到了良好的发展。景教传入中国后迅速本土化，在翻译经典和传教中融入某些儒家思想和佛道内容，因而传播迅速。根据唐代文献，当时的关内道、陇右道、剑南道、河南道、岭南道这五道中，确有景教寺和景教徒活动。[②] 开元年间景教与广州官方的关系密切。会昌五年（845）武宗灭佛，景教受到波及，自此在中原地区逐渐灭绝，只在西北边陲少数民族中流传，但对广州的景教影响不大。直至唐末黄巢农民起义军攻占广州，清洗外国商民，景教才在广州消亡。此后，景教在北方和西北少数民族地区仍有继续活动。

元朝时，基督教再次在中原大地得以传播，当时主要有两个支派：景教和天主教。蒙古人进入中原以前的早期文献称基督教徒为“迭屑”（Tarsa），是来自波斯语的音译；其后蒙古语文献中改称“也里可温”。

辽金时期，景教在北方和西北少数民族地区颇为流行。忽必烈入主中原以前，景教在蒙古族古老部族克烈部、汪古部、乃蛮部已经拥有较多信徒。在当时的欧洲基督教世界，长期盛传“约翰王”的传说，那是中世纪的欧洲广为流传的关于东方的约翰长老（Prester John）的传说。这个传说出现于 1145 年，欧洲人认

① [英] 阿·克·穆尔著，郝镇华译：《1550 年前的中国基督教史》附《大秦景教流行中国碑》，中华书局 1984 年版。

② 葛承雍：《从景教碑试论唐长安景教的兴衰》，《碑林集刊》第 6 辑，陕西美术出版社 2000 年版。

为约翰长老是东方最强大的国王。这个故事的产生，是多种因素结合的结果，包括耶律大石打败塞尔柱王朝苏丹的历史事实。13 世纪前期，欧洲人曾把成吉思汗视为“约翰长老”。13 世纪中期，欧洲人不再认为约翰长老是东方最强大的国王，而仅仅是中亚某个聂斯托利派部落的首领。从 14 世纪开始，欧洲人转到非洲去寻找约翰长老。17 世纪末，欧洲人才彻底认识到约翰长老是个虚幻的人物。约翰长老故事的演变过程，反映出中世纪欧洲的东方观。但无论如何，成吉思汗统一蒙古后，不少景教教徒转而为蒙古统治者服务，景教遂在整个蒙古流传开来，一时间十字寺林立，僧众成群。其后蒙古语文献中改称“也里可温”（erke’ud，有时也作也里乔，其语源目前尚不清楚），意为福分人或信奉福音的人。又因为景教和天主教都崇敬十字架，故又称其为“十字教”。①

元朝建立后，鉴于基督教在全国的盛行，元政府于至元二十六年（1289）二月建立了专门管理基督教事务的全国性机构“崇福司”，以爱薛等为崇福使，秩从二品，“掌领马儿、哈昔、列班、也里可温、十字寺祭享等事。”② 马儿（mar）为景教主教的尊称，哈昔（kasisa）意为长老，列班（rabban）意为大教师。③ 延祐二年（1315）七月，崇福司升级为院，品秩从原来的从二品升为正二品。“置领院事一员，省并天下也里可温教司七十二所，悉以其事归之。”④ 元英宗即位后，崇福院又改为司，品秩也恢复为原先的从二品。⑤ 元朝除了中央设置崇福司外，还在各地设有也里可温掌教司多处。前文所提到的延祐二年“省并天下也里可温教司七十二所”，可见其分布之广泛。其时基督教徒的活动区域除了西北地区外，还有大都、长江流域和东南沿海。但是“当时的汉族人对聂斯脱里教的认识是相当肤浅的。即便有少数汉族人加入了基督教，动机大概也只是为了趋炎附势、规避差役。因此，元代的基督教对汉族人而言，基本上是一种外来的封闭式宗教，真正信仰它的只是一些西来的部族如阿兰人、突厥人，以及少数的蒙古人而已。”⑥ 因此，基督教在元朝灭亡后，暂时退出了中原。

---

① 陈高华等著：《元代文化史》，广东教育出版社 2009 年版，第 416–417 页。

②《元史》卷十五《世祖纪一、二》、卷八十九《百官志五》。

③［日］佐伯好郎：《在中国的景教文献与遗物》，转引自周良霄《元和元以前中国的基督教》，元史研究会编《元史论丛》第一辑，中华书局 1981 年版，第 497 页。

④《元史》卷二十五《仁宗纪二》、卷八十九《百官志五》。

⑤《元史》卷二十七《英宗纪一》。

⑥ 陈高华等著：《元代文化史》，广东教育出版社 2009 年版，第 424–425 页。

明清之际，基督教再次东传，从16世纪末兴起到18世纪末告一段落，历时约两个世纪之久。此次来华的传教活动几乎全部是耶稣会士所包办。此时基督教已经历宗教改革，分裂为新教（俗称基督教）与旧教（天主教）。耶稣会是属于旧教的主要修会之一。

天主教（又称为公教，拉丁语：Catholicismus，希腊语：Καθολικισμός，英语：Catholicism），全称为天主教会（大公教会，拉丁语：EcclesiaCatholica，希腊语：ΚαθολικήΕκκλησία，英语：CatholicChurch），语源为“天下为公”的公（希腊语：καθολικ），基督宗教三大宗派（天主教、东正教、新教）之一，是基督教最大的主要宗派。明朝末年，天主教由罗马教会的耶稣会传入中国，当时信仰的神根据中国古籍中“至高莫若天、至尊莫若主”的语句译作“天主”，取意为“宇宙真主，主神主人亦主宇宙”。后来新教教派改译为“基督教”以后，成为其在中国因袭的会号，亦被称为“旧教”。天主教奉耶稣为天主圣父的圣子、全人类的救世主，是独一无二、无所不能、创造有形和无形万物的神。由于他具有三个位格——圣父、圣子、圣神，所以称他为“三位一体”的天主。

耶稣会（拉丁语：Societas Iesu，简写为S.J.或S.I.）是天主教的主要男修会之一，1534年8月15日由依纳爵·罗耀拉（西班牙语：Ignacio de Loyola，1491年—1556年7月31日）与圣方济·沙勿略（西班牙语：San Francisco Javier，1506年4月7日—1552年12月3日）、伯铎·法伯尔等人为反对当时基督新教的宗教改革在巴黎成立。1540年经教皇保罗三世批准。耶稣会为半军事组织，仿军队建制，纪律森严。以一般修会三愿（贫穷、贞洁、服从）为基础，但强调绝对服从教皇。其格言是“愈显主荣”（拉丁语：Ad Majorem Dei Gloriam），这句话往往被缩写为“AMDG”；绝对效忠天主教会和教宗，降服一切“异端”，反对新教改革。耶稣会最主要的任务是教育与传教，在欧洲兴办许多大学，培养出的学生除了耶稣会人才外，也活跃于政界与知识分子阶层。耶稣会会徽上的IHS，是耶稣的希腊文写法（ΙΗΣΟΥΣ）的前三个字母（Σ的写法在往后渐渐演变成S）。阴谋论者则认为那是三位埃及神伊西丝（Isis）、荷鲁斯（Horus）、瑟布（Seb）名字英文头一个字母的组合，宣称这是耶稣会及天主教崇拜非基督信仰神祇的证据。三根钉子则是纪念钉死耶稣的那三根钉子。

耶稣会在明清时期与中国有着比较密切的关系。

圣方济·沙勿略是西班牙籍天主教传教士，也是耶稣会创始人之一，首先将天主教信仰传播到亚洲的马六甲和日本。天主教会称之为“历史上最伟大的传教士”；是“传教士的主保”。沙勿略为中国、日本，以及果阿、澳门两个教区之主保（即守护圣者。主保圣人是部分基督教徒对圣人的称呼）。沙勿略发现，中国文化对日本的影响很深，于是决心尽早访问中国。但当时，外国传教士要进入中国是一件非常困难的事情。1522 年他组织了一个赴中国的葡萄牙使团，欲参见明朝皇帝。但 5 月底使团在马六甲被长官亚戴德（Alv.d,' Ataide）扣留。于是他决心独自前往中国，1552 年 8 月底，沙勿略抵达广东台山上川岛。其时明朝海禁严厉，他意识到明朝政府对外国人入境实行严格的控制，到中国传教将困难重重。但这并没有动摇沙勿略到中国内陆传播福音的决心。于是他计划以上川岛作为基地，一方面计划偷渡入境，精心安排秘密潜入中国内地的计划。另一方面也同时考虑好了另一个预案：一旦他拟议中的计划不能实行，将于次年暹罗向中国派出进贡使团时，谋求一个席位与该国使团一起进京。但是，答应帮助他们偷渡的中国商人反悔，迟迟不来。12 月 3 日晨，沙勿略因疟疾病逝于岛上，年仅 46 岁。沙勿略并未达成进入中国内陆的心愿。

同年，利玛窦诞生。30 年后的 1583 年，作为耶稣会传教士的利玛窦登陆广东，在中国南方辗转度过 18 年后，终于在 1601 年进入北京。尔后 10 年，利玛窦以其精湛的数学和天文知识，和对中国经典的通晓，在中国的知识分子中建立了良好的形象。这个模式也被其他许多相继来华的耶稣会士采用。

清初顺治、康熙皇帝继续重用西方传教士，全国信徒有 27 万。17 世纪后期，耶稣会传教士是西方了解中国的最专业的人士。1724 年，从雍正皇帝开始在全国查禁天主教，迫害教徒和传教士，但在北京宫廷里仍留用一批耶稣会士，担任御前学者和艺术家，如意大利籍画家郎世宁（Brother Giuseppe Castiglione S.J.）等。1773 年 7 月，教廷宣布解散耶稣会。从明末到清初，耶稣会总共有 472 位会士在中国服务了 190 年。1814 年，耶稣会被教皇庇护七世重新恢复。此后不断有耶稣会士来华传教和兴办教育，直至新中国成立。

在晚明时期，由于葡萄牙垄断了从欧洲通往亚洲的印度洋航线，因此来华的传教士多为葡萄牙人，其他的还有西班牙人、意大利人等。主要有利玛窦、汤若望、南怀仁等。

利玛窦（Matteo Ricci，1552 年 10 月 6 日—1610 年 5 月 11 日），意大利耶稣会传教士、学者。明朝万历年间来到中国居住。其原名中文直译为玛提欧 · 利奇，利玛窦是他的中文名字，号西泰，又号清泰、西江，在中国颇受士大夫的敬重，尊称为“泰西儒士”。他是天主教在中国传教的开拓者之一，也是第一位阅读中国文学并对中国典籍进行钻研的西方学者。他除传播天主教教义外，还广交中国官员和社会名流，传播西方天文、数学、地理等科学技术知识。他的著述不仅对中西交流作出了重要贡献，对日本和朝鲜半岛上的国家认识西方文明也产生了重要影响。他的经历让西方人开始真正了解中国，他也同时为中国打开了面向世界的窗口。因为他的到来，中国人第一次看到了机械钟表、西方油画，第一次听到西洋音乐……更重要的是，当时西方的许多科学、技术，被他介绍到了中国。他还是让中国人知道地球是圆的第一人。

1583 年（万历十一年）9 月，利玛窦与另一传教士、被后人称为西方汉学之父的罗明坚（Michele Ruggleri，1543—1607）一起进入中国，在广东肇庆建立了第一个传教驻地。利玛窦出版了第一份中文世界地图，并用中文和罗明坚起草了第一部《祖传天主十诫》。经过了几次尝试，利玛窦和罗明坚没能建立起新的驻地。罗明坚被教皇召回罗马安排教皇使节去见中国皇帝，而利玛窦和麦安东神父继续留在肇庆传教。1589 年（万历十七年）广东新任总督把传教士驱逐出肇庆。经过多方努力，利玛窦得以被派往韶州，在那里他建立了第二个传教驻地。1594 年（万历二十二年）利玛窦和中国的一名被派遣到朝鲜边境的将军一起，初步尝试进入北京。但到达南京，又不得不返回了驻地。1595 年利玛窦在南昌停留，在那里建立了第三个传教驻地，并出版了第一部中文著作《交友论》。在 1597 年利玛窦被任命为中国传教的主管。1598 年（万历二十六年）利玛窦和礼部尚书王忠铭一起到达北京，但由于朝鲜战乱而被迫离开。1599 年利玛窦定居在南京，并建立了第四个传教驻地。

1600 年，利玛窦再次出发前往北京，但是被当权宦官马堂在途中抓住，利玛窦被关押在天津，直到 1601 年。同年，利玛窦作为欧洲使节被召命带进紫禁城。从此，他一直拥有明朝朝廷的俸禄，生活到临终。

在 1602 至 1605 年（万历三十三年）间，利玛窦出版了第三版中文世界地图，起名为《两仪玄览图》，以及其他著作《天主实义》《天主教要》和《二十五言》等。1607 年（万历三十五年）利玛窦与朋友徐光启合作，出版了欧几里德《几何原本》的前六回的译本。1608 年印刷《畸人十篇》，并在同年开始编纂他的历史著作《基督教远征中国史》。两年后的 1610 年（万历三十八年）5 月 11 日，利玛窦因病卒于北京。他成为中国历史上第一个被皇帝允许在中国领土安葬的外国人。

继利玛窦之后来华的德国科隆人汤若望，成为第一位与中国朝廷关系密切的传教士。

汤若望（Johann Adam Schall von Bell，1592 年 5 月 1 日—1666 年 8 月 15 日），字道未，耶稣会士、学者。出身于科隆贵族家庭，在意大利学习数学、物理、神学和天文学。1618 年（万历四十六年）前往中国传教，1620 年（万历四十八年）到达澳门，在那里学习中文。1623 年（天启三年）进京，将伽利略的文章翻译后收集成《远镜说》一书，也把德国矿冶学家阿格里科拉论述欧洲开采和冶金技术的巨著《论矿冶》（De re Metallica）译成中文，取名《坤舆格致》。1627 年（天启七年）被派往陕西管理教务。1630 年（崇祯三年）经徐光启推荐，汤若望奉召第二次进京，接替刚刚去世的传教士邓玉函任职历局，协助徐光启编修《崇祯历书》。完成了测算日食和月食的《交食说》。明朝政府为阻止清军入关，他受朝廷命令制造火炮。清军入关后，投归清朝，后被御封为钦天监监正。1644 年清兵占领北京，需要颁布新的历法，汤若望把《崇祯历书》压缩改编，改名为《西洋新法历书》，获得顺治皇帝颁行，命名为《时宪历》。这就是沿用至今的阴历。汤若望深得清朝摄政王多尔衮和顺治帝的信任，1655 年（顺治十二年）受封为通政使，晋一品，封赠三代。顺治皇帝死后，康熙登基，辅政大臣鳌拜反对西洋学说，1664 年（康熙三年）发生“历狱”，汤若望被判凌迟死刑。康熙四年（1665）京师地震，免死羁狱，获孝庄太皇太后特旨释放。康熙五年七月十五（1666 年 8 月 15 日）病死。康熙八年（1669），康熙给汤若望平反。

南怀仁（Ferdinand Verbiest，1623 年 10 月 9 日—1688 年 1 月 28 日），字敦伯，又字勋卿，比利时人，天主教耶稣会教士。他是清初最有影响的来华传教士之一，为近代西方科学知识在中国的传播做出了重要贡献。同时他还是康熙皇帝的科学启蒙老师。他精通天文历法，懂兵器，擅长铸炮。此外，南怀仁还当翻译，搞测量，教数学。他于 1657 年被派遣来中国。1659 年，他先是被派去陕西，和李方西（J.F.R. de Ferrariis）神父共同工作。后于 1660 年被调往北京帮助年事已高、出任钦天监监正的汤若望神父从事历算工作。1664 年，由于杨光先和四名辅政大臣的发难诬告，使汤若望和其他传教士，以及在华的整个天主教受到迫害。1669 年（康熙八年）清帝降旨开释南怀仁、利类思（L.Buglio）和安文思（G. de Magallaens）。但汤若望已于三年前（1666）去世，其他传教士仍流放在广东，自此开始逐渐复职。康熙皇帝着令南怀仁任钦天监一职。南怀仁在得到康熙皇帝的信任后，不失时机而又审慎地请求皇上让流放在广州的传教士们回归内地，并在全国各地自由传教。1675 年，南怀仁修复了汤若望所铸的火炮，使清军挫败了吴三桂的叛乱。除此之外，南怀仁还从事了其他有利于国计民生的大量工程，如开掘运河，疏通河道。在从事繁重的科研工作的同时，他从不忽视宣传信仰方面的本职任务。1688 年 1 月 28 日，南怀仁在北京逝世，享年 66 岁，康熙皇帝为他举行隆重葬礼，并赐谥号“勤敏”。在明清之际来华而后来客死中国的传教士中，南怀仁是唯一一位身后得到谥号的。他的主要著作有《康熙永年历法》《坤舆图说》《御览西方要纪》等。

耶稣会自来华传教伊始，其创始人罗耀拉（西班牙文 Ignacio de Loyola，1491—1556，西班牙贵族）就强调两大原则：一是走上层路线；二是学习传教地区的语言和风俗等，作为灵活传教的必要方法。因此，为了便于在中国传教，耶稣会士在遵循上述两大原则的同时，也采取联合儒家、反对佛道两家的策略，即以天主教的经学来修改、阐述儒家理论，这就是所谓的“合儒”“补儒”“益儒”“超儒”。耶稣会士在中国传教的过程中，不断攻读中国的儒家典籍，并翻译成西文寄回他们的祖国出版发行。最早翻译中国经典古籍的，是被称为西方汉学之父的罗明坚。他于 1581 年（万历九年）9 月至 10 月间边研究中国文学，边翻译了《三字经》。1593 年（万历二十一年），利玛窦在韶州（今韶关）传教期间，把《四书》翻译成拉丁文，并寄回意大利出版。1626 年（天启六年），比利时耶稣会士金尼阁（Nicolaus Trigault）把《五经》翻译成拉丁文在杭州刊行。中国的儒家思想，正是通过这些传教士们的研究和翻译，不断地向西方国家介绍。

此外，利玛窦的《中国传教史》和其他不少传教士的著作都对中国的教育、私塾和科举制度作了详细介绍。

中国的印刷术、工艺美术和音乐也在这时不断地被传教士介绍到西方。

综观此时耶稣会士在中国的传教活动，归纳起来主要有几个特点：一是传教士所带来的西学并非当时欧洲的新学，而是旧学。即不是文艺复兴以来的近代思想与文化，而是与此相对立的中世纪封建教会神学和经院哲学。二是传教士来华的最主要的目的是传播和论证神学，他们的著述主要是有关神学与宗教的内容，科学仅是一种附带的手段。三是传教的方式是自上而下，即首先向朝廷进贡上书，以及与士大夫论道，其后再逐步向民间传教。

晚明的学术思想比较活跃，学在民间、诸说并起，这种思想氛围使得天主教能够在士大夫阶层赢得部分人的支持与接受。由于明末的政治局势，使得不少士大夫热切地希望改革以找出富国强兵的途径。而传教士们所带来的科学与技术引起了他们的兴趣。当时一些士大夫与传教士来往密切，主要有徐光启、叶向高、李之藻、王澂、杨廷筠等。当然，也有部分人对天主教持反对的态度。对天主教的攻击来自传统的道学、佛教及佛教徒和封建卫道士等各个方面。

17 世纪末，葡萄牙的海上霸权地位受到打击，法王路易十四（Louis XⅣ，1643—1715）开始派遣耶稣会会士和其他教派传教士来华，逐步取代了葡萄牙人的地位。1724 年，从雍正皇帝开始在全国查禁天主教，迫害教徒和传教士，但在北京宫廷里却留用一批耶稣会士，担任御用学者和艺术家。有意大利籍画家郎世宁（Brother Giuseppe Castiglione S.J.，1688 年 7 月 19 日—1766 年 7 月 16 日）和负责制作地图的蒋友仁神父（Fr. Michel Benoist S.J.，1715 年 10 月 8 日—1774 年 10 月 23 日）。17 世纪后期，耶稣会传教士是西方了解中国的最高权威。至乾隆时期，传教士多为法国人。

在来华的耶稣会士中，与中国制瓷业有着最密切的关系者，是清初康熙年间进入景德镇地区传教的法国传教士殷弘绪。

殷弘绪（Père Francois Xavier d’Entrecolles，1664—1741），天主教耶稣会法国籍传教士，于 1699 年来华。1704—1722 年，他在景德镇传教，留下了不少书信，内容涉及景德镇基督教、制瓷业、社会生活等多个方面。

在殷弘绪之前，耶稣会已在饶州和景德镇建立了教堂，基督徒也日益增多。1712 年，殷弘绪给中国与印度传教区巡阅使神父的信中说："这里的基督教徒人数日增，今年我为约 80 名成年人施了洗，其中许多人已开始在不同地方让人们领略基督教了。""今年，我效法这位虔诚的传教士（指沙守信神父），让我的基督徒进行了三次的心灵退省：两次在饶州，一次在景德镇。那些被接纳参加退省的人（他们将其视为一个大恩典）于规定的日期来到我的教堂。人员到齐后，我对他们讲一次话，说明退省的目的、做好退省对他们是多么重要、他们所拥有的确保其灵魂得救的神佑及手段，必须遵守的规章以及度过这些圣洁的日子所必须的宁静和虔敬。"[①] 此外，由于信教的人越来越多，殷弘绪还请求扩大教堂："景德

① 耶稣会传教士殷弘绪神父致中国与印度传教区巡阅使神父的信（1712 年 8 月 27 日于饶州）。[法] 杜赫德编，郑德弟译：《耶稣会士中国书简集——中国回忆录Ⅱ》，大象出版社 2005 年版，第 57、59 页。

镇的教堂太小，容纳不下大批新信徒，在重大节日时更是如此。最近我得到一块地皮可扩建教堂。我认为此事迫在眉睫，因此决定把人们寄给我的生活费中的一部分用于此事。我信赖上帝，愿他为我提供帮助……有二百两银子就能实施我的计划了。随后还需为传教士盖个小小的住所，不过此前要先买一所房子作为献给圣母的另一座教堂，使女基督徒们可在此集会。我最近去景德镇时，她们是在当天停业的一家店铺里集会的。您知道，在这种地方赞美我们圣教的奥义和举行圣事是很不得体的。”①

从殷弘绪的信件中，我们得知景德镇的基督徒中有大多数人是制瓷工人，并且他们在失业或生病时能互相帮助和照顾：“尊敬的神父，……我要把景德镇所有的基督教徒托付于您的祈祷，他们中许多人是制瓷工人。……我每次前往那里时都能看到基督徒人数在不断增加。”②“手艺人和工人占了景德镇基督徒的多数。当他们身体健康、有活可做时，日子还过得去；但一旦生病或失业，那么，在这个生活费用昂贵的地方，他们就很值得同情了，因为他们多数人远离故乡，在这里一筹莫展。但是，盛行于基督徒之间的爱德却使他们互相帮助。”除了贫穷的窑工外，也有一些瓷业作坊主成了基督教徒的：“去年，一位虔诚的基督徒得了肺痨，他镇定自若地面对死亡的临近——他只为就要临盆的妻子不安。我上文说到的这个女子在丈夫死后三天生下一个女婴。这样，继承权便落到了不是基督徒的侄子手里……死者的所有财产只是个瓷作坊。”③当然，目前我们还没有确切的资料能证明，明清时期景德镇生产的外销瓷中，有没有，或者是有多少是出自基督教徒的工匠手中。

此外，殷弘绪还在他的信件中，对景德镇瓷业的生产状况，与欧洲的瓷器贸易往来，以及瓷器生产的原料、配方、技术和工艺等方面都作了详尽的记录。对于景德镇的瓷业生产规模和工艺水平，他写道：“尽管景德镇的生活费很高，周围城市里无法生活下去的穷人们仍源源不断地涌入景德镇来谋生。在那里，年轻人

① 耶稣会传教士殷弘绪神父致本会德布鲁瓦西亚神父的信（1715 年 5 月 10 日于饶州）。［法］杜赫德编，郑德弟译：《耶稣会士中国书简集——中国回忆录Ⅱ》，大象出版社 2005 年版，第 145 页。

② 耶稣会传教士殷弘绪神父致本会德布鲁瓦西亚神父的信（1715 年 5 月 10 日于饶州）。［法］杜赫德编，郑德弟译：《耶稣会士中国书简集——中国回忆录Ⅱ》，大象出版社 2005 年版，第 140 页。

③ 耶稣会传教士殷弘绪神父致本会德布鲁瓦西亚神父的信（1715 年 5 月 10 日于饶州）。［法］杜赫德编，郑德弟译：《耶稣会士中国书简集——中国回忆录Ⅱ》，大象出版社 2005 年版，第 146 页。

和最虚弱的人都能找到工作。那里所有的人连瞎子和肢残人都以捣土为生。据史书记载，以前景德镇上只有三百座瓷窑，现在有三千座。”[①]“有的欧洲人给中国寄来了一些器皿设计图，以后还会寄来一些器皿设计图”让景德镇仿制。“曾被认为无法做到的某些工艺品今年做成了。它们是高达 3 法尺以上的瓮，而且不包括金字塔状的高 1 法尺的盖子。这种瓮是由三个部件拼成的，然而因连接得如此巧夺天工而构成了一个唯一的整体，使人无法发现哪里是接缝。有人把这种瓮给我看时告诉我，在制作的 80 只这种瓮中只成功了 8 只，余者全都报废了。这些物品是一些与欧洲人做生意的广州商人订购的，因为在中国，人们对如此昂贵的瓷器并无兴趣。”[②] 而与欧洲人做生意的除了广州商人外，还有在印度尼西亚和菲律宾的从事中欧贸易的中国商人，他们也有直接从景德镇订货销往欧洲。殷弘绪在书信中提及了这些“来自马尼拉、马六甲和巴达维亚（即今雅加达）的崇拜偶像的中国人”“从马尼拉回来的中国人”“来自巴达维亚的商人”。[③] 马尼拉、马六甲和巴达维亚都是当时荷兰东印度公司与中国贸易的重要据点，而该公司每年都要从中国进口或定烧大量瓷器。

当时欧洲各国迫切希望了解中国瓷器制作的相关资料，以期能自行生产硬质瓷器。为此，殷弘绪在景德镇对瓷器生产的所有情况都作了详尽的考察，并分别于 1712 年 9 月和 1722 年 1 月从景德镇寄往法国的两封书信中，极其详细地介绍了景德镇瓷器生产的过程与工序、原料与配方，以及高岭土的相关知识：“我仅向您介绍一下它的成分，它的准备工作，瓷器的不同品种、揉捏、上釉、瓷器的品质、色彩、制作工艺、烧烤、控制温度的措施等。”[④] 在 1722 年的一封书信中，殷弘绪还为我们提供了景德镇墨彩瓷器烧制的难度和烧制成功的时间：“他们曾试图用最好的中国墨来绘制花瓶，但没有成功，瓷器烧出来后尽是白的。由于这种墨彩的浓度不够，加热后松散不存。实在地说，是墨彩未能渗透进釉层，产生不同

---

① 《中国瓷器——耶稣会传教士殷弘绪神父给中国和印度传教会长奥里神父的信（1712 年 9 月 1 日于饶州）》，朱静编译：《洋教士看中国朝廷》，上海人民出版社 1995 年版，第 70 页。

② 耶稣会传教士殷弘绪神父致本会某神父的信（1722 年 1 月 25 日于景德镇），[法] 杜赫德编，郑德弟译：《耶稣会士中国书简集——中国回忆录 II》，大象出版社 2005 年版，第 252 页。

③ 耶稣会传教士殷弘绪神父致本会德布鲁瓦西亚神父的信（1715 年 5 月 10 日于饶州），[法] 杜赫德编，郑德弟译：《耶稣会士中国书简集——中国回忆录 II》，大象出版社 2005 年版，第 149 页。

④ 《中国瓷器——耶稣会传教士殷弘绪神父给中国和印度传教会长奥里神父的信（1712 年 9 月 1 日于饶州）》，朱静编译：《洋教士看中国朝廷》，上海人民出版社 1995 年版，第 71–78 页。

于素坯釉的颜色。”[①] 而墨彩瓷器在1730年代以后在欧洲非常流行。由此可知，景德镇墨彩瓷器至少是在1722年以后才烧制成功。其后，这种技术又传播至广州的广彩瓷器生产中。正是由于殷弘绪提供的景德镇制瓷的第一手资料，帮助和促进了欧洲瓷业的兴起与发展。30年后的1771年，法国的利摩日（limoges）附近发现了高岭土矿，由此开始生产硬质瓷器，利摩日因此而成为法国著名的瓷城。

新教（又称更正教，德语：Protestantismus，英语：Protestantism，法语：Protestantisme），是16世纪宗教改革运动以后，相对于天主教会、东正教会等旧有势力的基督教概念，包括直接改革自罗马教廷的路德宗、加尔文宗、安立甘宗三大教会。新教反对罗马教皇对各国教会的控制，宣称《圣经》为信仰的最高原则，不承认教会享有解释教义的绝对权威，强调教徒个人直接与上帝相通，不必由神父做中介。由于新教徒对公教的抗议态度，因此被称为protestants。新教强调因信称义、信徒人人都可为祭司和《圣经》具有最高权威三大原则。新教不采用天主教的修道院制度和独身制。基督新教各宗派对政教的关系的立场大都不太相同，虽实行政教分离，却普遍没抗拒参与或组织政治活动。其崇拜仪式是使用民族语言的圣餐礼文，并逐渐以较为灵活的形式，引用《诗篇》、经课、祷文等，由信徒参加诵唱。有些宗派还编成专书，供公开崇拜之用，如圣公会的《公祷书》，归正宗的《祷告式》等。新教在崇拜中很重视讲道的作用，其内容为解释圣经，宣传教义，以坚定听众的信仰和诱发宗教热忱；有时还从教义出发对社会道德及政治问题作出评论。由参加礼拜的全体信徒同唱赞美诗也是新教在崇拜仪式上的特点之一。新教在礼堂建筑、陈设布置，以及宗教服饰上，无划一规定。一般说来高教会派较为重视保留传统的教堂艺术和宗教表像，如圣像、圣画等，仪式也较繁复。低教会派以及各种自由教派教会则崇尚质朴，仪式较简化，教堂内外除十字架外，一般不多用其他宗教表像；有的连十字架也不用。其教会的标志为十字架：源于拉丁文Crux，意为“架子”。耶稣受难的刑具，由两根木料相交叉而成，形状近于汉字“十”，故汉译作“十字架”。基督宗教相信，耶稣为救赎人类，被钉十字架而死，故尊十字架为信仰的标记。十字架在教会的各种场所、信徒家中以及在教会组织的标志、礼仪用品、圣书上随处可见。十字架的式样只有一种极简形式，横短竖长。

---

① 甘雪莉著，张关林译：《中国外销瓷》，东方出版中心2008年版，第131–132页。

1807年前后，新教开始传入中国。这时候先后来中国布道的传教会有：伦敦会、荷兰传教会、美部会、美浸会、美国圣公会、英行教会、美国长老会等。他们分别代表新教的不同派别，传教士主要来自英国、美国、德国。他们中有教师、医生、教授、作家等。当时，由于清朝政府对基督教实行禁止政策，所以他们只能在广州秘密传教。新教虽然传入中国比天主教晚，但他们采取了更为中国人所喜欢和接受的措施，但拒绝接受中华本土文化。

马礼逊（Robert Morrison，1782年1月5日—1834年8月1日）是西方派到中国大陆的第一位基督教新教传教士，他在华25年，在许多方面都有首创之功。他在中国境内首次把《圣经》全译为中文并予以出版，使基督教经典得以完整地介绍到中国；编纂第一部《华英字典》，成为以后汉英字典编撰之圭；他创办《察世俗每月统记传》，为第一份中文月刊，在中国报刊发展史上位居首尊；他开办"英华书院"，开传教士创办教会学校之先河；他又和东印度公司医生在澳门开设眼科医馆，首创医药传教的方式。他所开创的译经、编字典、办刊物、设学校、开医馆、印刷出版等事业，使其成为开创近代中西文化交流的先驱。

无论是天主教或是基督教新教，都对中西文化和科学技术的交流起到过积极的作用。1825年，基督教美国公理会传教士伯驾（Peter Parker）和英国东印度公司医官哥利支（Thomas Richardson Colledge，1797—1879，另一中文译名为"郭雷枢"）在广州创办眼病赠医所，继而由伯驾扩充为眼科医局，后发展和改名为仁济医局、博济医馆、博济医院。博济医院即现在中山大学孙逸仙纪念医院（即中山大学附属第二医院）的前身，是中国第一家综合性西医医院。鸦片战争之前，传教士已开始在中国办医学教育。鸦片战争之后，西医学校进一步增多。这些学校多集中在广州、上海等地。1835年，伯驾在广州为自己的三名中国助手开办了一个医学班，开创了中国西医教育的先河。1866年，美国长老会传教士、医生嘉约翰（John Glasgow Kerr）在广州创办华南医学校，附属于博济医院。孙中山先生曾于1886年在此就读。西医医院和学校在广州的创办，一方面培养了一批广东的医护人才，另一方面推进了西药在广东的使用和销售。1870年，英国商人在广州开设了屈臣氏药房。清朝末年，博济医院的几位医生出资，委托罗开泰开设了广州第一家由华人创办的西药房——泰安药房。西医的传播，推进了中西医相结合的发展。在17世纪中期，中医和中药学也通过传教士的推介，开始在欧洲传播。1658年波兰的天主教耶稣会传教士卜弥格（Michel Boym，1612—

1659）编译了介绍中医中药的著作《中医津要》。该书在1682年由荷兰医生克莱改名为《中国临床》出版。1732年，法国传教士范德蒙德（J.F Vandermonde）由中国返法，携带有李时珍在《本草纲目》里讨论描述过的多种矿物标本，并翻译了《本草纲目》中有关矿物的部分，现存于巴黎自然历史博物馆中，为西方所接触到的最早关于中国矿物的系统知识。①

二、基督教瓷器及其特点

与基督教有关的瓷器，通常被称为“耶稣瓷”。这类瓷器品种有青花、粉彩、墨彩、矾红彩、广彩等。器物类型有瓶、罐、缸、圣水碗（瓶）、盘、茶壶、茶杯及托碟、汤盅等器皿以及人物塑像等等。器物纹饰包括有耶稣会标志、耶稣系列、摩西系列、马丁·路德肖像系列以及其他圣经故事等等。目前所见的基督教瓷器，出现在明清时期，明代以前的实物未曾见到。

欧洲最早来华定制基督教瓷器的时间，笔者认为大概在16世纪中期，即明嘉靖时期（1522—1566），代表葡萄牙使团的西班牙籍天主教传教士圣方济·沙勿略于1552年（嘉靖三十一年）8月底到达广东台山上川岛之后（因沙氏是最早到达上川岛的西方传教士）。其时澳门还未开埠，葡萄牙人希望以上川岛作为基地，实现与中国的海外贸易。当时由于明朝海禁仍然严厉，上川岛成了葡萄牙商人与中国沿海居民进行走私贸易的据点。

上川岛地处广东省江门市台山市西南部，面积为157平方公里，屹立于南海之中，其东邻港、澳地区及珠海市，距香港、澳门分别为87海里和58海里，距大陆山咀码头为9.8海里。沙勿略在上川岛去世后，人们在该岛上为他修建了墓园以资纪念。沙勿略的遗体在1554年才被安葬在印度的果阿。同年，沙勿略在日本时的密友阿尔卡佐瓦返欧洲时途经上川岛，特意去朝拜了沙勿略的墓地。也就是从这一年起，上川岛开始成为西方传教士朝拜沙勿略的圣地，同时也成了中西文化交融之地。

至今在上川岛上，仍留下大量的明代正德至明代晚期的景德镇青花瓷器和红

① 何兆武:《中西文化交流史论》，中国青年出版社2001年版，第146页。

图 1 青花盘底 明正德 黄清华收藏

绿彩瓷器的碎片，这些遗物应是当时的葡萄牙人所遗留下来的。其中特别重要的一件器物，是一件青花花卉纹盘的残片，该盘底款为青花料描绘的十字架。（图 1）有的学者研究认为：“最为独特的是，上川岛还出土有一种特殊的青花十字架形底款青花盘。十字架的形状多种多样，不同的形状往往代表不同的教义、派别。上川岛青花瓷片上的十字架的四角突出，成折角状完全对称形。这种形式的十字架最初是基督教‘圣殿骑士’（Knights Templar）的标记，后为葡萄牙‘基督圣教’（Order of Christ）所继承。”[①] 圣殿骑士团（法语：Ordre du Temple），全名“基督和所罗门圣殿的贫苦骑士团”，是中世纪天主教的军事组织，乃著名的三大骑士团之一（另两个为医院骑士团和条顿骑士团）。其成员称为“圣殿骑士”，特征是白色长袍绘上红色十字。他们乃十字军最具战斗力的一群人。它成立的时间并不确定，但一般认为不迟于 1120 年。1099 年圣城耶路撒冷被十字军攻占后，很多欧洲人前往耶路撒冷朝圣，这时十字军的主力已经回欧洲去了，朝圣者在路上经常会遭到强盗的袭击，正是在这样的背景下，法国贵族 Huguens de Payns 和其他八名骑士建立了圣殿骑士团，以保护欧洲来的朝圣者。由于他们既无教堂，也无居所，所以，耶路撒冷国王鲍德温二世将圣殿山上的阿尔—阿克萨清真寺的一角赐给了这些骑士驻扎。这个清真寺正是建在传说中的所罗门圣殿的遗址之上。修士会因此得名“基督和所罗门圣殿的贫苦骑士团”。圣殿骑士团和十字军的命运密切相关。圣殿骑士团创立后很快就引起了贵族和教会上层的重视，教廷赋予的特权使得圣殿骑士团在短短几十年内发展成一个强大而且富有的组织，同时圣殿骑士团也成了罗马教廷拥有的最可靠的力量。1291 年，圣殿骑士团的圣地陷

① 黄薇、黄清华：《澳门开埠前中葡陶瓷贸易形态初探——以上川岛花碗坪遗址为例》，《海上瓷路国际学术研讨会论文集》，岭南美术出版社 2013 年 12 月版，第 235-256 页。

落，圣殿骑士团失去根据地，因此最终沦为法王腓力四世为解决财务问题的牺牲品。1307 年，其众多成员在法国被捕，残酷审讯后以异端罪名处以火刑。1312 年，在维也纳的宗教会议上，教宗克雷芒五世（约 1260—1314）下令正式解散了圣殿骑士团。在法国的圣殿骑士团于 1307 年被毁灭后，其组织在葡萄牙改名为耶稣会继续存在，其性质也由军事修会变为主要从事海外宣教的修会。因此，上川岛上所遗存的这类带十字架底款的青花瓷器，应是葡萄牙耶稣会的传教士定制之物。

在明末至清初的很长一段时间里，基督教瓷器几乎处于沉寂状态。这可能与明末政局动荡、景德镇制瓷业受到严重冲击有关。

到了清代康熙时期，这类瓷器才又开始出现，并在乾隆至清代中期出现了一个高潮，数量和品种都较为丰富。如在第 3 章所介绍的清康熙青花“耶稣受难”图茶杯及托碟，以西洋版画的绘画技法绘“耶稣受难”图。同样时间、题材和画法的器物还有清康熙青花“耶稣受难”图缸，缸的腹部主题纹饰绘耶稣受难图，周边饰以缠枝莲，口沿下饰蕉叶纹。纹饰画面颇有中西结合的特征。缸的口沿、底足及把手均有在欧洲后加的铜鎏金装饰。（图 2）这些器物是目前所见的最早出现耶稣形象的外销瓷器之一。虽然绘画技法还很稚拙，但是证明了早在康熙时期，西洋版画的技法就已使用在景德镇的外销瓷器上面。而根据美术史上的记载，西洋版画技法传入中国的时间是在乾隆时期。因此这些文物成了美术史方面的重要实物例证。

至乾隆时期，外销瓷器中的耶稣故事系列出现较多，品种除青花外，还有矾红和墨彩等。其中墨彩的器物更为多见。

墨彩瓷器是以黑彩为主，有的兼用矾红和描金，在瓷器上绘画，再经彩炉烘烤而成。根据前文所提到的法国传教士殷弘绪的信函记载，景德镇至少是在 1722 年以后才成功烧制墨彩瓷器。而当这种装饰技法的瓷器一旦烧制成功，在 1730 年代便在外销欧美的瓷器中大为流行，尤其是以基督教为题材的瓷器。因为墨彩这种装饰技法，与欧洲的西洋版

图 2　青花耶稣受难图缸　清康熙
广东省博物馆藏

画技法相结合，呈现出相当完美的效果。因此，在康熙时期的基督教题材瓷器中，常见的是青花的形式。但青花毕竟是釉下彩绘，笔触较难表现得细致，而且呈色是蓝色。与墨彩相比，墨彩以黑色的釉上彩绘，采用西洋版画的绘画技法，所呈现的效果与版画原作更为接近。

耶稣系列瓷器，题材主要有“耶稣诞生”（图 3）、“耶稣受难”（图 4）、“耶稣复活”（图 5）、“耶稣升天”、“耶稣受洗”等，这类器物主要是教堂或传教士定制，以盘子居多，用于宣传和传教。墨彩摩西系列瓷器有“发现摩西”“摩西过红海”等，多见于茶杯、茶壶和汤盅等餐饮用器上。这些瓷器的装饰品种多见墨彩，也有青花、矾红彩等。这方面内容在第 3 章《明清景德镇外销瓷的主要纹饰》中已有详述。

墨彩“马丁·路德肖像”图盘（图 6）：

马丁·路德（ Martin Luther，1483—1546 ）是基督教重要的历史人物，他出生在日耳曼（因此人们称日耳曼为改革发源地）中部绍森几亚（ Thuringia ）的曼

图 3　墨彩描金“耶稣诞生”图盘
清乾隆　广东省博物馆藏

图 4　墨彩描金“耶稣受难”图盘
清乾隆　广东省博物馆藏

图 5　墨彩描金“耶稣复活”图盘
清乾隆　广东省博物馆藏

图 6　墨彩“马丁·路德肖像”图盘
清乾隆　彭晓玲女士收藏

斯菲德（Mansfeld）附近的艾斯莱本（Eiskeben）——撒克森伯爵（选候）领地。他是16世纪欧洲宗教改革的倡导者，基督教新教路德宗的创始人。从1488年到1497年，路德在曼斯费尔德的城市学校就学，此后他在马格德堡的大教堂学校里待了一年。在那里教导他的是中世纪晚期出现的共同生活弟兄派的教士。1498年他的父母将他送到埃森纳赫的方济各会修道院中。他在那里受到音乐和诗歌的教育，他是一个很好的歌唱家。从1501年到1505年路德在图林根的爱尔福特大学就学，他获得哲学系的文学士。奉父命路德在获得博士学位后又开始学法学。在大学里学习法律的同时，他接受了当时进步的人文主义思想，此后又研究神学。他不顾父亲的反对加入了爱尔福特的奥斯定会修道院。他非常遵守修会的教规，1507年2月27日他被晋升为神父。虽然他每天都做忏悔，但他依然无法获得心灵上的安慰。他最主要的问题是"我如何才能获得上帝的怜悯？"他的忏悔神父、修道院的主持约翰·冯·斯道皮茨建议他学神学，并于1508年将他送往维滕贝格。在那里他结识了威廉·奥克姆并接触到他的神学理论。奥克姆强调神的自由性和人的自主性。一年后路德成为圣经教授（baccalarius biblicus），他还学会了古希腊文和希伯来文。除道德哲学外他还开始教授圣经。1510年，路德被他的修会派往罗马城，抗议教廷下令将奥斯定会与另一个非常严格的修会合并到一起。他参加了一个集体忏悔的仪式，希望以此获得解脱。这说明他当时还不怀疑罗马教廷的忏悔仪式，但他对罗马教廷的不认真和道德败坏非常失望。

1511年，斯道皮茨将路德召回维滕贝格并指定路德为神学博士和他的继承人。虽然斯道皮茨只能减轻路德的心灵不安，却无法消除它们。一开始路德还追随当时教会的学说——将旧约体会成基督的隐喻，他使用上帝直接的怜悯来补充这些理论中的空洞，但此时他还没有考虑教会的中间作用。路德对圣经新的理解是：神的永久正义完全是一个怜悯的赠礼，只要人相信耶稣基督，他就可以获得这份赠礼。人不论做什么都无法强迫神赠与他这份礼物。相信他获得了这份礼物本身也不是人所能达到的。这样对路德来说，整个中世纪的神学及其宣传者的能力与神的启示之间的平衡全部报废了。从此他对自称神与人之间中保的教会越来越持批评态度。路德在1517年万灵节前夕，也就是10月31日那天，宣布他反对赎罪券，他写了《九十五条论纲》，即《关于赎罪券效能的辩论（disputatio pro declaratione virtutis indulgentiarum）》（共九十五条），由此开启了基督教新教的改革。路德反对对赎罪券的曲解和误用：当时的人们认为天国的钥匙掌握在教会手里，一个人进入天堂前要先洗清生前所犯的一切罪行。他们最怕的是死后在炼狱中的刑罚，因此他们相信只要用赎罪券就可以上天堂，一张赎罪券能缩短死后在炼狱中的刑罚。而赎罪券可以在教堂里购买，因此当时的教堂和牧师都很有钱。马丁·路德发现这样的说法与做法完全不能见容于圣经与理性，这不但对人的得救不利，还影响了教会的正常运作。赎罪券的买卖鼓励了处于罪恶中的人，不去思想基督，不去祈求上帝的饶恕。就这一点，路德的神学与天主教会的神学有明显的不同。这是一场宗教改革和政治革命，从德意志国家发展到整个欧洲，是资产阶级反对封建的思想解放和政治运动。为后来西方国家从基督教统治下的封建社会过渡到多元化的现代社会奠定了基础。1530年，路德在奥斯堡会议上为新运动作了解释，他的改教运动已把基督教欧洲一分为二，分裂为新教（俗称基督教）与旧教（天主教）。

该瓷盘以墨彩西洋版画技法描绘。盘子中心主题纹饰绘马丁·路德肖像，在他的周围是他的门徒。马丁·路德的肖像出现在1734年在阿姆斯特丹出版的《路德会圣经》的扉页上，以版画的形式绘成。[①]因此，这类盘子应当是在此之后才有定制的。此外，墨彩马丁·路德肖像瓷器也见有瓶子，但数量相对较少。这些器物也是作为传教宣传之用。

图7　粉彩“井边的利百加”图盘　清乾隆　上海博物馆藏

粉彩“井边的利百加”图盘:（图7）

盘子以金彩描绘的卷蔓缠绕贝壳纹为边饰，盘心绘主题纹饰，描绘的是《圣经·创世纪》中的故事：亚伯拉罕安排老仆人为自己的儿子以撒物色结婚对象，仆人在吾珥的井边遇到了利百加，并成功说服她嫁给了以撒。该盘子的这种边饰呈现出典型的洛可可风格，在18世纪中期外销欧洲的瓷器中相当流行。

根据圣经创世纪记载，亚伯拉罕（基督教《圣经》故事中犹太人的始祖）年老时差遣忠心的老仆人回到本乡本族

① 甘雪莉著，张关林译:《中国外销瓷》，东方出版中心2008年版，第130页。

找一个姑娘，作为其儿子以撒的妻子。条件是这姑娘必须要心地善良宽厚，精于持家之道，能在农场上帮得上手。老仆人顺着主人走过的线路到了吾珥（位于今伊拉克南部，是亚伯拉罕的诞生地）。一天傍晚他在井边遇到了一个年轻活泼而且美丽的姑娘，这个人就是利百加（Rebecca）。在说明来意之后，仆人顺利说服了利百加成为以撒的妻子。

以撒（英语：Isaac），又译依撒格或易司哈格，是《圣经》中的人物，亚伯拉罕和妻子撒拉所生的唯一儿子。他与利百加结婚之后生了一对双胞胎，大儿子叫以扫，小儿子叫雅各。以撒在原文中意为喜笑。在犹太列祖中，以撒是最长寿的一位，也是其中唯一没有改过名字的一位，还是唯一没有离开过迦南（巴勒斯坦的古地名，在今天约旦河与死海的西岸一带）的一位（虽然他一度试图离开，但上帝告诉他不要这样）。与《圣经》中其他列祖相比，以撒的经历较为平淡，一生中变故较少。

耶稣会标志瓷器：

目前所见耶稣会标志瓷器包括有青花、粉彩等品种，器型有罐、瓶等，均为清代制品，尤其以清代中期的器物较多。虽然在 18 世纪后期到 19 世纪早期，耶稣会曾经历了短暂的解散，但耶稣会士在华的活动和影响基本没有停止过，因此出现耶稣会标志瓷器也与当时的历史相契合。综观这类器物，其主题纹饰既有中国传统纹饰，也有西方纹样，通常在主题纹饰的背面或中间加绘耶稣会标志。澳门博物馆收藏有几件这类瓷器：其中粉彩瓶正面主题纹饰描绘的是祥云天使图，背面绘耶稣会标志，其余空白处满绘传统中国式花鸟纹。（图 8）粉彩罐正面开光

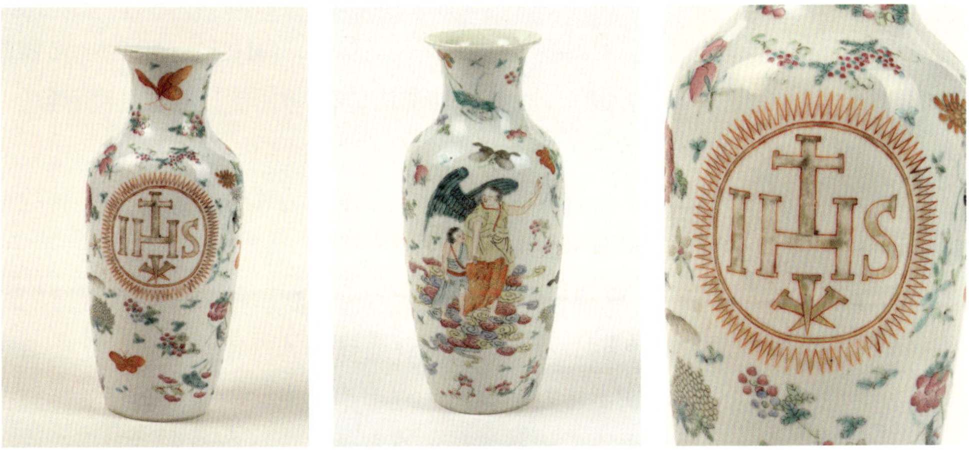

图 8　粉彩耶稣会徽天使图瓶　清中期　澳门博物馆藏

图 9 粉彩耶稣会徽人物故事图罐 清中期 澳门博物馆藏

图 10 青花花卉纹耶稣会徽罐 清中期 澳门博物馆藏

内绘圣经牧羊人故事，背面绘耶稣会标志，四周绘花蝶纹。（图 9）青花罐的主题纹饰有绘荷花或其他中国花鸟、圣经故事等。有一个青花罐底部还有青花楷书“天主圣教”四字款。（图 10）美国皮波迪艾塞斯博物馆（PEM）收藏有一件青花花卉纹净水碗。这类瓷器纹饰呈现出明显的中西合璧特征，应为当时的教堂或神职人员定制，使用于教堂。它们在国内外都很少见，因此十分珍贵。

耶稣会标志的正确写法是“IHS”。但我们看到有些瓷器上写的是“JHS”。有一种解释是因为拉丁文“J”与“I”是相通的，而另一种说法是有些中国工匠的失误所致。

基督教的人物瓷塑，较常见的有圣母像，有的怀抱圣婴，有的只是圣母，均为立像。（图 11）这类瓷塑应该都是定制之物，大多数为私人定制品，品种除景德镇的粉彩瓷外，还有福建的德化白瓷。

广东省博物馆收藏的一尊“粉彩圣母立像”，呈现出明显的中西合璧的特征。（图 12）笔者认为，这并非因为工匠的误解而导致的差错，应该是定制者为了迎合中国民众的口味、以便于传教而故意为之。事实上，在明清时期的西方传教活动中，传教士为了达到更好的传教效果，有意地将基督教教义中国化和通俗

图 11 德化窑白釉圣母立像 清（1690—1710） 美国皮博迪·埃塞克斯博物馆（PEM）藏

图 12 粉彩圣母立像 清（19 世纪） 广东省博物馆藏

化的现象并不鲜见。如广东省博物馆收藏的一套清代由浙江教徒戴涧（即戴马太[Matthew Tai]）所绘的《圣经譬喻图》册，该画册共 10 幅图像，所绘的主题取材于圣经的《马太福音》《路加福音》中的寓言故事，包括《远游异地》《当进窄门》《无益之仆》《荡子悔回》《嫠妇求伸》《托仆以金》《寻羊归圈》《撒马利亚人行仁图》《劳苦负重者就我》《五愚五智》等。（图 13）在作品中，作者融汇了中国传统绘画技法与西方水彩画，将《圣经》中的故事与人物中国化，以通俗易懂的方式描绘和诠释了《圣经》中的寓言故事。[①]

而有趣的是，在 17—19 世纪中国外销欧洲的瓷器中，德化的观音像极为流行。因为“不难想象她优雅祥和的举止是如何引发人们对玛利亚的崇敬之情”。因此有的西方学者认为“观音像就是对基督教中圣母玛利亚像的肤浅模仿。”[②] 当然，产生这种误解的主要原因，在于西方人对中国佛教的传入与传播以及对观音

① 广东省博物馆编：《美美与共——广东宗教文物展》，岭南美术出版社 2016 年版，第 127 页。
② 柯玫瑰、孟露夏著，张淳淳译：《中国外销瓷》，上海书画出版社 2014 年版，第 191 页。

图 13　戴马太款中国传统题材圣经故事图册　清晚期　广东省博物馆藏

菩萨的崇拜缺乏了解所致。

观音菩萨传入中国大约是魏晋时期。当时社会的动乱使这种信仰迅速盛行。观音，全称“观世音”，是梵文 Avalokites Vara 的意译，又译作“光世音”“观自在”“观世自在”“观音声”等，别称救世菩萨、莲花手菩萨、圆通大士等。唐代时因避唐太宗李世民的讳，简称“观音菩萨”。“观世音”意思就是，世间一切遇难众生，只要一心称念该菩萨名号，菩萨就会及时观其音声而前来相救。印度的菩萨和中国民众结缘最深的，莫过于观音，中国民众认为她是最完美的菩萨，因此对她的崇信远在其他佛教神祇之上。

观音菩萨的造像，至少在北朝（386—581）的石窟佛教造像中就已出现。观音菩萨除作为阿弥陀佛的左胁侍外，也有许多单独被供奉的造像，是菩萨中造像形式最多的一位。位于浙江省舟山群岛的普陀山，是举世闻名的观音菩萨道场。普陀山是“普陀洛迦山”的简称，由普陀山和它东南面的洛迦山组成。据《普陀山志》记载，唐宣宗大中元年（847），有一个印度僧人在普陀山潮音洞前自焚自己的十指礼拜观音菩萨，“指尽亲见大士说法，授以七宝石”。此事传开，普陀山遂成为观音菩萨显圣之地。此后，五代后梁贞明二年（916），日本僧人慧锷从五台山得观音像回国，船触礁，莲花挡海路，得观音不去日本、留在中国的灵示。慧锷当即答应为观音建立寺院。《普陀山志》载:“有顷，舟行，竟止潮音洞下。居民张氏目睹斯异，亟舍所居，筑庵奉之，呼为‘不肯去观音院’。”这是普陀山建立观音庙的开端。可见，至少在唐、五代时期，中国民间对观音菩萨的崇拜和供奉就已相当普遍。

而陶瓷制作的佛教造像，早在三国、两晋时期的青瓷中，就有以贴塑的形式将佛像装饰于谷仓罐以及其他一些壶、罐的肩部。独立塑制的陶瓷佛教造像始于唐代，三彩陶、越窑青瓷等均有生产。宋代虽然统治者扬道抑佛，导致佛教由盛转衰，佛教造像数量大减。但因佛教仍是民间信仰中的主流，因而陶瓷制作的小型佛教造像更为流行，用于寺庙或家中佛堂供奉。因此，南北方各地窑口，仍有不少佛教造像生产，如定窑、磁州窑、景德镇窑、吉州窑等。陶瓷雕塑的观音像，至少在宋、元时期就已较多出现。

在观音造像众多的形式当中，“送子观音”只是其中的一种。“送子观音”俗称“送子娘娘”，传统的形象是观音娘娘被塑造成一个贵妇的形象，怀抱一个男孩，端坐于莲花座或石座之上。“送子观音”很受中国妇女的喜爱，信徒们认为，妇女只要摸摸这尊塑像，或是口中诵念和心中默念观音，即可得子。对送子观音的崇拜，源于中国民间传宗接代、多子多福的祈盼和习俗。拜观音求子的风俗在中国流行了至少千年以上，但是送子观音的形象出现于何时却难以考究。《妙法莲华经·观世音菩萨普门品》中记载了观音的三十三种形象，即所谓的三十三体观音，其中包括有杨柳观音、持经观音、渡海观音等等，讲的是观音适应不同人群、不同环境的需要，化身为不同的形象，劝化普渡众生。实际上这三十三体观音并不是完全依据《普门品》的描述，而是融入了民间日常生活中的需求、理解和想象加以创造定型的。而这三十三体观音中，并没有“送子观音”。因此“送子观音”是典型的中国化的观音形象。[①]但我们却无法确定这一形象出现的准确时间。至少在明代，德化窑已见有白釉送子观音像。而这个时间是在德化白瓷大量外销欧洲、西方人对观音有所认知之前。

欧洲人对观音像的最早认知，应该是始于17世纪后期。“在欧洲有关观音像的早期文献记录是由W. 布洛和J. 布洛（W. and J. Blaue）制作的《新地图》（Nieuwe Atlas）中的一幅版画作品，1655年发行于阿姆斯特丹，在地图的角落里画有一位端坐着的神像。在英国北安普顿郡（Northamptonshire）的鲍顿庄园（Boughton House）里收藏的54件德化窑瓷器中有一座观音组像。17世纪时马尔堡公爵曾居住在那里，传统上认为这些德化瓷器是由萨拉·马尔堡公爵夫人（1660—1744）收藏的。塞西尔家族在英国林肯郡的伯利庄园（Burghley House）居住400多年，在1690年的清单中曾记录有‘两座大的白色人像，孩童们坐在她们的膝头上’。”[②]据英国东印度公司的一份清单记载，东印度公司的船只拿骚号（Nassau）于1699年从厦门港出发到英格兰，船上装载有“观音童子”像170尊，大的圣母玛利亚39尊。当年11月份的货物销售记录显示这批观音瓷像有三种尺寸。在1703年的另一份清单中，也有圣母像和观音像的记录，其中的不少观音像成了王室的收藏。[③]从这些记载里我们不难看出，西方人在当时对观音的认识还是很模糊的，他们甚至分不清“送子观音”和观音与她的左胁侍善财童子，往往是以“观音童子”称呼之。

① 濮文起、陈耳东主编，莫振良编著:《佛家造像》，天津人民出版社2004年版，第85-88页。

② 柯玫瑰、孟露夏著，张淳淳译:《中国外销瓷》，上海书画出版社2014年版，第191页。

③ William R. Sargent, *Treasures of Chinese Export Ceramic: from the Peabody Essex Museum*, P208, Peabody Essex Museum distributed by Yale University Press. 2012.

在 17 世纪末到 18 世纪早期，观音像已经普遍流行于欧洲社会，西方人喜欢收藏她的最主要原因，一是观音本身所蕴含的东方宗教的神秘感，二是缘于她的形象与圣母玛利亚有着某些相似之处。这些外销到欧洲的德化白釉观音像，有部分在欧洲国家被加以彩绘和描金，以增加鲜艳的色彩视觉效果。（图 14）

图 14　德化窑白釉送子观音像　清　英国国立维多利亚与艾伯特博物馆（V&A）藏

如前文的清单上所显示，在18—19世纪，欧洲人也到福建的德化窑定制圣母像。据有的西方学者研究认为，这类塑像是在观音像的基础上略加变化而制成的，如加上了颈部的十字架、卷曲的头发，有的加上了圣婴。这类塑像有两个版本，一是圣母站立在卷云纹的底座上，右手怀抱圣婴；一是圣母站立在护法狮子底座上，左手怀抱圣婴。这两个版本应该是来自不同的制作时间、不同的作坊和不同的工匠。但无论如何，她们都是以中国民间广受欢迎的观音像为蓝本而制作的。①

在明清外销到西方的瓷器中，基督教瓷器所占的比例并不算最大，但是却有着非常重要的意义。它们为我们展现了明清时期东西方宗教文化的碰撞、融合与交流，成为那个时期宗教传播的历史见证。

---

① William R. Sargent, *Treasures of Chinese Export Ceramic*: *from the Peabody Essex Museum*, P208, Peabody Essex Museum distributed by Yale University Press. 2012.